하나님의 언어로 자녀를 축복하라

The Power of a Parent's Blessing
Craig Hill

Copyright ⓒ 2013 by Craig Hill
All rights reserved.
Published by Charisma House
Charisma Media/Charisma House Book Group
600 Rinehart Road Lake Mary, Florida 32746

Korean translation copyright ⓒ 2014 by Togijangi Publishing House
2F, 71-1, Donggyo-ro, Mapo-gu, Seoul, Republic of Korea

This Korean edition is published by arrangement with A Strang Company
(600 Rinehart Road Lake Mary, Florida 32746)

본 저작물의 한국어판 저작권은 Charisma House Book Group과의 독점 계약으로 한국어 판권을 '도서출판 토기장이'가 소유합니다. 저작권법에 의하여 한국 내에서 보호를 받는 저작물이므로 무단 전재와 무단 복제를 금합니다.

특별한 표기가 없는 모든 성경 구절은 개역개정성경을 인용한 것입니다.

하나님의 언어로 자녀를 축복하라

크래그 힐 지음 · 김진선 옮김

토기장이

헌사

부모의 축복이
어떤 위력을 가지고 있는지 아시고 실천해 주신
아버지 길만 힐과 어머니 보니 힐 여사에게
이 책을 바칩니다.
자신을 희생하여 아낌없이 축복을 부어 주시고
소명을 감당하도록 힘을 주시고
아내와 자녀들과 손자들에게
축복을 이어가도록 해 주신 부모님과
이 귀한 부모님을 제게 허락해 주신
하나님께 감사드립니다.

추천의 글

「하나님의 언어로 자녀를 축복하라」는 이 시대에 꼭 필요한 책으로 우리의 가정을 예수 그리스도와 말씀의 반석에 세우도록 도와준다.

로렌 커닝햄_예수전도단(Youth With A Mission) 설립자

이 책은 부모라면 꼭 읽어야 할 필독서이다. 저자는 부모의 축복을 받은 사람과 그렇지 못한 사람의 차이를 가감 없이 보여 주며 자신의 모든 결론을 성경 말씀에서 이끌어 낸다. 부모이거나 곧 부모가 될 사람이라면 이 책을 꼭 읽고 그 내용을 삶에 적용할 것을 강력하게 권한다.

오스 힐먼_「하나님의 타이밍」, 「하나님의 통로」 저자

크래그 힐과 함께 '부모의 축복'이라는 놀라운 위력에 대해 가르치고 또 그의 강연을 듣게 된 것은 개인적으로 내게 큰 기쁨

이었다. 독자들은 이 책을 통해 자녀를 축복하는 것이 왜 중요한지, 그리고 우리 인생과 관계에 얼마나 중요한지 알게 될 것이다. 이 책은 가정에서 실제적으로 활용할 수 있는 원리들을 구체적으로 잘 설명하고 있다.

존 트렌트_「축복의 언어」 공동 저자, StrongFamilies.com과
The Blesssing Challenge(www.TheBlessing.com) 회장

'이와 같은 때'에 우리는 각자의 가정에서 부모의 축복의 위력과 그 의미를 확인하는 작업을 반드시 해야 한다. 크래그 힐은 '축복'의 참 의미를 심층적으로 전하며, 아직 자녀와 미래 세대를 축복하기에 늦지 않았다고 강하게 말한다. 그는 실제 사례들과 축복의 위력에 대한 방대한 지식을 활용해 독자들이 우리 인생에 베푸시는 하나님 아버지의 축복을 받아들이고, 자녀들을 축복할 수 있는 실제적인 방법을 배울 수 있게 한다.

지난 20년간 우리 가정은 그의 가르침의 직접적인 수혜자였다. 12년 전 우리는 '바르 바라카'(바르 미츠바라고도 불리는 유대인 성인식)에 대한 가르침을 적용해 맏아들에게 성대한 축복의 축제를 열어 주었다. 이후로 자녀들이 성년이 될 때마다 이 의식을 시행해 왔다. 자녀들의 삶에 하나님의 은혜가 함께 하는 모습을 보

면 감사할 따름이다.

이 책의 메시지는 우리 인생에 커다란 부분을 차지할 것이다. 세상의 모든 부모들을 세워 주며 부모의 축복이라는 이 영역에서 쉬임없이 지혜를 나누어 줄 것이다.

크래그는 나의 가장 절친한 친구이자 멘토이다. 나는 그의 깊이 있는 가르침뿐 아니라 삶에서 그 가르침을 실천하는 그의 성실함을 통해 늘 배우고 깨닫는다.

이 책은 하나님의 자녀로서 누릴 수 있는 무궁한 유산을 삶 속에서 확인하고자 열망하는 개인이나 부모, 사역자들을 위한 탁월하면서도 매력적인 교재이다. 우리 부부는 자녀들이 결혼할 때 이 책을 선물로 줄 작정이다. 이 책에 담긴 하나님 나라의 원리들을 이해하고 앞으로 태어날 자녀들을 축복할 준비를 하도록 돕기 위해서이다. 오늘 우리가 축복의 씨앗을 뿌리면 앞으로 다가올 세대에 결실로 거두게 될 것이다.

밥&오드리 마이스너_「Marriage Under Cover」 저자,
TV프로그램 "My New Day" 진행자

부모로서 나는 늘 우리 아이들이 최고가 되기를 원했다. 그리고 그런 면에서 나는 물질적이고 실제적인 필요를 채워주는 방법

을 누구보다 잘 안다고 자부해왔다. 하지만 아이들이 스스로 참된 가치와 인생의 목적을 알도록 도울 방법에 대해서는 전혀 무지했다. 이 책은 자녀 축복이 우리가 '잃어버린 고리'라는 성경적 근거를 제시할 뿐 아니라 그 방법과 시기에 대한 실제적인 지침을 제시한다.

많은 부모들처럼 나 역시 무조건적으로 아이들을 사랑하면 부모로서 최선을 다하는 것이라고 믿어 왔다. 그러나 무작정 사랑하는 것이, 아이들이 정체성이나 인생의 의미를 확인하는 것에는 직접적인 도움이 되지 않는다는 것을 깨달았다. 아이들을 축복하는 것이 필요했다. 아내와 나는 부모에게서 이런 축복을 받아본 경험이 없었고 부모님 역시 마찬가지였다. 이렇듯 현대 사회는 축복의 위력을 지속적으로 상실해왔다.

이제 우리 부부는 자주 아이들을 축복해 준다. 이것은 우리의 사랑을 표현하는 최고의 방법이다. 그리고 희소식은 그것이 실제로 효과가 있다는 것이다. 자녀들을 축복하는 것은 이론이 아니다. 아내와 나, 우리 아이들이 함께 공유하는 경험이다.

샘 캐스터_Mannatech,Inc, MannaRelief Ministries 설립자

이 책은 저자의 지난 20년간의 가르침과 실제 경험의 집대성이

다. 세상의 모든 부모가 이 단순하면서도 강력한 자녀 축복의 개념을 이해한다면, 가족 관계에 일대 혁명이 일어날 것이다. 목회자이자 자녀들의 아버지로서 나는 부모 축복의 위력이 우리 가정과 전 세계의 수많은 사람들의 인생에 어떤 영향을 미치는지 직접 보았다.

닐 캠벨_Family Foundations International 북미 책임자

크래그 힐은 그만의 특별한 방법으로 성경 진리를 소화하고 모두가 이해할 수 있는 쉬운 언어로 세세히 풀어 설명해 준다. 부모의 축복이라는 이 계시는 마치 하나님의 입에서 직접 받은 진리처럼 생생하게 다가온다. 부모의 축복은 부모와 자녀의 관계를 튼튼하게 해 주고 자녀가 성공할 가능성을 획기적으로 높여 줄 뿐 아니라 앞으로 다가올 세대를 위해 이 나라에 영향을 미칠 기회로 연결된다. 부모라면 모두 이 책을 읽고 이 안에 담긴 거룩한 방식을 실행하고 싶을 것이다. 또 우리 아이들에게서 직접 본 것처럼 각 가정이 동일한 성과를 경험할 때 이 책에 담긴 메시지를 다른 친구들에게도 전파하고 싶을 것이다.

포드 테일러_Transformational Leadership Training,
FSH Consulting Group 설립자

1970년대 초 한 랍비에게서 자녀 축복에 대한 가르침을 들은 적이 있다. 그의 가르침에 깊이 고무된 나는 태아 때부터 자연스럽게 아이의 인생을 축복하는 기도를 해 주었다. 나이가 들어 재소자 사역을 시작하게 되었을 때, 하나님은 내가 아버지의 자격으로 이들에게 축복해 줄 수 있다는 깨달음을 주셨다. 이들에게 아버지의 축복을 했을 때, 나는 절반 이상이 큰 소리로 우는 모습을 보며 마음이 울컥했다. 나는 이 책을 읽고 하나님 아버지께서 예수님을 축복하셨다는 것을 처음 알았다. 아버지로서 우리가 자녀들과 다른 사람들에게 영향을 미치고 싶다면, 축복하는 법을 배우는 것이 가장 효과적이다. 이 책을 읽고 이 책에 담긴 심오한 진리들을 삶 속에서 증명해 보길 바란다.

알 카페르나_CMC 그룹 회장, Affirm Global 설립자

나는 자녀들이 부모의 축복을 받지 못할 때 얼마나 심각한 후유증을 남기는지, 또 부모의 축복을 받을 때 얼마나 큰 유익을 주는지 개인적으로 경험했다. 실제로 하나님을 모르는 나의 유대인 아버지에게 축복 기도를 부탁드렸을 때, 사역이 세계적으로 일어나는 기회가 열렸을 뿐 아니라 아버지에게도 구원의 문이

열렸다. 그런데 안타깝게도 이 축복의 놀라운 위력을 아는 그리스도인들이 그리 많지 않다. 이 책은 우리가 인생의 목적을 이루어 가는 싸움에서 필수적이고 대표적인 무기가 될 것이다.

시드 로스_TV프로그램 "It's Supernatural" 진행자,
Messianic Vision 설립자

들어가는 글

부모 축복의 위력을 경험하라!

하나님은 아브라함에게 "너는 너의 고향과 친척과 아버지의 집을 떠나 내가 네게 보여 줄 땅으로 가라 내가 너로 큰 민족을 이루고 네게 복을 주어 네 이름을 창대하게 하리니 너는 복이 될지라 너를 축복하는 자에게는 내가 복을 내리고 너를 저주하는 자에게는 내가 저주하리니 땅의 모든 족속이 너로 말미암아 복을 얻을 것이라"(창 12:1-3)고 말씀하셨다.

하나님은 이 땅의 모든 가정을 축복해 주기로 작정하셨다. 이것은 하나님이 아브라함에게 주신 위의 약속에 언급되어 있을 뿐 아니라 아브라함의 씨, 예수 그리스도를 통해 축복이 임하리라는 예언이 내포되어 있다. 하나님이 메시아 예수를 보내겠다고 하신 이유는, 지상의 모든 족속이 축복을 받도록 하기 위해서였다. 하나님이 지상의 모든 개인이 아니라 모든 가정(족속)을 축복하겠다고 말씀하신 점이 흥미롭다. 여기에서 하나님이 일하시는 가장 중요한 대상은 가정이다. 하나님의 계획이 축복이라면 사탄은 반대 계획, 땅의 모든 가정을 저주하는 것임을 어렵지 않게 추측할 수 있다.

그렇다면 축복은 정확히 무엇이며 그 반대인 저주는 또 무엇인가? 축복이나 저주와 같은 말을 들으면 다양한 생각들이 뇌리를 스친다. 축복을 받는다고 하면 으레 돈이나 좋은 선물을 연상한다. 저주는 종종 누군가 다른 사람에게 주문을 걸거나 악담을 하고 마술을 부리는 것을 연상한다. 혹은 누군가가 신성모독적이거나 추악한 말을 하는 것이라고 생각하기도 한다. 축복과 저주가 물론 이런 의미를 지닐 수도 있다. 하지만 본서에서는 매우 단순한 의미로 사용된다. 본서 전반에서 이 두 단어는 아래와 같은 의미로 사용될 것이다.

- 축복: 하나님이 누군가를 통해 사람의 마음에 정체성과 운명에 관한 하나님의 메시지와 인상을 심어 주는 것
- 저주: 사탄이 누군가를 통해 사람의 마음에 정체성과 운명에 관한 사탄의 메시지와 인상을 심어 주는 것

하나님뿐 아니라 사탄 역시 지상의 모든 인간에게 전하고

자 하는 메시지가 있다. 그러나 이 두 메시지는 완전히 상반된다. 하나님은 사랑, 의미, 존중, 인생의 목적에 대한 메시지를 전하시는 반면, 사탄은 수치심, 애정 결핍, 목적이 없는 무의미함의 메시지를 전한다. 그러므로 부모들은 자녀들을 축복하는 하나님의 대리자가 될 수도 있고, 자녀들을 저주하는 사탄의 하수인이 될 수도 있다. 즉, "사랑해, 넌 정말 소중한 존재야. 엄마가 아무리 시간과 관심을 쏟아도 전혀 아깝지 않단다"라는 하나님의 메시지를 전할 수도 있고, "정말 밉상이야. 누가 너 같은 걸 좋아하겠니? 너한테 쓰는 시간이 아까워"라는 사탄의 메시지를 전할 수도 있다.

히브리어로 '축복하다'라는 단어는 '바락'(barak)이다. 이 단어를 문자적으로 번역하면 '~앞에서 무릎을 꿇다'[1]는 뜻이다. 따라서 축복은 겸허하고 겸손한 태도에서 나온다고 할 수 있다. 대부분의 사람들은 축복이라는 단어를 생각하면, 누군가를 내려다보며 우월한 입장에서 그에게 축복을 내리는 모습을 떠올린다. 그러나 예수님은 자신을 낮추시고 인간의 형체를 입으심으로써 우리를 축복하셨다. 천시받는 죄인이 되어 우리의 죗값을 그분의 피 값으로 치러 주셨다. 이것은 무릎을 꿇고 축복하는 최고의 상이다.

'바락'이 문자적으로는 '~앞에서 무릎 꿇다'라는 뜻이지만, '형통할 수 있도록 하다'[2]라는 중요한 영적 의미도 가지고 있다. 그러므로 누군가를 축복한다는 것은, 겸허하게 그 앞에 무릎을 꿇고 그 사람이 형통하도록 힘을 실어 주는 것이라고 할 수 있다. 물론 '형통하다'라는 단어는 재물의 복에만 한정되지 않는다. 가령, 딸을 축복한다면 딸의 모든 인생 영역이 형통하도록 힘을 준다는 뜻이다. 하나님과 동행하는 영적 생활, 건강, 내면의 평안, 결혼 생활, 자녀, 재정, 경력, 사역이 모두 포함된다. 그러나 저주는 정반대를 의미한다. 딸을 저주하면 동일한 삶의 모든 영역에서 번성하지 못하도록 방해하고 힘을 빼앗는다.

'축복하다'라는 동사는 헬라어로 율로게오(eulogeo)이다. 이 단어의 문자적인 의미는 '칭찬하다'[3]이다. 이 단어 역시 '형통할 수 있도록 하다'라는 의미를 가지고 있다.[4] 영어 단어 'eulogy'와 이 단어가 유사하다는 사실을 알아차린 사람도 있을 것이다. 저주는 누군가를 험담하거나 사탄의 비전과 형상을 주입한다는 뜻인 반면, 축복은 누군가를 칭찬하거나 하나님의 비전과 형상을 한 개인의 인생에 심어 준다는 뜻이다.

영양제에 담긴 물과 염산

어느 날 나는 아내 얀이 식물에 물을 주는 모습을 통해 축복과 저주를 아주 잘 설명하는 그림을 보게 되었다. 얀은 식물을 아주 잘 기른다. 아내의 손이 가면 시들어 가던 식물도 금방 생기를 찾고 싱싱한 초록색을 띤다. 크고 건강하게 자란다. 우리 집을 방문하는 사람들은 얀의 놀라운 원예 실력에 감탄을 금치 못한다.

식물에 물을 줄 때가 되면 얀은 파란색 가루로 된 식물 영양제를 물에 희석한 다음, 각 식물에 맞게 골고루 뿌려 준다. 이 파란색 가루를 뿌리고 나면 생기가 돌고 윤기가 더해진다. 그런데 영양제를 탄 물 대신 식물에 염산을 뿌린다고 가정해 보자. 식물들이 어떻게 되겠는가? 기공을 활짝 열고 수분을 최대한 흡수하려 하기보다는 열었던 기공들도 모두 닫아 최대한 산이 흡수되지 않게 막을 것이다.

이 예를 사용하면 축복과 저주의 위력을 아주 잘 설명할 수 있다. 부모에게는 말과 행동으로 자녀들을 축복하거나 저주할 수 있는 힘이 있다. 축복이 파란색 영양제를 희석한 물을 자녀들의 내면 세계에 뿌려 주는 것이라면, 저주는 자녀에게 염산을 뿌리는 것이나 마찬가지이다. 전자는 자녀를 번성하게 하지만,

후자는 자녀를 고사시키고 불구로 만든다. 축복은 정체성과 운명에 관한 하나님의 메시지를 들려주지만, 저주는 사탄의 메시지를 들려준다.

예수님도 아버지의 축복이 필요하셨다

아버지의 축복이 얼마나 중요한지는, 예수 그리스도께서 아버지되신 하나님의 축복을 공개적으로 받으시기 전까지는 어떤 기적이나 설교도 하지 않으셨다는 사실에서 알 수 있다.

> "성령이 비둘기 같은 형체로 그의 위에 강림하시더니 하늘로부터 소리가 나기를 너는 내 사랑하는 아들이라 내가 너를 기뻐하노라 하시니라" 눅 3:22.

성부 아버지께서 예수님에게 주신 이 축복은 오늘날의 아버지들이 자녀들에게 흔히 하는 축복과는 상당히 다르다. 그러나 당시의 유대인들은 "이는 내 사랑하는 아들이다. 내가 너를 기뻐한다"라는 말을 흔히 들었다. 유대인 아버지가 성인이 되는 아들에게 이런 말로 축복하는 것은 일반적이었기 때문이다. 그러므로 당시 성년식에 참여해 본 사람이라면 누구라도 성부 하나님이 예수님께 선언하신 이 말씀에 익숙했을 것이다.

　이 구절을 사용할 수 없는 유일한 사람은 사생아이거나 아버지가 누구인지 알 수 없는 사람이었다. 출생 과정이 석연치 않았기 때문에 많은 사람들이 예수님을 사생아로 생각했을지 모른다. 어쩌면 요셉도 예수님이 자신의 생물학적 아들이 아니라서 성인식 때, 예수님을 이렇게 축복해 주지 못했을 지도 모른다.

　인간적으로 예수님이 이 때문에 불안함을 느끼셨을 가능성도 있다. 당신은 예수님이 하나님으로서 인간의 몸을 입고 사는 게 어떠하셨을지 생각해 본 적이 있는가? 예수님은 어린 시절부터 자신은 다르다는 자각이 있으셨을 것이다. '나는 하나님이다. 신성의 모든 충만한 것이 내 안에 육체로 거한다'와 같은 생각을 즐겨 하셨을지도 모른다.

　예수님에게 고민과 속내를 털어놓을 사람이 누가 있었겠는가? 예수님을 이해해 줄 사람이 누가 있었겠는가? 당신은 예수님이 랍비를 찾아가 "랍비여, 근래 들어 자꾸 이상한 생각이 듭니다. 사실 저는 하나님의 아들이거든요. 이에 대해 어떻게 생각하시는지요?"라고 말하는 모습을 상상할 수 있겠는가?

　아마 예수님의 인생이 어떠할지 진심으로 이해할 수 있는 사람은 그 모친이 유일했을 것이다. 인간의 몸을 입으신 예수님은 우리와 다름없는 불안감과 두려움의 유혹을 받으셨으리라 생각한다.

그러나 예수님의 정체나 운명에 대해 조금이라도 의심했던 사람이라면, 성부 하나님께서 공개적으로 "너는 내 사랑하는 아들이라 내가 너를 기뻐하노라"고 선언하신 그 요단강에서 모든 의심을 해결했을 것이다. 나는 하늘에 계신 아버지의 이 축복으로 말미암아 예수님이 자신의 정체성에 맞게 살아갈 힘과 지상 사명을 감당할 용기를 얻으셨을 것이라고 믿는다. 예수님도 그 사명을 감당하시기 위해 아버지의 축복이 필요하셨다면, 우리 자녀들에게는 부모의 축복이 얼마나 더 절실하겠는가?

축복하는 문화의 회복

불행하게도 현대의 가정에서는 인생의 중요한 시기를 맞은 자녀에게 '축복 의식'을 해 주거나 매주 부모가 자녀를 축복하는 문화가 사실상 실종된 상태이다. 나는 집회나 여러 교회에서 설교를 할 때마다 "여기 계신 분들 중 청소년 때에 아버지로부터 축복 의식을 받은 분이 몇 분이나 되십니까? 그 축복이 성인으로서의 정체성과 마음 가짐에 영향을 미친 경험은 없습니까?"라고 묻곤 한다.

가장 최근에 이 질문을 한 곳은 약 200명 가량 참여한 교회 집회였다. 200명의 성도들 중 겨우 두 사람이 사춘기 때 아버지의 축복을 받았다고 대답했다.

여러 집단을 대상으로 나는 "매주 아버지나 어머니 혹은 양친으로부터 축복을 받는 사람이 몇 명이나 됩니까?"라고 묻는 작업을 계속하고 있다. 이 질문에 긍정적으로 대답하는 사람은 그리 많지 않다.

부모가 자녀를 축복하는 전통은 지금까지 체계적인 해체 수순을 밟아 왔다. 그러나 본서의 지침대로 충실히 수행하면 가정 안에 축복의 문화를 회복하고 자신이 속한 공동체와 주변 사람들에게 축복의 대사가 되는 법을 배울 수 있게 될 것이다.

나는 성경에서 축복과 저주에 대한 주제를 연구하면서 자녀가 일생 부모를 통해 하나님의 축복을 받아야 하는 결정적이고 중요한 여섯 시기가 있음을 확인하였다. 여기에 더해지는 일곱 번째는 자녀가 부모를 축복해야 하는 단계이다. 이 일곱 가지 중요한 시기는 다음과 같다.

(1) 임신이 된 순간
(2) 태아기

⑶ 출생 순간
⑷ 영·유아기
⑸ 사춘기
⑹ 결혼할 때
⑺ 노년기

　고대 히브리 문화권에서 성장한 사람들은 이 시기에 축복을 받는 것이 매우 당연했다. 그때는 매일 일상 생활에서 자연스럽게 자녀를 축복하는 문화가 형성되어 있었다. 이런 문화적 풍토에서 자녀를 축복한 가정들은 영적으로, 정서적으로, 육체적으로, 관계적으로, 재정적으로 건강한 생활을 영위할 수 있었다. 본문에서는 가정에 축복의 문화를 전면적으로 회복하는 방법과 매주 자녀에게 의미 있는 축복을 나눌 수 있는 방법을 살펴볼 것이다.
　본서를 읽는 독자들은 먼저 아들과 딸의 입장에서, 그리고 다음으로는 부모의 입장에서 이 책을 읽어야 할 것이다. 하나님이 인생의 중요한 일곱시기에서 각기 의도하신 축복을 장별로 서술되었으므로 축복의 위력과 또 축복이 결여되거나 저주할 때 어떤 결과가 초래되는지도 알 수 있을 것이다.

먼저 딸이나 아들의 입장에서 이 책의 내용을 받아들이고 묵상하라. 비록 지금까지 자녀를 축복하는 시기를 놓쳤더라도 절망하지 말고 다시 새롭게 시작하라. 특히 4장에서 10장까지 각 장의 마지막에 나오는 '블레싱 툴박스'(Blessing Toolbox)를 삶에 적용하라. 여기에는 저주의 위력을 깨뜨리는 실제적인 제안과 축복 기도문들이 소개되어 있다. 뿐만 아니라 원수 사탄에게 열려 있는 가정의 영적 문을 닫는 방법과 축복의 문을 여는 방법도 배울 수 있다.

지금도 자녀의 정체성과 운명을 둘러싸고 격렬한 영적 싸움이 벌어지고 있다. 이제 본서를 통해 자신의 인생과 자녀들의 인생에서 사탄이 언제 저주의 메시지를 심어 주었는지를 찾아내라. 그리고 그 저주를 하나님의 진리로 대체하라. 또한 매일, 매주, 또는 인생의 중요한 일곱 시기에서 가족을 '의도적으로' 축복하는 방법도 배우라. 당신은 이 과정을 통해 자녀들이 형통하도록 힘을 북돋워 줄 뿐 아니라 수많은 세대에 물려줄 축복의 유산을 만들게 될 것이다.

우리는 자녀들을 위한 '하나님의 축복의 대리인'으로 지음 받았다. 본서는 하나님 안에서 그 인생의 목적을 감당하도록 당신과 자녀들을 도울 것이다. 또한 부모의 축복권을 발휘하는 방법을 배우는 과정에서 축복받은 가정들로 이루어진 군대의 일원으로 동참할 수 있도록 하나님이 준비해 주실 것이다. 이 군대는 세계 도처의 지역 사회와 공동체에서 축복의 문화를 창출하는 일을 감당할 것이다!

차례

헌사
추천의 글
들어가는 글

CHAPTER 1	에서의 절규	27
CHAPTER 2	가정에 '축복의 문화' 만들기	51
CHAPTER 3	하나님의 옛적 길: 축복의 중요한 일곱 시기	79
CHAPTER 4	임신했을 때 자녀 축복하기	91
CHAPTER 5	태중의 자녀 축복하기	125
CHAPTER 6	태어날 때 자녀 축복하기	153
CHAPTER 7	영아기와 유아기의 자녀 축복하기	181
CHAPTER 8	사춘기 자녀 축복하기	201
CHAPTER 9	결혼하는 자녀 축복하기	235
CHAPTER 10	노년의 부모 축복하기	275
CHAPTER 11	가족 축복: '가족의 산'을 탈환하는 비결	299

Notes

The Power of a Parent's Blessing

Chapter 1
에서의 절규

창세기 27장을 보면 아들이 아버지에게 울면서 하소연하는 인상적인 구절이 기록되어 있다. 34절에서 에서는 "소리 내어 울며 아버지에게 이르되 내 아버지여 내게 축복하소서 내게도 그리하소서"라고 절규했다. 아들 에서가 아버지 이삭을 향해 외치는 이 비통한 절규는, 오늘날 수많은 성인 자녀들이나 사춘기 자녀들이 그 아버지와 어머니를 향해 외치는 절규이다.

하나님은 자녀들이 인생의 여러 시기에 부모의 축복을 받도록 계획하셨다. 성경을 보면 히브리 부모들이 자녀들의 머리에 손을 얹고 말로나 행동으로 축복하는 내용을 무수히 찾아볼 수 있다.

우리는 이삭이 아들 야곱과 에서를 축복하는 성경 이야기에서 부모의 축복이 지닌 위력과 그 중요성을 읽을 수 있다. 이삭과 그의 아내, 그리고 두 아들은 장자를 향한 아버지의 축복에 그 막강한 힘이 있다고 믿었다. 그랬기 때문에 야곱은 어머니 리브가의 도움으로 장자인 형 에서의 정당한 몫이었던 축복을 가로채기 위해 거짓말도 불사했다.

야곱은 형인 척 위장하고 눈이 잘 보이지 않는 아버지를 속여 장자의 축복을 받았다. 성경은 에서가 이미 아버지의 축복을 야곱이 가로채 갔음을 알았을 때의 사건을 이렇게 기록하고 있다.

> "에서가 아버지에게 이르되 내 아버지여 아버지가 빌 복이 이 하나뿐이리이까 내 아버지여 내게 축복하소서 내게도 그리하소서 하고 소리를 높여 우니 … 그의 아버지가 야곱에게 축복한 그 축복으로 말미암아 에서가 야곱을 미워하여 심중에 이르기를 아버지를 곡할 때가 가까웠은즉 내가 내 아우 야곱을 죽이리라 하였더니"(창 27:38,41).

도둑 맞은 축복 때문에 동생을 죽이려고 계획할 만큼 에서가 분노한 이유는 무엇인가? 현대인들은 이해하기 어려운 중요한 무엇인가를 에서는 알고 있었기 때문이었다. 에서는 아버지가 자신의 미래에 대한 열쇠를 쥐고 있으며 그 열쇠를 사용할 때 비로소 자신이 형통한 길로 갈 수 있음을 알았던 것이다. 야곱의 후세대들을 추적해 보면, 야곱과 그 가문은 숫적으로 크게 번성했고 큰 재물과 건강을 누렸으며 역병과 질병을 앓지 않았고 적을 물리치고 오랫동안 그들의 땅에서 통치했음을 알 수 있다. 반면 에서의 족속은 숫적으로도 번성하지 않았고 형통하거나 부자가 되지도 않았으며 적의 빈번한 공격에 시달렸다.

현대의 많은 가정들에서도 동일한 현상이 보인다. 부모의 축복을 받은 자녀들은 성인이 되어 강성하고 형통한 삶을 살아간다. 반면, 부모에게 한 번도 축복을 받지 못한 자녀들은 힘들고 어렵게 살아간다. 왜 이런 일이 생기는가? 하나님께서 축복에 특별한 위력을 주셨기 때문이다. 축복은 하나님이 정체성, 즉 "내가 누구인가?"와 인생의 목적, 즉 "왜 내가 여기 있는가?"에 대한 그분의 형상(생각, 감정, 경험)을 개인의 마음 깊숙이 새기는 중요한 방식이다. 인생의 비전, 육체적·정신적 건강, 물질적 형통, 가족 관계의 역동은 모두 각 사람의 내면(영혼)에 하나님과 자신, 그리고 타인의 상(像)들이 어떻게 새겨지느냐와 직결되기 때문에 매우 중요하다(요삼 2).

정체성과 인생의 목적

정체성과 인생의 목적, 그리고 더 나아가 이 두 개념이 축복과 저주와 어떤 관계에 있는지 자세히 알아보도록 하자. 스스로 인정하든 인정하지 않든, 매일 우리는 두 가지 중요한 질문에 대답을 하면서 살아간다. "나는 누구인가?"와 "나는 왜 이렇게 살고 있는가?"가 바로 그것이다. 우리는 우리 내면 깊숙이 이미 형성되어 있는 상(像)들을 근거로 이 질문에 대답한다. 이 질문에 어떻게 대답해 왔느냐는 인생의 환경을 대하는 우리의 태도에 결정적인 영향을 미친다.

앞에서 언급했듯이 "나는 누구인가?"라는 첫 질문은 정체성과 관련이 있다. 정체성은 간단히 말해 개인의 자기 인식이다. 정체성과 관련된 가장 중요한 문제는 가치 즉 "나는 어떤 존재 가치가 있는가?"이다. 그러므로 정체성에 관해 이야기한다는 것은 개인의 자기 이해와 존재의 가치에 대해 이야기하는 것이다.

"나는 왜 이렇게 살고 있는가?"라는 두 번째 질문은 인생의 목적과 관련이 있다. 개인의 자기 역할과 의미에 대한 이해와 연관이 된다. 인생의 의미와 관련해 가장 중요한 문제는 인생의 목적 즉 "왜 나는 여기 있는가?와 내가 할 일은 무엇인가?"이다. 정체성과 인생의 목적은 우리가 정확하게 전수받고 확립해야 할 중요한 본질적 가치이다. 성인기는 어릴 때 어떤 정체성과 인생의 목적을 전수받았느냐에 따라 결정적 영향을 받는다.

하나님은 예나 지금이나 정체성과 인생의 목적에 대한 그분의 메시지를 각 개인에게 전수해 주기를 원하신다. 특히 인생의 중요한 시기에 더 또렷이 그 메시지를 각인시켜 주기를 바라신다. 그리고 그 정체성과 인생의 목적에 대한 그분의 메시지가 우리 마음에 계시될 수 있도록 이 지상에 특별한 대리인들을 세우셨다. 그들은 천사도, 교사도, 목사도 아니다. 바로 부모이다.

부모들이 자녀들에게 이것 하나만은 꼭 해야 한다. 하나님이 특별히 맡기신 한 가지 일, 즉 자녀들이 성장기에 자신의 정체성과 인생의 목적에 대한 그분의 메시지를 받아들이도록 하는 일이다. 그러나 사탄은 하나님의 대리인들인 부모들을 미혹해 저주의 메시지를 전하도록 만든다.

자녀들에게 정체성과 인생의 목적에 대한 하나님의 메시지를 전수하는 일이 바로 내가 '축복'이라고 명명한 일이다. 반대로 사탄의 메시지를 전하는 것은 '저주'라고 부를 수 있다. 안타깝게도 많은 부모들이 사탄의 메시지를 전하는데 본의 아니게 이용될 때가 많다.

하나님의 메시지와 사탄의 메시지

하나님의 메시지와 사탄의 메시지의 가장 결정적인 차이는 무엇인가? 정체성에 관한 사탄의 메시지는 가령 다음과 같다.

"넌 아무 쓸데없는 종자야. 아무 가치가 없어. 뭔가 문제가 있지 않고서야 이렇게 형편없을 리가 없어. 넌 우리 집안 사람이 아냐. 너처럼 머리 나쁘고 못생긴 아이가 어떻게 우리 집에서 태어날 수 있지? 닮은 구석이라곤 하나도 없어. 넌 실수로 태어났어. 아무도 널 바라지 않았지. 넌 그냥 욕정으로 생긴 존재야. 사랑받을 구석이 없으니 아무도 널 사랑하지 않을 거야."

또한 자녀의 성 정체성을 공격할 수도 있다.

"씨가 바뀌었어. 네 아버지는 딸을 원했기에 절대로 넌 환영받지 못할 거야. 엄마도 널 경멸할 거야."

사탄은 아이들의 정체성이 형성되지 않은 어린 시절에 이런 메시지를 심어 주고 싶어 안달이다.

인생의 목적에 대한 사탄의 메시지는 어떨까. 아마 다음과 같을 것이다.

"넌 여기 필요 없어. 이곳과는 전혀 어울리지 않아. 너 따위에게 어떤 인생의 목적이나 숭고한 뜻이 있겠어? 넌 그냥 아까운 물이나 식량만 축내는, 완전히 쓸모없는 존재야. 무슨 일을 해도 제대로 해내는 게 없잖아. 하나님이 주신 인생의 목적이 설령 있다 해도 너 자체가 너무 엉망이라 하나님도 도와주실 수 없을 거야. 누군가 네 인생에 관해 책을 쓴다면 '무능력자의 일곱 가지 습관'이라는 제목을 붙여야 할 걸. 넌 무슨 일을 해도 절대 성공하지 못할 거야. 되는 일이 없을 걸."

그러나 하나님의 메시지는 이와 정반대이다. 우리가 정체성에 대해 의문을 가질 때, 하나님은 이렇게 말씀해 주실 것이다.

"사랑한다. 넌 나의 전부란다. 넌 내 아들 예수 그리스도의 생명을 바칠 만큼 내게 소중하단다. 넌 꼭 필요한 존재란다. 너는 특별해. 넌 아름다워. 나는 너의 머리카락, 눈동자, 피부색까지 모두 다 사랑한단다. 네 얼굴만 보아도 저절로 미소가 번지는 걸. 혹시 네 부모는 너를 원하지 않았더라도 나는 그렇지 않단다. 넌 이유없이 갑자기 생긴 존재가 아니야. 네 어머니는 열 달 동안 자궁에 널 품고 있었지만 난 너를 내 가슴에 수천 년이나 품고 있었단다. 그리고 한시의 오차도 없이 정해진 시간에 이 땅에 태어나도록 보내졌단다. 나는 네가 어떤 사람이 될지, 언제 태어날지 정확히 계획하고 있었단다. 너는 내가 창조한 모습 그대로 예쁜 딸로 태어났단다. 넌 아무 문제도, 조금의 결점도 없는 완벽체란다. 네가 너 스스로를 사랑하고 또 사랑받도록 창조했으니 사람들에게 사랑과 인정을 받으며 자라날 거야."

인생의 목적에 대한 우리의 질문에 대해서도 하나님은 이와 아주 유사하게 대답해 주실 것이다.

"나는 너를 오직 너만이 감당할 수 있는 특별한 인생의 목적과 의미를 가진 존재로 만들었단다. 지금 네가 가진 특별한 인생의 경험과 은사와 재능은 오직 너만이 가지고 있단다. 네게 주어진 인생의 목적과 사명을 이루기에 너처럼 완벽하고 적합한 사람은 없어. 그렇다고 혼자 외롭게 그 일을 할 필요는 없단다. 인생 여정을 함께 하며 네가 그 목적을 무사히 완수하도록 도와줄 멋진 동반자들이 있으니까. 나도 널 도와주고 항상 함께 해 줄 거란다. 절대 널 떠나지도 버리지도 않을 거란다. 너는 맡겨진 인생의 모든 사명을 성공적으로 완수하며 형통하게 살아갈 거란다. 사랑한다."

사탄의 거짓말의 효과

부모들은 자신이 하나님의 대리인 혹은 사탄의 대리인으로서 자녀들에게 얼마나 큰 영향을 행사할 수 있는지 의식하지 못할 때가 많다. 아침에 눈을 떠서 "오늘 나는 사탄의 대리인으로서 아이에게 저주의 메시지를 얼마나 효과적으로 전달할 수 있을지 모르겠어"라고 중얼거리는 부모는 세상에 단 한 명도 없을 것이다. 하지만 많은 부모들이 의식하지 못하는 사이에 바로 이런 일을 하고 있다. 조가 한 일이 바로 이런 일이었다.

조를 처음 만났을 때, 그는 삼십 대 후반으로 깔끔하고 세련된 정장 차림의 성공한 사업가였다. 그와 그의 아내는 우리가 주관하는 '옛적 길 세미나'(Ancient Paths Experience)에 참석했다. 소그룹 나눔을 할 때, 조는 약간 수줍은 표정을 지으며 자신의 인생이 분노의 문제로 얼마나 뒤틀려 있는지에 대해 털어놓았다.

조는 "화를 내는 제 자신을 보면 저도 당혹스럽습니다. 그리곤 이내 죄책감을 느낍니다"라고 말문을 열었다. 그리고 불과 2개월 전 일을 이야기해 주었다. 쇼핑몰에서 쇼핑을 마친 그는 주차장에서 나와 도로를 향해 차를 몰았다. 막 도로로 들어서려고 하는 순간, 꼬리를 문 차량들 사이로 비집고 들어갈 공간이 충분하지 않다는 사실을 깨닫고 일단 멈추어서 기다리기로 했다. 갑자기 조의 차가 멈추어 서자, 바로 뒤에 따라오던 차량의 주인이 뒤에서 경적을 울렸다. 조의 진짜 이야기는 여기서부터였다.

"그가 경적을 울리자, 저는 화가 폭발했습니다. 그래서 기어를 정지 상태로 해놓고 차문을 열어 제치고 뛰어나갔습니다. 얼마나 세게 나갔던지 차 문짝이 떨어져 나갈 뻔 했습니다. 저는 뒤에 있는 차로 달려가 다짜고짜 열린 차창으로 그 남자의 멱살을 잡고 얼굴을 창 쪽으로 끌어올렸습니다. 그리고 생각나는 대로 욕을 퍼부었지요. 그러면서도 그를 두들겨 팰까 봐 극도로 자제해야 했어요."

조는 분이 어느 정도 풀리자, 차로 돌아왔다. 그런데 제정신이 들어오니 갑자기 죄책감과 수치심이 그를 압도하기 시작했다.

"그렇게 악을 쓰고 분풀이를 한 사람이 제가 아닌 다른 사람 같았습니다. '이렇게 엉뚱한 데 분풀이를 해댄 미친 놈이 바로 나였어? 그리스도의 사랑을 전해야 하는 내가 방금 저 사람에게 무슨 짓을 했지?'라는 후회가 밀려왔습니다. 그 순간 아내가 우리 차에 붙여 놓은 범퍼 스티커 내용이 떠오르더군요. '예수님을 사랑하는 사람은 경적을 울려 주세요!' 집으로 돌아오는 내내 수치심과 우울감에 완전히 마음이 가라앉았습니다."

조는 화가 나서 자신이 아내를 때릴까 봐 두려웠다는 이야기도, 두 살 된 아들이 한밤중에 깨서 울어대는 통에 집 밖으로 나가 서성거렸다는 이야기도 해 주었다. 그렇게 하지 않으면 어린 아들에게 위해를 가할까 봐 무서웠던 것이다.

"저는 분노를 다스리게 해 달라고 끊임없이 주님께 기도했습니다. 화를 낸 죄를 하나님께 회개해 보기도 하고 미워해 보기도 했습니다. 이 문제만 해결되면 무슨 일이든 하겠다고 주님께 말씀드리기도 했습니다. 지금 제 인생과 결혼 생활은 분노 때문에 위험에 처해 있습니다."

조는 좌절해 있었다. 나는 그와 그의 아내에게 함께 기도하면서 그 분노의 뿌리가 무엇인지 성령님께 여쭙자고 제안했다. 그리고 우리는 함께 기도하기 시작했다. 나는 그의 분노가 무엇 때문인지 조에게 가르쳐 주시도록 주님께 기도하고 잠잠히 기다렸다. 몇 분 후, 주님께서 보여 주신 게 있느냐고 조에게 물었다.

"아니요. 아무것도 없습니다."

"마음에 떠오르는 것은 없습니까?"

"어렸을 때 말문이 막혔던 사건 하나만 생각나는데요. 사실 지금까지 까맣게 잊고 있던 일입니다. 그렇지만 그 일은 지금 이 문제와 아무 관련이 없습니다."

나는 그에게 그 일이 무엇인지 말해 달라고 했지만 그는 한사코 아무 관련이 없는 일이라고 했다. 마침내 나는 그에게 "우리는 성령님께 아무 일이나 중요한 사건을 기억나게 해 달라고 기도했습니다. 그리고 형제님 마음에 떠오른 것은 그 일밖에 없습니다. 그러니 하나님을 의지하고 얘기해 보십시오. 혹시 관련이 있을지 어찌 알겠습니까?"라고 타일렀다.

사람들은 누군가로부터 자신의 정체성과 인생의 목적에 대한 사탄의 메시지를 듣고 깊이 상처받았을 때, 많은 경우 그 고통이 너무 극심해서 그 문제를 무의식 깊숙이 밀어 넣어 버리고 철저히 외면한다. 너무 괴롭기 때문에 그 일을 기억 저편으로 완전히 묻어 두는 것이다. 그러면 그 기억이 의식의 표면으로 떠오르더라도 그 일로 인해 받은 고통은 전혀 생각나지 않는다.

그 결과 사람들은 "아, 그 문제는 진작 해결되었습니다" 또는 "그 문제로 아빠를 용서한 것은 이미 오래전의 일인 걸요", "이제 그 일로 더 이상 상처받지 않아요"라고 말한다. 심지어 그리스도인들은 "그 일은 예수님의 십자가 앞에 내어 맡겼답니다. 주님이 그 짐을 다 가져가 주셨습니다"라고 말하기도 한다. 그러나 사실은 주님께 그 고통을 내어 맡긴 것이 아니라, 무의식 깊은 곳으로 밀어 넣고 억압한 경우가 적지 않다.

실제로 상처는 전혀 치유되지 않고 여전히 그대로 남아 있다. 조개 껍질이 모래알을 품은 채 입을 닫듯이 보이지 않게 감춰둔 것에 불과하다. 이사야 선지자는 이 상태에 대해 이렇게 썼다.

"발바닥에서 머리까지 성한 곳이 없이 상한 것과 터진 것과 새로 맞은 흔적뿐이거늘 그것을 짜며 싸매며 기름으로 부드럽게 함을 받지 못하였도다"(사 1:6).

팔이 찢어져 상처가 났다고 가정해 보자. 상처 부위에 약을 바르지 않고 그대로 방치해 두면 어떻게 되는가? 온갖 더러운 먼지가 들어와 벌어진 상처 틈에 달라붙을 것이다. 시간이 지나 상처에 딱지가 앉으면 마치 다 나은 것처럼 보일 수 있지만 딱지 밑에서는 감염이 진행될 수도 있다. 그런 상태에서 상처가 건드려질 때마다 감염된 세균이 몸속으로 침투할 것이다. 그러면 결국 그 부위를 치료하기 위해 상처 부위를 절개하고 염증을 짜낸 다음, 상처를 깨끗이 소독하고 치료한 후 봉합해야 할 것이다.

이사야가 우리 내면에 관해 그린 그림이 바로 이것이다. 누군가가 영적이고 정서적으로 깊은 상처를 입었다면 반드시 영적인 소독 작업을 받아야 한다. 그렇게 하지 않으면, 그는 영적으로 '감염'된 상태 그대로 "그것을 째며 싸매며 기름으로 부드럽게 함을" 받지 못하고 평생 살아갈지 모른다.

조가 바로 그런 경우였다. 마침내 그는 기도 중에 떠오른 어린 시절의 경험을 털어놓기로 결심했다. 물론 그 일을 털어놓으면서도 그 일이 자신의 분노 조절 장애와는 무관하다고 계속 주절거렸다. 너무 하찮은 일이라서 그때까지 기억도 하지 못하고 있었을 뿐더러 오래전에 아버지를 용서해 드렸기 때문에 더 이상 그 일이 상처가 되지 않는다고 말했다.

조가 이야기한 내용은 이러했다. 그가 여덟 살이던 어느 금요일 밤, 친구 두 명과 집에서 함께 자도 된다는 허락을 받았다.

그는 그 일로 매우 흥분했고 그 날이 오기를 손꼽아 기다렸다. 마침내 그 날이 왔다. 부모님은 평상시보다 늦게 자도 되고 팝콘을 먹으면서 무서운 영화를 봐도 된다고 허락해 주셨다. 아이들은 그들만의 세상을 만난 듯 한껏 놀다가 새벽 한 시나 되어서 잠이 들었다. 다음 날 아침, 잠에서 깨어난 조는 끔찍한 일이 자신에게 생겼음을 알게 되었다. 그는 침대에 오줌을 싼 것이다. 친구들이 그 일을 알게 될까봐 재빨리 침대 시트를 아무도 안 보게 숨겼다.

그러나 아뿔사, 조의 어머니가 그 이불을 발견하고 곧장 남편에게 그 일을 알렸다. 그는 아침 식사를 할 때, 친구들과 가족 앞에서 조를 혼내면 아들의 버릇을 고칠 수 있을 것이라고 생각했다. 그래서 모두가 있는 데서 조가 이부자리에 오줌 싼 일을 다 알리고, 그를 오줌싸개라고 짓궂게 놀리며 큰 기저귀를 사서 차게 하겠다고 말했다. 여덟 살이나 된 놈이 아직도 침대에 오줌을 싸다니 너무 기가 차다는 말도 했다. 아들에게 망신을 준 아버지는 그것도 모자라 두 친구가 보는 앞에서 조의 바지를 벗겨 엎드리게 한 후 엉덩이를 때렸다.

그 치욕스러운 일을 당했을 때, 조는 마룻바닥 밑으로 꺼져 사라지고 싶었다고 말했다. 그 순간 아버지가 죽이고 싶을 정도로 증오스러웠고 정말 할 수만 있었다면 그렇게 했을 것이라고 말했다. "하지만 지금은 그 일이 저를 괴롭히지 않습니다. 그 일을 기억조차 못한 게 벌써 30년이 넘었는 걸요"라고 말했다.

해결되지 않은 상처가 조의 내면에 도사리고 있다고 판단한 나는, 그날 아침에 아버지가 친구들 앞에서 그를 꾸짖고 치욕스럽게 할 때, 어떤 감정이었는지 기도로 표현할 수 있느냐고 물었다. 그는 그렇게 해 보겠다고 했다. 우리는 기도를 하기 위해 고개를 숙이고 눈을 감았다. 그리고 조가 주님께 기도할 수 있도록 기다렸다. 그러나 1분이 훌쩍 지나도 그는 아무 말을 하지 않았다. 조가 소리내어 기도해야 한다는 사실을 몰랐다고 생각한 나는 재차 기도를 요청했다.

"괜찮습니다. 그날 아침에 느낀 것을 있는 그대로 주님께 말씀드리면 됩니다."

그러자 갑자기 조가 눈물을 터뜨렸다. 그리고 30년이 넘게 마음 깊이 억눌렸던 상처와 분노와 증오심을 15분이 넘도록 쏟아내기 시작했다. 마침내 상처가 밖으로 드러났다. 이후에 나는 사탄이 어떻게 아버지를 이용해서 조에게 그의 메시지를 심었는지에 대해 이야기해 주었다. 사탄의 메시지는 이러했다.

"너는 오줌싸개야. 넌 날 때부터 문제가 있었던 게 틀림없어. 앞으로 넌 아무리 노력해도 절대 성공할 수 없을 거야. 너는 우리 가문의 수치이고 하나님께는 애물단지야."

조는 어른이 된 이후로도 내면 깊숙한 곳에서 그런 생각이 자신을 괴롭혔다고 나중에야 털어놓았다. 실제로 무슨 일을 해도 잘 안 될 거라고 믿었고, 열심히 노력해도 그가 통제할 수 없는 일이 생겨 결국 실패하게 될 것이라고 생각했다. 늘 이런 생각을 하고 사는 그에게 큰 좌절감과 분노가 생기는 것은 당연한 일이었다. 생각은 행동을 지배하기 마련이다. 그래서 그의 수치심과 좌절감은 더욱 악화된 것이었다.

내면의 상처로 곪아 있던 마음을 모두 털어놓자, 조는 진심으로 아버지를 용서할 수 있게 되었다. 그리고 아버지되신 하나님께 나아가서 자신이 어떤 존재이며 인생의 목적이 무엇인지 알려 달라고 기도할 수 있게 되었다. 주님은 그동안 늘 조에게 정체성과 인생의 목적에 대한 그분의 메시지를 전하고 싶으셨지만, 사탄의 메시지가 이미 그의 내면 깊숙한 곳까지 장악하고 있었다. 그래서 그 순간까지 조는 자신에 대한 하나님의 시각을 받아들일 수가 없었다. 그러다 보니 마흔이 다 되도록 조의 내면에는 겁에 질린 불안한 여덟 살 꼬마가 살고 있었던 것이다.

상처가 그대로 드러난 순간, 조의 마음에 웅크리고 있던 여덟 살 소년의 모든 상처와 분노가 마침내 표출될 수 있었다. 그는 처음으로 정체성과 인생의 목적에 관한 하나님의 메시지를 받아들이고, 오줌싸개가 아니라 하나님이 창조하신 본연의 모습을 되찾고 싶은 순수한 열정을 느꼈다. 그날 조의 인생은 완전히 달라졌다. 그는 흑백만 존재하는 인생을 살다가 온갖 아름다운 색으로 가득한 세계를 발견한 것 같다고 고백했다.

사탄이 조의 아버지를 이용해 정체성과 인생의 목적에 관한 그의 메시지를 어떻게 심어 주었는지는 쉽게 확인할 수 있다. 조의 아버지는 그 일이 아들의 인생에 어떤 영향을 미칠지 전혀 몰랐다. 단지 그는 아들의 버릇을 고쳐 주고 싶었던 것 뿐이었다. 그는 저주와 축복의 개념이나 정체성에 관한 하나님과 사탄의 메시지가 존재한다는 사실도 몰랐다. 그래서 별 의도없이 조의 마음에 심한 상처를 주는 말을 하게 된 것이다. 그러나 그의 말과 행동은 조를 평생 괴롭혔다.

성경은 "내 백성이 지식이 없으므로 망하는도다"(호 4:6)라고 말한다. 조의 아버지에게는 아들에게 상처줄 의도가 추호도 없었다. 단지 그는 사탄의 메시지가 아니라 하나님의 메시지를 아들에게 주는 법을 몰랐을 뿐이었다. 그래서 그는 아들을 축복하는 대신 저주하고 만 것이다.

아버지가 주는 축복의 위력

한 번도 축복을 받아본 적이 없는 많은 사람들에게 축복을 향한 갈망은 절대 사라지지 않는다. 나이에 상관없이 부모의 축복이 얼마나 큰 변화의 위력을 발휘할 수 있는지에 대한 감동적인 사례를 한 친구에게서 들은 적이 있다. 친구 파블로는 집을 나가 9개월 동안 별거를 하던 어머니가 이혼을 요구하고 있다는 말을 아버지에게 들었을 때 매우 슬펐다.

파블로는 부모님을 돕기 위해 어떻게 해야 할지 고민할 때 매우 이상한 생각이 떠올랐다. 그때는 마침 최근 스물한 살 된 아들 조세가 한동안 인생의 목적도 없이 방황하다가 인생에 놀라운 변화가 일어나는 모습을 본 뒤였다. 처음에 아들은 대학교에 갈지 직장을 구할지 아무 결정도 내리지 못하고 있었다. 그저 집에서 아무 일도 하지 않고 빈둥거리며 시간을 허비했다. 파블로는 아들의 입장이 되어 그를 이해해 보려 애를 쓰다가, 겁에 질려 무엇을 해야 할지 결정하지 못하는 어린 소년의 모습을 보게 되었다.

당시 파블로와 그의 아내는 '옛적 길 세미나'에 참석해서 아들이 방황하는 이유가 부모의 축복 없이 성인기를 맞아 성인으로서의 정체성을 확립할 기회가 없었기 때문이라는 사실을 알게 되었다. 그래서 아들은 여전히 어린 아들로 어머니에게 의존하고 있었던 것이다.

파블로 부부는 아들을 위해 축복 의식을 열기로 계획하고 의식을 정식으로 잘 치렀다. 그러자 겁 많은 어린 소년은 사라지고 자신감 넘치는 어엿한 스물한 살의 청년이 그를 보고 미소 짓고 있었다. 아들과 엄마 사이에 있던 영적이고 심리적인 탯줄도 끊어졌다. 이후 조세는 대학교에 입학해 하나님이 주신 소명을 따라 열심히 공부하기 시작했다.

파블로는 그 일을 계기로 부모의 이혼 문제 앞에서 매우 엉뚱한 생각을 하게 된 것이다. 그것은 바로 아버지의 내면에 그 아버지의 축복을 받고자 하는 깊은 욕구가 있을 것이라는 생각이었다. 파블로가 아버지의 눈으로 자신의 아버지를 보았을 때, 스물한 살 아들에게서 보았던 것과 같은 겁에 질린 어린아이의 모습이 보였다. 그리고 불현듯 아버지 루이스가 그의 아버지에게 한 번도 축복을 받은 적이 없고, 예순네 살의 나이에도 어린 소년처럼 어머니에게 여전히 심리적으로 매여 있음을 깨닫게 되었다. 아버지와 어머니와의 관계가 삐걱거린 이유는, 한 번도 '아버지가 어머니를 떠난' 적이 없어 '그 아내와 온전히 연합할' 수 없었기 때문이었다(창 2:24).

이 사실을 확신하자, 파블로는 여든일곱이 되신 할아버지에게 전화를 걸어 예순다섯 살을 맞는 아들의 생일에 아들을 축복해 달라고 부탁했다. 그는 손자의 말을 듣고 매우 놀랐다. "뭘 해 달라고? 이제 네 아비는 예순다섯 살이 되지 않느냐. 아직도 어른이 안 되었다면 앞으로도 그럴 가망이 없을 거다"라고 언성을 높이기도 했다. 그러나 파블로는 끈덕지게 졸랐고 할아버지는 마침내 그 제안을 받아들였다.

할아버지가 도착하자, 파블로는 부모의 축복이 얼마나 큰 힘이 있는지에 대해 설명했다. 그리고 할아버지에게 아들의 인생에 대한 열쇠가 쥐어졌다고 말했다. 또한 아버지가 아직도 심리적으로 어머니로부터 독립하지 못하고 있다는 사실도 알려 주었다. 아버지도 "내 아버지여 내게 축복하소서 내게도 그리하소서"(창 27:38)라고 울며 매달린 에서처럼 울고 있다고 전했다. 할아버지는 파블로의 설명을 다 이해하지는 못했지만, 생일날 자신의 아들을 축복하는 계획에 대해서는 동의했다.

마침내 그 날이 왔다. 간단히 예배가 끝나고 할아버지와 아버지는 서로 맞은 편에 앉았다. 할아버지는 처음으로 아들에게 "사랑한다"라고 말했다. 하지만 그 말을 다 끝내기도 전에 울음을 터뜨렸다. 아버지 역시 가슴이 먹먹해져 눈물을 흘렸다. 그렇게 두 사람은 10분 동안 아무것도 못하고 앉아서 울기만 했다. 시간이 흐른 뒤, 할아버지는 자신이 아들을 얼마나 사랑하고 자랑스러워하는지에 대해 말해 주었다.

그러고 나서 할아버지는 "아들아, 네가 열다섯 살 때의 일을 기억하니?"라고 물었다. 이 질문을 받자, 그는 마음의 고통을 풀어내기 시작했다. 그랬다. 아들 루이스는 열다섯 살 때의 일을 생생하게 기억하고 있었다. 그날 아버지 루이스와 할아버지는 몸싸움으로 번질 정도로 큰 말다툼을 했었다. 할아버지는 아들에게 고함을 지르며 끔찍한 저주의 말을 퍼부었다. 아무 쓸데없는 놈이라고 욕하며 그를 집에서 쫓아냈다. 아들을 증오한다고 말하며 다시는 보고 싶지 않다는 극언도 서슴지 않았다.

물론 루이스 역시 아버지에게 질세라 화를 내며 욕하고 대들었다. 아버지를 증오하며 다시는 보지 않을 것이라고 말했다. 그렇게 그는 열다섯 살의 나이에 반항심으로 집을 떠나 성인으로서 살기 시작했다. 이것은 분명히 성인으로서 살아가는데 필요한 부모의 축복은 아니었다.

그 후에 루이스와 할아버지는 화해를 했지만 두 사람 다 그 사건을 한 번도 입 밖에 내지 않고 지내왔다. 그런데 그날 할아버지가 그 말을 꺼내자, 50년 전에 그의 가슴에 응어리져 있던 증오심과 분노가 다시 되살아났다. 오래전 그는 아버지를 용서한다고 말했지만, 그 마음의 고통은 여전했고 진심으로 용서한 것이 아니었다. 또한 아버지를 향해 품었던 원망과 반항심을 회개한 적도 없었다.

50년이 지나 그 곪은 상처를 열었을 때, 루이스는 아버지의 가슴에 얼굴을 묻고 한참 동안을 소리내어 울었다. 할아버지 역시 눈물을 그칠 수가 없었다. 마침내 울음을 진정하고 말문을 연 할아버지는 낮은 소리로 "아들아, 정말 미안하구나. 그날 내가 잘못했단다. 나를 용서해 다오. 내가 화가 나서 속에도 없는 말을 하고 말았다. 너를 축복하는 대신 저주를 퍼부었지. 제발 이런 아버지를 용서해 다오. 사랑한다"라고 용서를 구했다. 그 말을 들은 아들은 더욱더 흐느껴 울었다.

마침내 루이스가 눈물을 그치자, 할아버지는 그의 눈을 바라보며 이렇게 말했다.

"아들아. 사랑한다. 내가 잘못했다. 네가 한참 예민할 때 집을 떠나게 만들었던 나를 용서해 주겠니?"

"네, 아버지, 용서할게요. 저도 아버지를 사랑합니다. 아버지에게 그렇게 대들고 욕한 저를 용서해 주시겠습니까?"

"물론이란다. 아들아, 오늘 50년 전에 했어야 할 말을 지금 하겠다. 아버지는 네가 자랑스럽다. 너는 바보 같은 어린 소년이 아니라 어엿한 대장부란다. 네가 심리적으로 영적으로 네 어미와 연결된 탯줄을 끊어 성인의 정체성을 가지고 바르게 서도록 축복한다. 이제 하나님이 부르신 소명을 감당하는 장부가 되거라."

파블로는 이 이야기를 하면서 그날 할아버지의 축복을 받고 아버지 루이스의 마음에 초자연적인 변화가 일어나, 담대하면서도 깊은 평화를 누렸으며 더 이상 겁에 질린 소년이 아니었다고 말해 주었다.

그날 루이스의 마음에 일어난 초자연적인 치유의 힘이 얼마나 강력했던지 2주 후 파블로의 어머니는 이혼 계획을 취소하고 집으로 돌아왔다. 그녀는 이렇게 말했다고 한다.

"아버지에게 무슨 일이 있었는지 모르겠지만, 이제야 마침내 내가 결혼했다고 생각한 남자를 찾았단다. 지난 45년 동안, 나는 실패하고 좌절할 때마다 그 탓을 내게 돌리던 화난 어린아이 같은 네 아버지를 쫓아다니느라 정말 힘들었단다. 그런데 지금은 그에게서 두려움과 분노, 좌절감과 원망이 모두 사라진 것이 느껴져 45년 전에 사랑에 빠졌던 남자를 다시 되찾아 행복하구나. 사랑하는 그와 함께 남은 여생을 함께 할 거야."

그들은 그 다음 7개월을 신혼처럼 달콤하게 보냈고, 그 이후 사업이 번성하여 남는 시간을 그 도시의 다른 부부들을 돕는 데 헌신했다. 루이스는 훗날 아들 파블로에게 "나는 내가 50년 넘게 아버지의 축복을 갈망하고 있었다는 걸 전혀 모르고 있었단다. 아버지를 만나면 좋을 거라고 막연하게 생각하긴 했지만, 내 인생을 바꾸는 엄청난 열쇠가 아버지의 축복일 줄은 상상조차 못했단다"라고 말했다.

파블로는 그 축복 의식 이후 할아버지와도 대화를 나누었다. 할아버지는 "아버지의 축복이 자녀의 형통한 미래를 여는 열쇠라는 사실을 좀 더 일찍 알았더라면 얼마나 좋았을까. 아들이 이렇게 늙어 버린 후에야 깨닫게 되다니 정말 후회스럽구나. 그래도 네 덕분에 이제라도 하게 되어 참 기쁘고 네게 고맙구나"라고 말씀하셨다.

우리는 이 이야기를 통해 부모의 축복이 얼마나 놀라운 힘을 가지고 있는지 알았다. 자신은 모르고 있었지만 루이스는 아버지의 축복을 받기를 갈망했다. 그런데 루이스의 아버지가 아들을 축복하지 않은 데는 중요한 두 가지 이유가 있다. 첫 번째 이유는 무지였다. 그 누구도 그에게 부모의 축복에 대해 가르쳐 준 적이 없었기 때문이다. 두 번째 이유는 경험 부족이었다. 어느 부모도 자신이 받지 못한 것을 자녀에게 줄 수 없다. 그래서 지금 부모가 된 우리 역시 자녀들을 축복하기가 쉽지 않다.

지금 우리는 루이스와 에서처럼 "내 아버지여 내게 축복하소서. 내게도 그리하소서"라고 부르짖고 있다. 하루 빨리 지금의 이 모습을 바꾸고 축복의 가족 문화를 창출해야 한다. 그래야 다음 세대에 새로운 유산을 물려줄 수 있다.

Chapter 2
가정에 '축복의 문화' 만들기

개인적으로 나는 모든 자녀가 일생 동안 부모의 축복을 한 번만 받고 그치기를 하나님이 원치 않으신다고 믿는다. 하나님은 '축복의 문화' 속에서 자녀들이 성장하기를 바라신다. 여기서 축복의 문화가 정확히 무엇인지 궁금해 할 사람도 있을 것이다. 축복의 문화란, 간단히 말해 가족이 서로에게 쓸데없는 존재라는 사탄의 메시지가 아니라, 소중한 존재라는 하나님의 메시지를 꾸준히 전달하는 분위기를 말한다. 축복의 문화 속에서는 가족이 서로의 삶에 해로운 염산이 아니라, 파란색 식물 영양제를 꾸준히 뿌려 준다. 서로가 번성하는 모습을 보기를 원한다.

늘 이 일을 완벽하게 해낼 사람은 아무도 없을 것이다. 그러나 축복의 문화가 있는 가정에서는 누군가가 다른 가족을 본의 아니게, 심지어 의도적으로 저주한다 하더라도 그 잘못을 깨닫는 즉시 하나님의 축복을 전하는 대리자로서의 확실한 책임을 진다.

수많은 민족들이 그들 안에 축복의 문화가 자연스럽게 형성되도록 관습과 의식, 전통을 일구어 왔다. 특별히 하나님은 유대 민족에게 매주 가족을 축복하는 놀라운 전통을 선사하셨는데, 이것은 오늘날까지도 살아 있다. 매주 금요일 저녁(히브리어로 에렙 샤밧, Erev Shabbat) 온 가족이 모여 특별히 마련한 식사를 하고 서로를 축복하는 전통이다. 반면 오늘날은 온 가족이 한 끼 식사를 하러 모이는 일이 일종의 기적과 같다.

매주 이 시간이 되면 유대인 아버지는 먼저 아내를 위해 축복 기도를 한 뒤, 자녀들을 한 명 한 명 돌아가며 축복해 준다. 또한 자녀들의 장래 비전과 형통한 앞날을 선언하며 미래에 대한 기대를 심어 준다. 또한 정체성과 인생의 목적에 대한 하나님의 메시지를 자녀들의 마음과 생각에 심어 준다. 여기서 아버지가 자녀를 축복하는 말은 일종의 예언적 성격을 지니는데, 성인이 된 자녀들은 아버지가 매주 예언한 대로 정확히 이루어 살아간다.

유대인 젊은이는 '나는 은행을 세우겠다'고 생각하는데 반해, 그리스도인 젊은이는 '나는 은행에서 일하겠다'라고 생각하는 이유가 바로 여기에 있다. 많은 경우에 이 차이는 매주 부모의 축복으로 자연스럽게 자신의 비전을 키우며 살아가느냐 아니냐에 달려 있다. 그리스도인 젊은이는 '영화사에서 일하고 싶다'고 생각하는데 반해, 유대인 젊은이는 '영화사를 차려야겠다' 또는 '가장 뛰어난 영화 감독이 되겠다'라고 생각한다. 부모의 축복이 심어 주는 비전의 힘이 바로 이런 것이다.

그동안 관찰한 결과, 나는 정기적으로 자녀를 축복하는 전통이 없는 기독교인 가정의 자녀들은 부모에게 주로 꾸지람이나 책망을 듣는다는 사실을 알 수 있었다. 때로 그런 말은 본의 아니게 하나님의 메시지보다 사탄의 비전과 상을 자녀들에게 심어 주었다.

예를 들어, 아버지가 열다섯 살 된 딸에게 "그런 옷차림으로 밖에 나가면 안 돼. 윗도리가 그게 뭐니? 가슴이 다 보이잖아. 바지는 또 너무 끼잖아. 넌 마치 창녀 같구나. 그렇게 입고 친구들과 돌아다니다가는 1년도 안 되어 배가 불러오고 말 거야"라고 말한다고 가정해 보라.

이런 말은 일종의 예언적인 성격을 지닐 수 있다. 자녀는 부모에게 들은 그대로 행동할 가능성이 높기 때문이다. 매주 자녀들을 축복하는 전통을 하나님이 유대인들만의 전유물로 허락하신 것은 아니라고 생각한다.

통제와 권위

부모가 규칙적으로 축복하는 시간을 따로 정하는 일도 중요하지만, 저주가 아닌 축복하는 분위기를 가정에 조성하는 일도 그에 못지 않게 중요하다. 그러나 이런 분위기가 전반적으로 조성되기 위해서는 부모가 자녀의 정체성과 그 행동을 분리하는 법을 배워야 한다. 훈계가 필요할 때 이 일은 특히 더 중요하다.

내가 아들을 훈계할 때 저주하려 했던 모습을 주님이 처음 내게 보여 주셨던 때가 기억난다. 막내 조나단이 네 살 때였다. 당시 나는 목회자로 섬기기 시작한지 1년 차였다. 감동적인 예배를 마치고 사택 현관으로 들어서려는데 조나단의 주일학교 선생님이 아들과 함께 서 있었다.

그녀는 인사를 하고 이렇게 말했다.

"목사님, 주일 아침에 예배를 드리는데 조나단이 조금 말썽을 부렸어요. 뭘 좀 시켰는데 안하겠다고 거부했거든요. 그래서 다시 한 번 부탁을 했는데 여전히 말을 안 들었어요. 그러더니 대뜸 저를 향해 듣기 민망한 욕을 했어요. 주의를 주긴 했지만 아무래도 목사님께 알려드리는 게 도리 같아서요."

순간 나는 얼굴이 벌겋게 달아올랐다. 속으로는 "저놈이 감히 아빠 얼굴에 먹칠을 하고 다녀? 저 선생님은 내가 집에서 그런 식으로 대화한다고 생각할 거 아냐"라고 화를 냈다. 그러면서 그리스도인 장로와 사역자들의 자격 요건을 적은 "사람이 자기 집을 다스릴 줄 알지 못하면 어찌 하나님의 교회를 돌아 보리요"라는 디모데전서 3장 5절 말씀이 떠올랐다.

'이제 내 사역은 끝장났어. 아들도 다스리지 못하는데 어찌 교회를 돌보겠어? 난 이제 사임할 수밖에 없어.'

처음에 나는 수치심과 당혹감으로 몸둘 바를 몰랐다. 그리고 다음에는 그 마음이 분노로 바뀌었다. '바로 지금 이 자리에서 조나단을 때려서라도 내가 좋은 아버지이고 이 문제를 심각하게 받아들인다는 사실을 이 선생에게 보여 주어야겠어'라는 생각이 들었다. 그러나 조나단을 야단치려고 하는 순간, 성령님께서 나를 제지하시며 물으셨다.

"지금 무엇을 하려고 하느냐?"

"아들을 훈육하려고요."

"훈육이라고? 아니, 지금 너는 사탄의 대리자가 되어 아이의 정체성에 저주를 퍼부으려는 거야."

"네? 아닙니다. 조나단이 나쁜 짓을 했잖아요. 그러니 따끔하게 혼내 줘야죠. 저는 아버지로서 자녀를 훈계하도록 세움 받은 대리인이 아닙니까?"

"그러나 지금 너는 그럴 자격이 없단다."

"자격이 없다니요? 제가요? 왜요?"

그러자 성령님은 마태복음 7장 3절 말씀을 생각나게 해 주셨다. 형제의 눈 속에 있는 티를 없애기 전에 먼저 자기 눈 속에 있는 들보를 빼라는 말씀이었다.

"지금 네 눈에 큰 들보가 있어서 아들의 눈에 있는 티를 제거할 만큼 네 시야가 선명하지 않단다. 너는 아들을 위해 훈계하고 싶은 게 아니라 네 위신을 세우고 너를 창피스럽게 한 것에 대한 화풀이를 하려는 거잖니?" 그러나 네가 그런 식으로 화풀이를 하면 아들은 큰 충격을 받을 거란다. 너는 사탄의 메시지를 아들에게 심어 주려 하고 있어. 사탄의 반복음적인(anti-gospel) 메시지는 행동으로 인격적인 가치를 재단하지만, 내 복음은 행동과 가치를 분리해서 바라본단다."

사탄의 반복음적인 메시지는 '네가 제대로 행동하고 순종하면 널 사랑하고 존중하고 축복해 주겠지만, 그렇지 않으면 너를 사랑해 주지도 않고 있는 그대로 인정해 주지도 않을 거야. 난 널 저주할 거야'라는 메시지를 전한단다. 이렇듯 지금 너는 아들의 정체성을 저주하려고 했어.

그러나 내 복음은 이렇단다.

'네가 순종하고 옳은 행동을 하면 너를 사랑하고 존중하고 축복해 줄 거야. 하지만 설령 그렇게 하지 않더라도 너를 사랑하고 존중하고 축복하는 내 마음은 변함 없단다. 하지만 네가 잘못된 선택을 한 것에 대해서는 그에 상응하는 대가를 치르게 할 거야. 언제나 기억하렴 네가 무슨 행동을 해도 너를 사랑하는 내 마음은 절대 변하지 않을 거란다.'

네 아들에게 내가 전하고 싶은 메시지가 바로 이거란다."

이 말씀은 내게 큰 충격으로 다가왔다. 그러나 도저히 이해할 수 없어 성령님께 "제가 조나단에게 왜 그토록 화가 났을까요?"라고 여쭈어 보았다.

성령님은 즉각 이렇게 대답해 주셨다.

"아들아, 내가 너를 사랑하고 귀히 여긴다는 사실을 네가 아직 확실히 믿지 않고 있기 때문이란다. 너는 네 가치가 네 행동에 따라 달라진다고 생각하지. 또한 스스로 소중하다는 느낌을 확인받고 싶어서 무슨 일이든 완벽하게 해내야 한다고 생각하잖니? 그리고 그 거짓말을 이제 네 아들에게도 하려는 거야. 아들이 잘못을 저지르거나 실수를 하면 네가 형편없는 아버지처럼 여겨지니까 아들에게 그 탓을 돌리는 거야. 그러니 사실 네 평안은 네 살 된 아들의 행동에 좌우되고 있는 셈이란다.

누군가의 내적인 평강에 대한 책임을 지는 것은 어른에게도 버거운 일인데, 그것을 네 살 짜리 아들에게 지운다면 얼마나 불공평한 일이니?. 아들이 모범적으로 행동하면 너 스스로 안정감을 느끼는 반면 아들이 눈살을 찌푸리는 행동을 하면 너 스스로 무가치하다는 생각이 들어서 화가 나지? 그래서 그 기분을 아들 탓이라고 생각하고 아들의 정체성을 저주하게 되는 거란다. 그러나 그렇게 하면 너는 아들에게 반복음적인 메시지를 퍼뜨리는 사탄의 대리인이 되는 거야."

놀라운 말씀이었다! 나는 처음 계획했던 대로 밀고 나가는 대신 집에 가서 이야기하자고 조나단에게 말했다. 아들이 잘못을 했을 때, 내가 수치심을 느끼고 자존심이 상하는 근본 이유가 무엇인지 주님과 대화하며 한 시간을 보낸 후, 마침내 나는 조나단에게 사랑한다는 말을 할 수 있었고, 아들이 무슨 잘못을 해도 그에 대한 사랑과 소중히 여기는 마음은 변치 않는다고 말해 줄 수 있었다. 그런 다음 화내지 않고 엄중하게 선생님께 무례를 범한 잘못을 야단칠 수 있었다. 아들을 꾸짖으면서도 존중하는 목소리로 그의 영을 축복할 수 있었다. 내가 아는 한 그 이후로 아들이 그렇게 선생님에게 무례를 범한 경우는 한 번도 없었다.

부모가 자녀의 정체성과 행동을 혼동하고 구분하지 않으면, 아들이나 딸의 행동을 꾸짖으면서 자녀의 정체성까지 저주하는 잘못을 범하게 된다. 그렇다면 반항적이고 나쁜 행동을 한 아이를 축복하는 것이 옳은 일인가? 물론이다. 축복은 자녀의 행위가 아니라 자녀의 존재 자체에 바탕을 두어야 한다.

십 대 자녀들의 반항은 부모의 축복 결핍이 주된 원인이다. 하나님은 자녀의 인격은 축복하고 행동은 훈계하도록 우리에게 요구하신다.

하나님이 우리의 행동과 정체성을 분리하셔서 그 사랑의 근거를 우리의 행동에 두지 않으시니 얼마나 감사한지 모른다. 성경은 "우리가 아직 죄인 되었을 때에 그리스도께서 우리를 위하여 죽으심으로 하나님께서 우리에게 대한 자기의 사랑을 확증하셨느니라"(롬 5:8)고 말한다.

누군가가 다른 사람을 위해 죽는 것보다 더 큰 축복과 사랑은 없다. 그런데 예수님이 우리를, 죄인인 우리를 위해 죽으셨다. 그러나 그렇다고 해서 그분이 우리의 죄도 용납하신다는 의미는 아니다. 그분은 우리의 있는 그대로의 모습(정체성)과 우리의 행동을 구분해서 보신다. 그래서 우리를 축복하시면서 우리의 잘못된 행동은 묵인하지 않으실 수 있다.

부모가 자녀의 정체성과 행동을 구분하지 못하면 축복하기 위해 자녀의 잘못된 행동을 묵인하든지, 아니면 징계하기 위해 자녀의 정체성을 저주하는 함정에 빠지게 된다. 이런 일이 벌어지면 부모는 하나님의 통치 체계가 아니라 사탄의 통치 체계로 가족을 이끌기 쉽다. 반면에 하나님은 '권위'로 통치하신다. 이것은 다음과 같이 정의할 수 있다.

1. 통제는 권력을 이용해 남들을 자기 뜻대로 행동하게 만드는 것이다(위협하거나 협박하여).
2. 권위를 행사하는 것은 상대방의 인격과 뜻을 있는 그대로 존중하며 선택의 자유를 허용하고 그 결과를 책임지게 하는 것이다.

통제는 타인의 자유의지를 존중하지 않거나 종종 인정조차 하지 않는 반면, 권위의 행사는 선택의 자유를 일관되게 존중하는 동시에 잘못된 선택을 한 결과를 책임지도록 한다. 하나님은 늘 인간의 선택을 존중해 주셨다. 절대 예수 그리스도를 강제로 영접하게 하지 않으셨다. 선택하도록 하시되 그 결과에 반드시 책임지도록 하신다. 예를 들어, 예수 그리스도를 영접하고 영원히 그분의 임재를 누리거나 예수 그리스도를 거부하고 영원히 그분과 분리되어 지옥에서 살거나 둘 중에 선택하도록 하신다. 언제나 그분은 우리에게 첫 번째를 선택하라고 호소하시지만 최종 결정은 각자의 몫으로 맡기신다.

신명기 30장 19절에서 하나님은 "내가 오늘날 하늘과 땅을 불러서 너희에게 증거를 삼노라 내가 생명과 사망과 복과 저주를 네 앞에 두었은즉 너와 네 자손이 살기 위하여 생명을 택하고"라고 말씀하셨다. 선택의 자유를 주시되 그 대가를 치르도록 하시는 하나님의 모습을 여기에서도 볼 수 있다. 주님은 그분이 우리를 다스리시듯 우리의 자녀들을 대하라고 하셨다. 그러나 불행하게도 대부분의 부모들은 성장기 때, 통제의 체계 밖에 경험한 적이 없어서 그들 역시 자녀들에게 동일한 방법을 사용한다. 그들은 통제라는 사탄의 방법이 저주의 환경을 낳는다는 사실을 잘 모른다. 반면에 권위라는 하나님의 체계 속에서는 축복의 환경이 마련된다.

부모들이 축복의 문화를 일구기가 매우 어려운 때가 있다. 바로 자녀들이 불순종하거나 반항할 때이다. 원하는 대로 자녀들이 순종할 때는 축복하기가 쉽다. 반면 부모의 권위를 거부하고 자기 고집대로 끝까지 반항하는 자녀를 축복하기란 쉽지 않다. 그래서 많은 부모들이 자녀들을 징계할 때, 결국 자기도 모르게 그들의 정체성을 저주하는 실수를 범하게 된다.

훈계의 세 가지 중요한 요소

오래전에 나는 자녀의 행동과 정체성을 분리해서 대하는 법을 배우기 위해 잠언 6장 23절에서 강조하는 가정 운영의 세 가지 요소를 실천해야 한다는 사실을 깨달았다. 이 성경 구절은

"대저 명령은 등불이요 법은 빛이요 훈계의 책망은 곧 생명의 길이라"고 말한다. 여기에 비추어 훈계의 세 가지 요소는 다음과 같다.

1. 명령(commandment)
2. 법(teaching)
3. 책망(reproof)

첫 번째 요소인 명령은 자녀에게 바라는 것을 분명하게 전달하는 것이다. 한 번도 요구한 적이 없는 일로 아이를 징계한다면 아이는 마음에 상처를 받고 매우 혼란스러워할 것이다. 그러므로 훈계의 첫 단계는 아이에게 요구 사항을 분명히 전달하는 것이다.

두 번째 요소는 법, 즉 가르침이다. 자녀에게 어떤 법을 가르치고자 할 때, 그것이 왜 중요한지 아이가 이해할 수 있는 언어로 설명하는 것이 중요하다. 자녀에게 이유를 설명하지 않고 뭔가를 명령한다면, 그 아이는 부모가 벌을 줄 때만 순종하는 버릇이 생길 것이다. 그러나 아이가 명령의 이면에 있는 이유와 그 지혜를 배운다면, 처벌이 두려워서가 아니라 그 훈육의 의미를 충분히 이해했기 때문에 순종하게 된다.

세 번째 요소는 책망이다. 책망은 명령대로 하지 않았을 때 대가를 치르도록 하는 것을 말한다. 하나님은 선택의 자유를 주시되 대가를 치르게 하는 방법으로 우리를 다스리신다는 사실을 기억하라. 책망은 그 대가를 말한다. 부모가 어떤 명령을 어겼을 때 대가를 치르도록 훈련하지 않는다면, 아무 효과도 없는 법을 만든 셈이 되고, 부모의 명령은 하찮은 것이라는 인식을 아이에게 심어 주게 된다.

정체성과 행동을 구분하지 못하는 부모들은 자녀를 징계해야 하는 상황에서 자녀를 축복하기가 쉽지 않다. 그래서 분풀이를 하듯이 자녀를 징계하게 된다. 어떤 부모는 하나님의 통치 방식을 전혀 모르거나 또 어떤 부모는 그 방식을 이해하지만 실제로 어떻게 해야 할지 몰라 어려움을 겪기도 한다. 또 어떤 부모는 자신들이 잘 가르쳤으니 자녀들이 알아서 잘 순종할 것이라고 착각하기도 한다.

불행하게도 인간에게는 주어진 경계를 시험해 보는 본능이 있다. 그래서 부모는 자녀에게 허용 가능한 '경계'를 명확히 설정해 주어야 한다. 그리고 그 경계를 위반할 때 어떤 대가를 치르도록 할지도 미리 정해 두어야 한다. 그렇지 않으면 자녀들이 경계를 시험하고 명령을 어길 때 어떻게 해야 할 지 혼선을 빚게 된다. 또한 자녀의 행동을 통제하기 위해 자녀의 정체성을 저주하고 사탄의 지배 방식에 의존할 위험성이 매우 높다. 이런 일이 벌어지면 자녀들과 특히 십 대 자녀들과 감정적으로 격앙된 설전을 벌이게 되고, 축복의 환경이 아니라 저주의 환경을 만드는데 일조하는 꼴이 된다. 이것은 많은 가정들에 심각한 악영향을 주며 더 심각한 상황에서는 증오심이나 미움으로까지 이어진다. 이에 관련된 한 가지 예를 소개한다.

캐시가 맡은 집안일 해내기

에밀리는 열일곱 살 된 딸 캐시에게 집안일을 시키다가 결국 지치고 말았다. 캐시는 화요일 밤에 쓰레기를 모아 수요일 아침 일찍 쓰레기 수거 차량이 오기 전에 밖에 내다놓는 일을 맡았다. 그러나 화요일 밤이 몇 주나 흘렀지만 캐시는 잠옷 차림으로 방에 틀어박혀 남자 친구에게 문자를 보내거나 페이스북으로 친구들과 수다를 떠는데 열을 올릴 뿐 쓰레기를 밖으로 내다놓는 법이 없었다.

에밀리는 딸에게 맡은 일을 제대로 하라고 여러 번 주의를 주었다. 그러면 캐시는 다음 날 학교에 가기 전에 쓰레기를 내놓겠다고 약속했다. 하지만 에밀리는 곧장 쓰레기를 내놓으라고 요구했다.

"안 돼, 지금 당장 해. 너는 분명히 내일 늦게 일어나서 쓰레기 수거 차량을 놓칠 거야. 그러면 우리는 일주일 동안 냄새나는 쓰레기를 그대로 집에 끼고 살아야 돼. 제발 지금 당장 일어나서 쓰레기를 내놓고 오렴."

캐시는 그래도 다음 날 학교에 가기 전에 꼭 쓰레기를 내놓겠다고 말했다.

"엄마, 알람을 맞추어 놓았으니 일찍 일어나서 내놓을 게요. 정말이에요."

사실 이것은 매주 화요일마다 되풀이되는 진풍경이다.

에밀리는 딸이 아침에 쓰레기를 내놓은 적이 거의 없다는 사실을 알기 때문에 슬슬 화가 치민다. 캐시는 이미 잠옷 차림으로 지금 어떻게 밖에 나가냐고 짜증을 부린다. "더 이상 듣고 싶지 않아. 지금 당장 일어나서 쓰레기를 내놔"라고 말하는 에밀리의 목소리는 벌써 톤이 올라가고 힘이 들어가 있다.

에밀리는 계속 딸을 다그치고 캐시도 이에 질세라 계속 고집을 부린다.

"엄마는 나치 같아요. 히틀러처럼 사람을 대하시잖아요. 아침에 이 일을 하면 안 되는 이유가 어디 있어요? 왜 엄마는 매사에 엄마가 원하는 식으로만 하려고 하세요?"

이런 식의 설전이 한동안 벌어지다가 에밀리는 점점 더 화가 나서 결국 소리를 지르고 캐시의 손에 든 핸드폰을 빼앗는다. 그렇게 해서라도 딸이 일어나서 쓰레기를 밖에 내다놓기를 바라기 때문이다. 이에 캐시는 눈물을 터뜨리며 엄마가 밉다고 소리를 지른다. 그러면 에밀리가 체념을 하고 다음 날 아침에 내놓으라 하고 물러선다. 물론 캐시는 늘어지게 잘 것이고 쓰레기는 수거되지 않고 그대로 집 안에 있을 것이다.

그러다가 이게 반복되면 에밀리는 완전히 이성을 잃고 캐시에게 고함을 지르며 딸을 게을러터진 쓸데없는 골칫거리라고 욕하기 시작한다. 그러면 캐시는 뛰쳐나가며 엄마에게 소리를 지르고 대든다. 이 악순환은 매주 이렇게 되풀이 되었다.

에밀리는 자신도 모르게 딸의 인생에서 하나님의 대리자가 아니라 사탄의 대리자가 되어 있었다. 가정에 축복의 문화가 아닌 저주의 문화를 만들었다. 에밀리는 누구에게서도 하나님의 권위의 체계를 배운 적이 없기 때문에 이런 상황에 어떻게 대처해야 하는지 완전히 오리무중이다.

그러던 중에 에밀리는 교회에서 열린 '세대 축복 집회' (Blessing Generations Experiences)에 참석해 자신이 딸을 저주하는 사탄의 대리인으로 이용되었다는 사실을 깨닫게 되었다. 에밀리는 캐시의 정체성을 공격하고 딸에게 사탄의 메시지를 전한 지난 시간들을 떠올리며 주님 앞에서 처절하게 울었다. 그런데 이 문제는 단순히 그녀가 캐시의 고집을 다룰 방법을 몰랐기 때문이었다.

그날 저녁 집으로 돌아온 에밀리는 캐시에게 이야기를 나눌 수 있느냐고 물었다. 캐시는 부엌 식탁에서 엄마와 마주 앉았다. 에밀리는 눈에 눈물이 가득한 얼굴로 말문을 열었다.

"캐시야, 그동안 엄마가 아니라 히틀러처럼 너를 대했다는 사실을 오늘에야 깨닫게 되었다. 내가 원하는 일을 시키려고 널 위협하고 고함을 질렀지. 또 너를 무시하고 네 자존심을 마구 짓밟았단다. 엄마는 이런 모습이 잘못이라거나 네게 죄를 짓는 것이라고 한 번도 생각해 보지 않았어. 또한 어떻게 해야 네가 맡은 일을 할 수 있는지 다루는 방법도 전혀 몰랐어. 이 엄마를 용서해 주겠니? 이제는 하나님이 원하시는 엄마의 모습을 네게 보여 주고 싶어."

엄마가 이런 말을 하리라고 전혀 예상하지 못했던 캐시는 눈물을 쏟아내기 시작한다. 한참 울던 캐시는 마음을 추스린 후 이렇게 대답한다.

"그럼요. 엄마, 엄마를 용서해요. 엄마가 이런 말씀을 하시리라고는 상상도 못했어요. 이제까지 엄마는 제가 무슨 일을 해도 만족하지 않으셨고, 때론 저를 쓸모없는 인간처럼 취급하셨어요. 엄마가 잘못했다고 인정하는 말을 듣는 게 난생 처음이네요."

또한 세대 축복 집회 중에 자신이 친정 어머니에게서 절대 실수를 인정하거나 잘못했다고 굽히고 들어가면 안 된다고 배웠음을 깨달은 에밀리는 이렇게 말했다.

"캐시, 네 말이 다 맞아. 외할머니가 나를 꼭 그렇게 대하셨단다. 난 내가 네 엄마니까 억지로라도 순종하게 만들어야 도리를 다한다고 생각했어. 어제까지만 해도 이런 모습이 사탄이 사람을 대하는 모습이라는 것을 전혀 몰랐단다. 내가 너를 그렇게 대하다니 정말 잘못했다. 엄마를 용서해 주렴."

"엄마, 물론이죠. 저도 엄마에게 상처를 주고 무례하게 행동했어요. 절 용서해 주시겠어요?"

에밀리는 자리에서 일어나 딸을 껴안았다.

"물론이지. 너를 그렇게 대해서 정말 미안하구나. 사랑한다! 너는 놀라운 잠재력을 지닌 하나님의 아름다운 자녀란다. 너는 지혜롭고 아름다워. 하나님께서는 네게 지도자의 자질을 주셨어. 네가 하는 일마다 다른 사람들이 흔쾌히 따른다는 사실을 엄마는 알고 있단다. 그런 네가 엄마 딸이라니 자랑스러워. 정말 사랑한다."

그렇게 엄마와 딸은 한동안 서로를 부둥켜 안고 있었다. 그 이후에 에밀리는 "내일 엄마와 아빠가 앞으로 네 행동을 어떻게 고치고 싶은지 너와 함께 대화하는 시간을 갖고 싶구나"라고 말했다. 이에 캐시는 "물론이죠. 엄마"라고 흔쾌히 대답했다.

다음 날 에밀리와 남편 쿠르트는 집회에서 사탄의 통제 체계가 아니라 권위를 행사하는 하나님의 방식으로 가정을 운영하는 방법에 대해 배운 내용을 딸에게 설명해 주었다. 에밀리는 캐시에게 이렇게 말했다.

"엄마가 네 뜻을 인정해 주거나 존중해 준 적이 한 번도 없었어. 마치 한 사람의 뜻만 중요한 것처럼 너를 대했구나. 바로 나의 뜻 말이다. 이제부터는 강압적으로나 억지로 우리 뜻을 요구하지 않고 대신 네 선택을 존중해 줄게. 다만 그 대가는 네가 책임지는 거야."

쿠르트가 옆에서 거들었다.

"예를 들면, 화요일 저녁에 쓰레기 내놓는 일에 대해 그동안 너를 대했던 태도에 대해 우리 두 사람 다 정말 미안하게 생각한단다. 우리를 용서해 주겠니?"

"네, 아빠"라고 캐시가 대답했다.

"이제부터는 대가가 따르는 선택을 하라고 할게. 그럼, 앞으로도 수요일 아침에 쓰레기 내놓는 일을 담당해 주겠니?"

"네. 제때에 내놓도록 열심히 노력할게요."

쿠르트는 다시 말했다.

"좋아. 우리는 어떤 일이 있어도 그 일로 널 짜증스럽게 하지 않을게. 이제 쓰레기를 어떻게 언제 내놓을지는 전부 네 몫이야. 하지만 그 선택의 결과는 네가 반드시 책임져야 돼. 쓰레기를 치우지 못한 결과를 제대로 책임져야 된다는 거야. 알겠니?"

캐시는 아빠가 하는 말을 다 이해하지는 못했지만, 부모님의 바뀐 태도가 좋았고 쓰레기 문제로 더 이상 다투지 않아도 된다고 생각하니 기분이 좋았다.

"물론이죠. 아빠, 저도 좋아요."

"마지막으로 한 번만 더 말할게. 네가 제때 쓰레기를 내놓으면 정말 좋겠어. 아마 그러면 너도 기분이 좋을 거고 그 일을 더 재미있게 할 수 있을 거야."

"네, 엄마. 알겠어요."

그 다음 화요일 저녁, 캐시는 잠자리에 들기 전에 쓰레기를 내놓기로 했다. 기분이 좋아진 에밀리는 부모님과 대화한 보람이 있었다고 생각한다. 그러나 그 다음 주 화요일 저녁, 캐시는 여전히 잠옷 차림으로 저녁 늦게까지 아이패드를 하고 있었다. 하지만 에밀리는 이전과 달리 그런 모습을 보고도 화가 나지 않았다. 캐시에게 분명한 선택권을 주었기 때문이다. 에밀리는 딸에게 소리를 지르지 않고 방으로 들어가 "잘 자"라는 인사를 했다. 그녀가 한 말이라고는 "잊지 마, 내일은 쓰레기 수거일이야!"가 전부였다.

캐시는 "알아요. 엄마, 아침에 할께요."라고 대답했다.

다음 날 아침 캐시는 늘 그렇듯이 늦게 일어났다. 급하게 토스트 한 장을 쥐고 뛰어나가 가까스로 지각을 모면했다. 에밀리는 그래도 더없이 느긋했다. 캐시를 통제하는 일은 그녀의 일이 아님을 알고 있었기 때문이다. 명령(지시)을 내리고 대가를 치르도록 하는 일이 그녀의 일이었다. 캐시를 바꾸실 분은 하나님밖에 없었다.

그날 오후 학교를 마치고 집으로 온 캐시는 방으로 올라가면서 엄마에게 인사를 했다. 물론 그날 아침 쓰레기를 내놓지 않았기 때문에 약간 죄책감을 느꼈다. 캐시는 엄마가 그 일로 고함을 지르며 야단을 치지 않을까 내심 걱정했지만, 에밀리는 아무 일 없다는 듯 기분이 좋아 보였다. 캐시는 쓰레기에 관해 한 마디도 하지 않는 엄마의 그런 태도에 약간 충격을 받았다. '엄마가 정말 변했나 봐'라고 캐시는 생각했다.

엄마와 짧게 대화를 나눈 후, 캐시는 이층의 자기 방으로 올라갔다. 그러나 20초도 되지 않아 끔찍한 표정을 하고 아래층으로 뛰어내려왔다.

"엄마, 내 방 바닥에 쓰레기 봉투가 다섯 개나 있어요".

"알아. 우리가 선택과 결과에 대해 대화한 내용 기억하니?"

"네, 그런데 왜 내 방 한가운데에 쓰레기 봉투가 다섯 개나 있냐고요?"

"너도 기억하지? 전에 선택에는 대가가 따른다고 설명했잖아. 네가 쓰레기를 제때에 내놓지 않아 청소차가 수거해 가지 못하도록 하는 선택을 했으니, 다음 주까지 네 방에 쓰레기를 두는 게 공평한 거지. 엄마랑 아빠는 그 쓰레기에 책임을 지지 않을 거고 그것을 우리 방에 두고 싶지도 않아."

"하지만 냄새가 너무 지독하단 말이에요. 그리고 제 방을 절반이나 차지하고 있다고요."

"애야, 정말 미안하구나. 나도 기분 좋은 일이 아니라는 걸 알아. 그래서 쓰레기를 제때 내놓는 게 제일 좋은 방법일 거라고 말했잖니? 그러면 네 기분도 한결 좋을 거라고 말이야. 그런데 넌 다른 선택을 했어. 다시 말해 다음 화요일 저녁까지 네 방에 쓰레기를 두어야 한다는 말이지. 애야, 우리가 네게 화가 나서 이렇게 하는 게 아니라는 것을 이해해 주면 좋겠구나. 엄마 아빠는 널 정말 사랑한단다. 너는 우리 딸이야. 너는 예쁘고 머리도 좋아. 하나님은 네 인생을 위해 놀라운 계획을 갖고 계셔. 하지만 너는 선택을 했고 그 대가가 바로 이것이야. 하나님은 널 축복하신단다. 잘 자렴."

캐시가 쓰레기를 내놓지 않은 날은 이날이 마지막이었다. 이 사건을 통해 쿠르트와 에밀리는 선택의 자유를 주고 그 결과를 책임지게 하는 법이 어떤 것인지 배웠다. 그들은 캐시에게 고함을 지르고 위협하면서 통제하는 대신, 캐시 스스로 선택하도록 하는 법을 배웠다. 그들이 하나님의 방법을 사용했을 때, 잘못된 선택을 한 대가를 치르게 한 것은 딱 한 번뿐이었다. 그들이 계속 사탄의 방식을 사용했더라면 거의 매주 캐시에게 쓰레기를 버리라고 잔소리를 해야 했을 것이다.

이 일을 시작으로 캐시는 부모와 건강한 관계를 잘 구축해 나갔다. 이처럼 한 개인의 자유의지를 존중하되 잘못된 선택에 대해서는 책임을 지도록 하는 권위를 행사하면, 가정의 분위기가 완전히 달라질 수 있다. 하나님의 통치 방식은 강력한 효과가 있다!

축복의 시간을 정하는 방법

가정에서 축복의 시간을 꾸준히 갖지 않으면 자녀들은 부모에게서 꾸지람이나 훈계만 들을 가능성이 높다. 이제부터라도 매주 자녀들을 축복하는 전통을 만들어 보자. 이런 전통을 만들기 위해서는 유대인 가정이 만든 모델을 따르는 것이 가장 좋고, 이 시간을 우선순위로 두고 지켜야 한다. 다음의 세 단계를 따르라.

1. 온 가족이 함께 식사하는 시간을 정해서 지킨다.
2. 식사가 끝나면 회개하고 축복하는 시간을 가진다. 축복을 베푸는 사람에게 상처 받은 가족이 있다면, 아무도 축복을 받을 수 없기 때문에 먼저 잘못을 고백하는 시간을 가지는 것이 바람직하다. 자녀의 눈을 똑바로 바라보면 치유되지 않은 마음의 상처나 분노가 있는지 금방 알 수 있다. 상처 받은 사람은 상처 준 사람과 길게 시선을 마주하기가 어렵기 때문이다.

당신과 자녀 사이에 거리감이 있다는 게 느껴지면 잘못을 회개하는 것으로 축복의 시간을 시작하라. 한 주 동안 자녀에게 상처를 주었거나 그들의 정체성을 파괴했다면 그 사실을 인정하고 용서를 구하라. 설령 전적으로 부모의 잘못이 아니라 해도 회개함으로 먼저 관계를 회복하라.

3. 가족을 한 명 한 명 축복하라. 상처와 분노가 다 해결되면 자녀를 축복해 줄 수 있다. 이때 존 트렌트와 게리 스몰리가 「축복의 언어」(The Blessing)에서 소개한 다섯 가지 핵심 요소를 사용하면 도움이 된다. 축복의 다섯 가지 요소는 다음과 같다.

- 적절하면서도 의미 있는 스킨십 하기
- 축복을 가장 적절한 말로 표현하기

- 축복 받는 대상에게 그가 소중히 여김을 받는다는 사실을 확인해 주기
- 축복 받는 대상에게 네게는 특별한 장래가 있다고 말해 주기
- 그 축복을 이루도록 돕는 일에 적극적으로 헌신하기[1]

"지붕 위의 바이올린"(Fiddelr on the Roof)이란 영화를 본 적이 있을 것이다. 이 영화에서 테비에와 고르데가 딸들을 위해 드리는 안식일 기도가 바로 자녀들에게 축복기도를 해 줄 때, 참고할 수 있는 아주 훌륭한 예이다.

주께서 너희를 보호하고 지키시며
주께서 항상 너희를 수치로부터 보호하시며
이스라엘의 찬란히 빛나는 이름에
이르게 하시기를 원하노라

룻과 에스더 같이 되기를 원하며
찬양받게 되기를 원하노라
오 주님, 이들에게 힘을 주옵시며
악인의 길에서 지켜 주옵소서

하나님께서 너희를 축복하사 장수하게 하시며
너희를 위한 안식일 기도를 이루어 주시기를 원하노라
하나님께서 너희를 훌륭한 어머니와 아내로 만드시고
너희를 돌볼 수 있는 남편을 보내시기를 원하노라

주께서 너희를 보살피고 지키시며
고통에서 보존하시기를 원하노라
오 주여, 행복과 평강의 은총을 내리시며
우리들의 안식일 기도를 들으소서 아멘.[2]

축복의 대상은 자녀들만이 아니다. 결혼한 사람이라면 매일 배우자를 위해 축복 기도를 드려야 한다. 이렇게 축복 기도를 하는 데는 많은 시간이 필요하지 않다. 매일 몇 분만으로도 충분하다. 배우자로서 축복 기도를 할 수 있는 꾸준한 시간을 확보하라. 또한 서로를 축복할 때 배우자를 마주 보고 눈을 뜬 상태로 기도하라. 눈을 바라보며 눈빛과 표정으로도 축복을 전할 수 있기 때문이다. 아래 내용대로 축복 기도를 드리는데는 1,2분이면 족하다.

1. 하나님이 전날에 배우자에게 상처를 주었거나 잘못한 것

을 깨닫게 하시면 바로 회개한다.

2. 배우자를 주신 하나님께 감사를 드린다(배우자에게 감사한 내용이 있으면 말로 표현한다).

3. 배우자를 축복하고 하루 동안 형통하도록 기원한다.

축복의 전통을 세우면 배우자와 자녀들과의 관계에 변화가 생겨날 것이다. 그들의 현재와 미래에 생명을 불어넣고 그들에 대한 당신의 진심어린 사랑을 표현하게 될 것이다. 가족을 축복하는 시간을 매주 따로 마련하면, 내가 다른 모든 일보다 가족을 우선시한다는 사실을 행동으로 보여줄 수 있다. 가족에게 이런 시간을 투자하면 다음 세대에 결실을 맺게 될 것이다.

The Power of a Parent's Blessing

Chapter 3

하나님의 옛적 길:
축복의 중요한 일곱 시기

인생의 중요한 일곱 시기에 자녀를 축복하는 전통은 개인의 정체성과 인생의 목적에 대한 토대를 마련해 주며 후세대들이 번성할 힘을 비축해 준다. 이 축복의 생활 방식은 성경에 잘 나타나 있고, 유대 문화 전반에 표현된다. 그러나 단순히 유대인들만의 생활 방식은 아니다. 하나님은 모든 가족에 적용될 수 있는 축복의 원리를 세워 주셨다. 축복의 생활 방식은 하나님의 '옛적 길'(ancient paths)로 나는 예레미야서에서 이 용어를 차용했다.

"여호와께서 이와 같이 말씀하시되 너희는 길에 서서 보며 옛적 길 곧 선한 길이 어디인지 알아보고 그리로 가라 너희 심령이 평강을 얻으리라 하나 그들의 대답이 우리는 그리로 가지 않겠노라 하였으며"(렘 6:16).

오래전, 나는 가정의 역기능이, 부모들이 영혼의 안식을 누리지 못하기 때문에 일어난다는 사실을 깨달았다. 그리고 그때 이 성경 구절이 내 마음을 사로잡았다. 중독과 폭력, 불륜과 유기 같은 가정 문제들의 직접적인 원인이 바로 여기에 있었다. 깊이 있고 안정적인 내재적 가치와 목적 의식이 결여된 개인은 영혼의 안식을 누릴 수 없다. 그들은 사랑, 존재의 의미와 목적을 끊임없이 찾아 헤맨다. 앞에서 지적했듯이 축복은 가정에서 한 자녀의 영혼이 안식을 누리며 자신의 존재 가치와 목적에 대한 본질적 의미를 안정적으로 누릴 수 있는 하나님의 방식이다.

부모의 축복을 한 번도 받아본 적이 없는 사람은, 자신이 부모가 되었을 때도 끊임없이 축복을 갈구한다. 그래서 다음 세대를 축복하는 일에 집중하지 못한다. 이 구절에서 예레미야 선지자는 하나님의 옛적 길을 구하고 받아들이며 그 길로 행하면 자연스럽게 영혼의 안식을 누리게 된다고 말한다. 만일 이런 가정 환경에서 자란다면, 자녀들은 자연스럽게 영혼의 안식을 누리게 될 것이다.

앞으로 우리는 축복의 중요한 일곱 시기를 차례로 살펴볼 것이다. 하나님이 고대 히브리 문화 속에 각 시기별로 자연스럽게 축복을 받을 수 있는 종교 의식과 전통을 세워 주셨음을 확인하게 될 것이다. 유대 사회에서는 부모가 자녀를 축복하지 않으면 사회의 모든 관습과 규범을 등져야만 했다.

그런데 오늘날, 자녀를 축복할 수 있도록 하나님이 세우신 문화적 안전 장치들이 손상된 것은 불행한 일이 아닐 수 없다.

왜 유대인들은 잘 되는가?

유대 민족들은 세계 어느 민족들 보다 더 부유하고 윤택하게 살아간다. 뉴욕, 파리, 텔아비브, 상파울로, 시드니, 홍콩 등 어디를 가도 유대인은 그 문화권의 사람들보다 훨씬 더 윤택하게 살아간다. 나는 종종 그 이유가 궁금했다.

그러다가 최근에 스티븐 실비거가 쓴 「유태인 현상」(Jewish Phenomenon)이란 책을 보게 되었다.[1] 이 책은 나의 궁금증을 해결해 주었다. 실비거는 책의 서두를 이렇게 시작한다.

> 유대 민족이 각 분야에서 성공적으로 두각을 드러내는 이유는 그들의 종교, 문화, 역사적 경험 등 여러 요인이 복합적으로 작용했기 때문이다. '어떤 집단이든 누구나 검토하고 배울 수 있는' 것들이 있다.[2]

유대인인 실비거는 어릴 때부터 경제적, 학문적 분야에서 그가 성공하리라는 부모님의 기대감이 높았다고 했다. 그리고 온 세계에 그의 생각을 뒷받침해 줄 역할 모델들이 가정이나 공동체, 미디어나 도시에 수없이 많았다고 말했다. 그가 자란 유대인 공동체에서 경제적 성공은 당연시되는 분위기였다. 그는 이렇게 쓴다.

민족적 자존심으로 굳어진 획일적 사고 방식에 세뇌된 것인가? 아니면 일종의 진실인가? 천성적으로 비판적인 나는 유대인들의 성공이 미국에서 객관적 수치로 증명되고 있다는 몇 가지 확고한 사실들을 알게 되었다.

- 수입이 5만 달러를 훨씬 상회하는 유대인 가구의 비율이 비유대인들(non-Jews)에 비해 두 배가 넘는다.
- 반면 가계 수입이 2만 달러 이하의 유대인 가구 비율은 비유대인들의 절반에 불과하다.
- 경제적 지위의 측면에서 유대인들의 부상은 오늘날까지 지속되고 있다. 유사한 연령, 배경, 장소의 유대인 가구들은 백인 개신교인들과 천주교인들보다 경제적 지위가 더 높다.
- 〈포브스〉가 선정한 가장 부유한 미국인 400명 중 최상위 40명의 40퍼센트가 유대인이다.

- 미국 억만 장자들 중 3분의 1이 유대인이다.
- 유수 대학의 교수들 중 20퍼센트가 유대인이다.
- 뉴욕과 워싱턴의 대형 로펌의 40퍼센트가 유대인이다.
- 미국에서 과학 부문 수상자들 중 30퍼센트와 전체 미국인 노벨 수상자들 중 25퍼센트가 유대인이다.[3]

미국 전체 인구의 겨우 2퍼센트에 불과한 인구가 어떻게 교육과 재산, 영향력 면에서 이토록 놀라운 성과를 낼 수 있다는 말인가? 로마서 11장에서 아브라함과 이삭과 야곱의 언약에 접붙인 바 되었다고 말하는 그리스도인들은 왜 유대 민족에 비해 최소 동일한 수준이나 혹은 더 우수한 수준의 성공적인 인생을 살지 못하는가? 나는 주님께서 요한삼서 2절의 "사랑하는 자여 네 영혼이 잘됨 같이 네가 범사에 잘되고 강건하기를 내가 간구하노라"는 말씀을 더 깊이 이해할 수 있도록 도와주시기 전까지 이 사실이 매우 당혹스럽고 혼란스러웠다.

나는 이 성경 구절을 읽으면서 유대 민족이 많은 그리스도인들보다 잘되는 핵심 이유가 무엇인지 알게 되었다. 그들은 하나님이 세우신 풍습과 전통(옛적 길)을 따랐고, 이 때문에 자녀들은 영혼의 평안과 안녕을 누릴 수 있었던 것이다. 물론 이러한 영적 전통을 고수하는 그리스도인들도 적지 않다. 그러나 이 구절에 의하면 건강과 형통함은 영혼(지정의)의 번영과 연결된다.

그리스도인 가정에서는 자녀들의 영혼이 형통할 수 있는 문화와 전통을 만드는 것이 특이하고 예외적인 경우에 속하지만, 유대인 가정에서는 그런 문화가 아주 실제적으로 통용되고 있다. 그렇다면 새 언약을 믿는 성도인 우리는 왜 자녀의 마음과 영혼이 모두 잘될 수 있는 문화를 가꾸지 않는가.

혹자는 "그러면 유대 민족들은 어떤 전통과 풍습이 있길래 그 영혼이 번성합니까?"라고 물을지 모른다. 그 답은 앞장에서 논의한 관습, 즉 부모의 축복에 있다고 믿는다. 유대인 자녀의 영혼이 형통한 것은, 매주 부모가 자녀에게 시행하는 안식일 축복뿐 아니라 그들의 문화 자체에 인생의 중요한 일곱 시기에 자녀들을 축복하는 자연스러운 풍토가 조성되어 있기 때문이다.

성경적인 히브리 문화에 축복의 개념이 선명하게 드러나는 것도, 그리고 현대 유대인의 문화에 그 풍습이 여전히 남아 있는 것도 사실이지만, 유대인들만이 축복의 전매권을 갖는 것은 하나님의 뜻이 아니라고 생각한다. 하나님은 가족을 축복하는 생활 방식과 개인의 인생에서 중요한 일곱 시기에 축복을 선언하는 방식이 모든 가정과 문화 속에 널리 표현되기를 원하신다. 이 축복의 전통은 유대 민족이 시작한 것이 아니라, 하나님이 명하신 '옛적 길'이다. 하나님은 모든 사람이 이 길로 가기를 원하신다.

18세기 '축복의 문화'

18세기만 해도 미국에는 부모가 자녀를 축복함으로 평안을 누리는 모습이 흔히 발견되었다. 얼마 전에 나는 기독교 역사가 데이비드 바톤에게 미국 역사 강의를 듣고 상당히 충격을 받았다. 세계 최강국인 대영 제국의 식민지였던 당시 미국인들은 그에 맞서 새 국가를 건설하기 위해 위대한 소명 의식과 강철 같은 결의, 용기가 필요했다. 또한 고결한 인품, 안정된 자기 정체성이 필요했다.

그러기에 나는 인생의 쓴 맛을 아는 노련한 장년이나 최소한 5,60대의 사람들이 이 일을 주도했을 것이라고 생각했다. 그러나 충격적이게도 몇몇 건국의 조상들의 가문을 살펴보면 대부분이 십 대나 20대 초반이었다. 나는 이 사실에 충격을 받았다.

아마 가장 유명한 사람은 존 퀸시 애덤스일 것이다. 그는 14세 때 프랜시스 데이나를 수행하면서 외교 분야에 첫발을 내디뎠다. 당시 대륙 의회는 데이나를 러시아 주재 미국 공사로 임명했고, 애덤스는 비서관이자 프랑스어 통역관으로 데이나를 따라갔다. 두 사람은 신생 국가 미국의 외교적 신임장을 받아내

는 공식적인 임무를 러시아에서 수행했다. 애덤스는 나중에 20대의 나이로 네덜란드 공사로 임명되었다.[4]

베시 로스는 겨우 24세 때 최초의 미국 국기를 만들었다. 알렉산더 해밀턴, 제임스 먼로, 제임스 매디슨, 존 마샬, 라파예트 역시 미국 독립 전쟁에서 중요한 역할을 맡은 때가 19세에서 25세였다.[5]

시대적 상황이 다르지만 현재 외교관의 비서와 통역관으로 해외 파송을 받으려고 하는 14세의 어린아이가 과연 있겠는가? 만약 길을 지나가는 아이를 붙잡고 인생의 소명과 목적에 대해 물으면, 게임을 실컷 하는 것, 부자가 되어 편하게 사는 것 따위의 말을 자연스럽게 할 것이다. 그러나 200년 전만 해도 십 대 후반에 변호사와 의사로 개업을 하거나 사업을 시작하고 결혼하는 이들이 아주 흔했다.

한 가지 더 질문을 해 보자. 지금 30대 젊은이들 중에 조국의 대사로 해외에 기꺼이 파견되고 싶은 사람이 몇 명이나 되겠는가? 아마도 200년 전에 14세 소년이 보여 준 투철한 사명감과 성실함을 보여 줄 젊은이는 그리 많지 않을 것이다. 왜 이런 일이 벌어졌는가? 그 이유는 우리가 '하나님의 옛적 길'을 저버렸기 때문이다.

분명히 200년 전에는 오늘날과는 다른 자신감과 성숙함과 인품이 젊은이들에게 있었다. 그 이유가 무엇인가? 나는 개인적으로 그 대답을 부모가 자녀를 축복하는 전통에서 찾을 수 있다고 믿는다. 2세기 전만 해도 미국에서는 축복의 문화가 있었다. 1840년대의 산업 혁명 이전까지 아이들에게는 아버지와 가족과 미래가 있었다. 가족은 매일 한자리에 모여 식사를 했고 부모는 정기적으로 자녀들을 축복했다. 2세기 전에는 부모들이 단순히 직업을 얻기 위해서가 아니라 주어진 소명을 감당하도록 자녀들을 훈련했다.

오늘날 많은 사람들이 전전긍긍하며 방랑자처럼 살아간다. 의미와 목적을 끊임없이 갈망하며 늘 불안 속에서 허덕인다. "내가 정말 사랑받고 있는가? 가치 있는 존재인가? 진정 의미 있는 일을 하고 있는가?"라는 의구심이 떠나지 않는다. 그러나 이런 영혼의 깊은 질문들은 오직 하나님만이 대답해 주실 수 있다. 부모의 축복을 통해서 말이다.

후손들에게 영향을 미치는 축복과 저주

지금까지 살펴보았듯이 부모의 축복과 저주는 자녀의 인생뿐 아니라 다음 세대에까지 영향을 미친다. 축복과 저주는 수세대에 걸쳐 싹을 틔우고 열매를 맺는 일종의 씨와 같다. 노엘과 필 깁슨은 「사탄의 세력을 몰아내고 속박에서 벗어나기」

(Evicting Demonic Squatters and Breaking Bondage)에서 미국의 두 가문을 200여년 넘게 추적하다가 매우 흥미로운 내용을 발견했다.

맥스 쥬크스는 무신론자로서 하나님을 모르는 여성과 결혼했다. 560명에 이르는 그의 후손들을 추적해 본 결과 310명이 극빈 상태로 사망했고 150명이 범죄를 저질렀으며 그 중 7명은 살인자였고 100명은 악명 높은 주정뱅이였다. 여자들 중 절반은 창녀였다. 미 정부는 맥스 쥬크스의 후손들을 위해 19세기 달러로 125만 달러를 훨씬 상회하는 비용을 지불해야만 했다.

조나단 에드워드는 맥스 쥬크스와 동시대인이었다. 그는 신실한 그리스도인으로서 하나님을 그의 인생의 가장 우선순위로 모셨다. 그리고 경건한 여성과 결혼했다. 그의 후손 1,394명을 추적해 본 결과 295명이 대학을 졸업했고, 그 중 13명이 대학 총장, 65명이 교수였다. 3명은 미국 상원 의원으로 선출되었고 3명은 주지사를 역임했다. 선교사로 파송된 이도 여러 명이었다. 30명이 법관이었고 100명이 변호사이며 한 명은 유명한 법학 대학의 학장이었다. 56명은 의사였고 한 명은 의과 대학 학장이었으며 75명은 군대 장교였고 100명은 유명한 선교사와 설교자와 저명한 저자였다. 80명은 공직자였고 그 중 3명이 대도시의 시장을 역임했으며 1명은 미국 재무부 장관이었다. 또 한 명은 미국의 부통령이었다.[6]

에드워드의 후손들 중에는 정부의 구호 기금에 의존해서 산 사람이 단 한 명도 없었다는 사실이 놀라울 따름이다. 이 두 가문의 결과들을 이해하면, 쥬크스 가문에 태어난 사람은 에드워드 가문에 태어난 사람보다 결혼 생활과 자녀 양육에 어려움을 겪었을 가능성이 훨씬 높다는 결론을 내릴 수 있다.

그렇다고 어떤 가문에 태어나느냐에 따라 개인의 운명이 결정된다는 뜻은 아니다. 가문의 배경이 어떠하든 개인은 항상 지혜롭고 올바른 선택을 할 수 있고, 이를 통해 결혼 생활과 가족 간의 관계가 화목할 수 있다. 자녀들과 후세대들이 자신과 완전히 다른 궤도로 갈 수 있도록 축복의 생활 방식을 실천하는 선택을 할 수 있다. 어떤 경우라도 부정적인 가문의 삶의 방식이 가지는 악한 위력을 인식하고 그것을 깨뜨릴 수 있으며 자손에게 경건한 유산을 남길 수 있다.

축복으로 답하는 핵심 질문

우리는 이 장의 서두에서 인생에는 중요한 일곱 시기가 있고, 각 시기마다 자녀를 축복해야 할 필요성이 있다고 설파했다. 하나님은 각 시기마다 우리가 품고 있는 영적이고 정서적인 핵심 질문에 답을 찾게 하실 것이다. 다음 장부터는 이 중요한 시기들을 차례로 살펴보고, 각 시기마다 생기는 핵심 질문의 답을 찾아보는 시간을 가질 것이다. 이 시기는 매우 중요하므로 각 시기의 핵심 질문을 요약해 아래 표로 만들었다.

〈부모의 축복에서 답을 찾을 수 있는 인생의 중요한 질문들〉

축복의 중요한 시기	시기별 핵심 질문
임신된 순간	나는 이 가정이 원하고 바라는 존재인가?
태아기	나는 용납받으며 안전한가? 나는 이 가정의 일원인가?
출생	모두 기다리고 원하는 아이인가? 무사히 태어났는가? 아니면 이상이 있지는 않는가? 모두가 나를 돌봐 주려고 하는가?
영·유아기	내 필요를 채워 주리라고 믿을 수 있는 사람이 있는가? 나를 진심으로 사랑하고 돌봐주는 사람이 누구든 그는 나보다 더 크고 강하고 지혜로운가?
사춘기	어엿한 성인이 되기 위해 필요한 것을 공급받고 있는가? 성인으로서 나의 소명을 감당하기에 적합한가?
결혼	나는 정말 사랑받을 만한가? 나를 사랑하고 숨을 거둘 때까지 나와 한 언약을 충실히 지킬 사람이 있는가?
노년기	여전히 나는 필요한 존재이고, 내 인생에서 의미 있는 일을 이루었다고 할 수 있는가?

Chapter 4
임신했을 때 자녀 축복하기

다음 몇 장을 할애해 축복의 중요한 시기를 차례로 살펴볼 것이다. 우리는 이 주제를 본격적으로 다루기에 앞서 정체성과 인생의 목적에 관해 자녀의 내면 깊숙한 곳에 누구의 메시지를 심어 줄 것인가를 두고 격렬한 영적 전투가 벌어진다는 사실을 기억할 필요가 있다. 부모가 이 전투를 심각하게 여기지 않으면, 사탄은 부모를 이용해 그 자녀들의 마음속에 무가치하고 아무 목적 없는 인생이라는 자기 메시지를 심을 것이다. 그러므로 부모가 자녀에 대한(또는 부모 자신에 대한) 하나님의 진리를 늘 주지하고 기억하는 게 중요하다. 우리는 종종 우리 자신의 무가치함 때문에 자녀에게 동일한 메시지를 심어 줄 때가 있다.

핵심적인 역할 수행자

사탄은 임신이 되는 순간부터 자녀의 정체성과 인생의 목적에 관한 이미지에 악한 영향을 미치는 작업에 돌입한다. 축복의 결정적인 첫 시기를 임신으로 잡은 이유도 이 때문이다. 하나님은 이 중요한 시기에 부모를 '축복의 대리인'으로 사용하기를 원하신다. 자녀가 안전하고 축복된 환경에서 살 수 있도록 여건을 만드는 것은 엄마와 아빠가 동일하게 감당해야 할 중요한 일이다. 그 책임은 부모 모두가 동일하게 져야 한다.

대답해야 할 핵심 질문

앞 장에서 언급했듯이 인생의 중요한 시기마다 답이 필요한 핵심 질문이 있다. 다시 강조하지만 부모가 전하는 메시지를 통해 하나님도 사탄도 그 질문에 답할 수 있다. 나는 임신과 함께 답변이 필요한 핵심 질문이 "나는 이 가정이 원하고 바라는 존재인가?"라는 질문이라고 믿는다.

물론 사탄과 그가 지배하는 흑암의 세력들은 부모가 이 질문에 다음과 같이 대답해 주기를 바랄 것이다.

"아니, 너를 환영하고 바라는 사람은 한 명도 없어. 우리는 너를 원하지 않아. 아무도 널 원하지 않아. 우리는 아이를 원하지 않았어. 너는 갑자기 우리 인생에 끼어든 성가신 존재일 뿐이야.

실수로 생긴 거라고. 아무 의미도 없이 욕망이 만든 결과야."

그러나 하나님의 대답은 정반대이다. 하나님은 부모가 다음과 같이 전해 주기를 바라신다.

"물론이지. 모두가 너를 환영한단다. 우리는 너를 간절히 원했고, 네가 태어나기만을 설레는 마음으로 기다리고 있단다. 너는 우리 가정에 중요한 존재이고 큰 축복이야. 하나님은 네게 너만이 지닐 목적과 의미를 주셨어. 우리는 그 목적을 이루도록 최선을 다해 너를 보호하고 도와주고 이끌어 줄 거야."

임신했을 때, 자녀를 축복하거나 저주하는 것은 아래와 같은 의미를 지닌다.

임신했을 때 축복하기
1. 부모가 아이를 원하며 아이가 태어날 날을 큰 기쁨으로 기다린다.
2. 부모는 결혼이라는 합법적 언약 관계를 맺고 있다.
3. 욕정이 아니라 사랑으로 임신한다.

임신했을 때 저주하기
1. 부모가 아이를 원치 않는다.

2. 임신한 사실에 화를 내고 아이가 자신들의 인생에 끼어든 성가신 존재라고 생각한다.
3. 혼외 관계에서 임신이 된다.
4. 사랑이 아니라 욕정으로 임신한다.

축복과 저주의 결과

아이가 임신된 순간에 축복을 받으면, 부모는 처음부터 자녀의 마음에 하나님께서 그분의 메시지를 심으시도록 권한을 내어드리는 셈이 된다. 다시 말해 임신되는 바로 그 순간에 자녀에게 너는 소중하고 사랑받으며 환영받는다는 확실한 의식을 전달한다는 말이다. 명확한 삶의 목적과 의미가 있다는 의식이 처음부터 자녀에게 전달되는 것이다. 임신한 사실을 축복할 때, 부모는 이 아이가 우발적인 사고의 결과가 아님을 인정하게 된다. 하나님이 특별한 아이를 특별한 시기에 특별한 가정으로 보내셔서 거룩한 목적과 인생의 의미를 감당하도록 의도하셨음을 인정하게 된다.

임신한 순간, 부모가 자녀를 축복할 때에 얻는 또 다른 중요한 이점은, 영적 울타리를 쳐서 아이가 태중에 있는 동안에 사탄의 세력이 영향을 미치지 못하도록 차단한다는 것이다. 그러나 안타깝게도 많은 부모들이 이 사실을 모른다. 결혼이라는 안전한 울타리 안에서 자녀를 임신하지 않을 때, 태중의 아이는 임신 당시 혹시 있을지 모르는 어둠의 영에 노출될 가능성이 있다.

이 장의 후반부에서 이에 대해 더 상세히 살펴볼 것이다. 여기서 이 사실을 언급한 이유는 결혼 서약의 중요성을 강조하고 싶기 때문이다. 멀지 않은 과거에만 해도 혼외 관계에서 성관계를 하면 부도덕하게 생각했다. 그러나 오늘날에는 혼전 성관계와 동거가 매우 일반화되었다. 이 선택이 후손들에게 얼마나 심각한 영향을 초래하는지 전혀 모른 채 말이다.

결혼이라는 울타리 밖에서 임신할 때 생기는 결과에 대한 성경의 시각을 본격적으로 연구하면서 가장 먼저 눈에 띈 성경 구절은 신명기 23장 2절이었다.

"사생자는 여호와의 총회에 들어오지 못하리니 십 대에 이르기까지도 여호와의 총회에 들어오지 못하리라."

나는 이것이 너무나 가혹한 처사 같아서 주님께 이 구절의 의미가 무엇이냐고 여쭈었다. 하나님이 혼외 관계에서 난 사람은 십 대가 되어도 그분의 총회에 받아주지 않겠다는 의미로 이 말씀을 하셨는지 궁금했다. 이 고민을 안고 기도하던 중에 하나님께서 이렇게 말씀하셨다.

"내가 사생아를 받아 주지 않는다는 의미가 아니라, 사탄이 무려 십 대에 이르도록 내 총회에 들어가지 못하게 막을 법적 근거를 가지게 된다는 말이다. 나는 예수의 이름으로 내게 오는 자는 누구든지 기꺼이 영접한단다."

성적인 죄악을 단 한 번만 범해도 사탄이 십 대까지 그 영혼을 괴롭힐 법적 권한을 갖게 된다면 이는 끔찍한 일이 아닐 수 없다. 한 세대가 4명의 자녀를 낳는다고 가정할 때, 10대까지 무려 백만 명이 넘는 사람들이 영향을 받는 셈이다. 즉, 한 번의 부도덕한 성적 행위로 백만 명 이상의 사람들을 황폐시킬 수 있다는 것이다. 이것은 고도의 파괴 전략이다. 내가 사탄이라면 쉬지 않고 이 작전을 구사할 것이다. 물론 오늘날 사탄은 바로 이렇게 하고 있다. 미국 질병통제예방센터에 따르면 신생아의 무려 40퍼센트가 미혼 여성에게서 태어난다고 한다.[1]

강한 자 원리(the strongman principle)

오래전에 나는 부모라면 꼭 알아야 할 중요한 성경 진리를 발견하고 그것을 '강한 자 원리'라고 이름 붙였다. 부모들은 모두 알게 모르게 '강한 자'이다. 그들은 자녀들에게 문지기 역할을 한다. 부모의 선택은 자녀들을 하나님의 영향력에 노출시킬지 사탄의 영향력에 노출시킬지 결정한다.

성경은 마태복음에서 강한 자의 원리를 말한다.

"사람이 먼저 강한 자를 결박하지 않고서야 어떻게 그 강한 자의 집에 들어가 그 세간을 강탈하겠느냐 결박한 후에야 그 집을 강탈하리라"(마 12:29).

이 본문은 예수님이 귀신을 어떻게 몰아내야 하는지에 대해 설명하시는 맥락에서 나온 내용으로, 귀신들 간에 위계가 정해져 있음을 암시한다. 약한 귀신은 강한 귀신의 권세 아래 보호를 받는다. 그러므로 강한 귀신의 보호를 받는 귀신을 쫓아내려 할 때, 강한 귀신이 권세를 발휘하면 그 일이 여의치 않다.

이때는 최상위 계급의 귀신을 먼저 찾아내는 일부터 해야 하다. 이 구절에서 예수님은 그를 '강한 자'라고 부르신다. 강한 자를 결박해야만 하위의 귀신들을 모두 몰아내고 집을 깨끗이 치울 수 있다. 개인적으로 나는 이 원리가 사실임을 직접 확인하였다. 또 이 사실을 증언하는 노련한 축사 사역자들도 많이 알고 있다.

어느 날 이 구절을 묵상하던 중에 사탄과 그의 부하들이 우리 집을 침입하려고 노릴 때 정확히 이 강한 자의 원리가 작동한다는 사실을 깨닫게 되었다. '집'으로 번역된 헬라어는 오이코스(oikos)이다. 그러나 마태복음 12장 29절에서 오이코스는 물리적인 거처가 아니라 가족을 가리킨다. 예를 들어, 사도행전 16장 30-31절에서 빌립보 간수가 바울에게 어떻게 해야 구원을 얻을 수 있느냐고 묻는다. 바울은 "주 예수를 믿으라 그리하면 너와 네 집(오이코스)이 구원을 받으리라"고 말한다. 바울은 여기서 그 간수가 사는 물리적 구조물이 구원을 받는다는 뜻으로 말하지 않았음이 분명하다. 바로 간수의 가정과 가문을 말한다.

그러므로 원수가 우리 집(오이코스)을 약탈하러 온다면 그가 노리는 대상은 우리 가족이다. 우리의 결혼 생활, 자녀, 손자들을 망치는 데 목적이 있다. 그러나 그 일을 성공시키기 위해서는 먼저 강한 자를 결박해야 한다. 우리 집에서 강한 자는 누구인가? 아내에게는 남편이 강한 자이고 자녀들에게는 부모가 강한 자이다. 그러므로 원수가 부모를 결박하거나 접근할 수 있다면 그 자녀들도 결박하거나 접근할 수 있다.

사탄은 하나님의 법과 권위의 원리들을 잘 안다. 그래서 사탄과 그의 부하들은 부모의 권위 아래에 있는 자녀들을 직접 공격하는 것이 어렵다는 것을 알고 부모를 통해 자녀들에게 접근하는 방식을 선택한다. 슬프게도 부모들이 사탄의 전략에 무지하거나 강한 자로서 그들의 역할을 제대로 이해하지 못하면, 부지 중에 열어 둔 문을 통해 사탄이 그 자녀들의 마음과 인생에 바로 접근할 수 있다(호 4:6).

강한 자의 원리가 어떻게 작용하는지 몇 가지 실제적인 사례를 소개하고자 한다. 세 살 된 아들과 두 살 된 딸을 뒷좌석에 태운 아버지가 난폭 운전을 하고 있다고 가정해 보자. 아버지가 급커브를 틀었는데 토끼 한 마리가 갑자기 튀어나와 급히 차를 꺾다가 차가 충돌하여 아버지와 두 자녀는 목숨을 잃는다.

이 경우 두 자녀는 아버지의 무모한 행동으로 목숨을 잃은 것이다. 자녀들은 아무 잘못이 없다. 이 문제에 관해 아무 선택권도 없었기 때문이다. 자녀들을 태운 채 난폭 운전을 한 아버지는 자녀들을 위험에 노출시켰다. 하나님은 아버지에게 자녀들을 섬기고 보호하라는 임무를 맡기셨는데, 그는 그 책임을 무시했다. 자녀들은 부모의 선택에 따라 안전하게 살 수도 있고 위험에 노출될 수도 있다.

부모가 자녀들을 위해 위험을 식별하고 안전한 울타리를 쳐 주어야 할 책임에 대한 실제적 사례를 두 가지 더 소개하고자 한다. 일반적으로 아기들은 중력이나 차량, 독에 대해 아무 지식이 없다. 지혜로우신 하나님은 자녀보다 세상의 위험을 더 정확히 이해하리라 생각되는 대리인들을 세우시고 이들을 보호하도록 하셨다. 물론 이 대리인들은 부모라는 이름을 갖고 있다.

자녀를 사랑하는 지혜로운 부모라면 위험을 자각하지 못하는 아이들이 해를 입지 않도록 울타리를 세운다. 어린 자녀가 위험한 도로로 뛰어들어 차에 치이지 않도록 집 마당 주위로 울타리를 세우고 문을 닫는 부모도 있다. 혹은 지하로 내려가는 계단 맨 위층에 문을 만들어 아기가 계단 아래로 떨어져 상처를 입지 않게 방지하는 부모도 있다. 위험한 약이 있으면 캐비닛에 넣어 잠그고 아이가 독극물을 마시는 사고가 일어나지 않게 주의할 수도 있다. 이처럼 잠긴 문과 캐비닛은 부모에게 불편할 수 있지만 자녀들을 위해서는 꼭 필요하다.

그런데 부모가 위험들을 모른다고 가정해 보라. 그렇다면 이런 위험에서 자녀들을 보호하지 못할 가능성이 높다. 이런 무지한 부모를 둔 자녀들은 큰 위험에 처해 있음이 분명하며 이들로 인해 많은 아이들이 사고를 당할 것이다. 나는 이것이 오늘날의 가정들이 처한 현실을 정확히 보여 주는 그림이라고 믿는다.

대부분의 부모들은 자녀들을 위해 물리적 경계를 세워야 할 필요성을 이해한다. 하지만 영적 울타리를 세울 필요성에 대해서는 잘 모른다. 지난 수년 동안 나는 특정한 유형의 간증을 수없이 들었다. 출장을 간 아버지가 호텔에 투숙하던 중 계약을 성사시켜야 한다는 중압감과 외로움에 짓눌린다. 그는 텔레비전을 틀고 이리저리 채널을 돌리기 시작한다. 곧 포르노 영화에 눈이 꽂히고 보고 싶은 유혹을 느낀다. 나중에 죄책감을 느끼고 다음 날 아침 하나님께 용서해 달라고 구한다.

그의 선택에 본인 외에 영향을 받은 사람이 있는가? 물론이다. 아버지로서 그는 아내와 자녀들의 강한 자이기 때문이다. 사탄이 부모를 결박하면 쉽게 그 자녀에게 접근할 수 있다. 그러나 금방 인용한 사례의 아버지는 자녀들의 '영적 강한 자'라는 자신의 역할을 전혀 이해하지 못했다. 그러므로 몇 주 후에 열세 살 된 딸이 교회 남학생들과 음란한 사진을 첨부한 문자메시지를 주고 받았다는 사실을 알게 되었을 때, 충격을 받고 망연자실 할 수밖에 없다.

그는 어떻게 이런 일이 일어났는지 혼란스럽다. 원수는 음란의 문제로 아버지를 결박하는데 성공했고, 그 열린 문으로 딸에게까지 접근할 수 있었다. 베드로전서 5장 8절은, 우리 대적 사탄이 우는 사자 같이 삼킬 자를 찾아 두루 다닌다고 경고한다. 이 사실을 심각하게 여기지 않는 아버지는 우는 사자처럼 사탄이 들어와서 딸을 삼키도록 문을 열어 준다. 이제 이 아버지는 하나님 앞에서 자기 죄를 회개하고 영적으로 열린 문을 닫아야 한다. 그러면 적에게 넘겨준 영역을 재탈환할 수 있다.

하나님은 여러 종교 의식과 전통과 문화적 가치를 통해 가정을 보호할 수 있는 여러 울타리를 만들어 주셨다. 그러나 그

용도를 제대로 이해하지 못한 우리 사회는 그 울타리들을 폐기해 왔다. 이것들을 무의미하고 불편한 것으로 치부했다. 심지어 그리스도인들도 예외가 아니었다. 부모들은 이런 전통들이 가정을 영적으로 보호하는 울타리였다는 사실을 잘 몰랐다.

실제로 가정은 단순히 한 지붕 아래 사는 사람들의 집단이 아니라 영적 독립체이다. 원자 입자들을 결합해 주는 '핵 결합체'(nuclear glue)가 있듯이 가정을 하나로 이어 주는 일종의 '영적 접착제'가 있다. 원자가 분열하면 원자 자체만 영향을 받고 끝나지 않는다. 그 분열의 파급력이 엄청난 연쇄 반응을 일으켜 궤멸적인 결과를 초래하기도 한다. 분열 과정에서 에너지가 생성되어 핵을 폭발시킬 수 있기 때문이다. 유사한 원리가 가정에서 작동한다. 가족이라는 울타리 안에는 영적 보호의 기능이 작동한다. 그런데 이 기능이 고장나면 엄청난 결과가 초래되고 가정이 붕괴할 수도 있다.

앞에서 나는 결혼 서약의 중요성에 대해 자세히 살펴보겠다고 말했다. 오늘날 많은 사람들이 결혼 서약을 구시대적인 개념이나 단순히 법적인 종이 문서로 여기는 것 같다. 하지만 이런 생각은 영적으로 전혀 옳지 못하다. 만약 결혼식에서 혼인 서약 장면을 '영적' 비디오 카메라로 찍을 수 있다면, 영적 영역에서 일어나는 두 가지 모습을 볼 수 있을 것이다.

첫째, 두 고유한 핵 결합체와 영적 보호의 울타리를 지닌 두 가문(원자)이 보일 것이다. 그리고 의식 도중에 건강하면서도 적법한 방식으로 젊은 남성(하나의 원자 입자)이 부모에게서 떨어져 나오고 젊은 여성(독립적인 한 원자에서 떨어져 나온 또 다른 원자 입자)도 부모에게서 떨어져 나올 것이다. 창세기 2장 24절은 이것을 "이러므로 남자가 부모를 떠난다"라고 표현한다.

둘째, 목회자나 주례사가 "내게 준 권위로 이제 두 사람이 남편과 아내가 되었음을 선언한다"라고 발표하면 영적 비디오카메라에는 새로운 가족이 탄생하는 장면이 기록될 것이다. 이렇게 해서 그 가정은 그 자체의 핵 결합체와 영적 보호의 울타리를 가지게 된다. 이 과정 역시 창세기 2장 24절에서 "그 아내와 연합하여 둘이 한 몸이 될지라"고 표현하고 있다. 나는 '한 몸'이라는 이 구절이 새롭게 탄생한 이 영적 독립체를 가리킨다고 믿는다.

이제 이 내용을 우리가 현재 벌이는 영적 전투라는 맥락에서 살펴보자. 하나님은 모든 사람이 그분께 부여받은 인생의 목적과 의미를 성취하도록 돕기 원하시지만 사탄은 이것을 파괴할 음모를 꾸민다. 생명이 태중에 잉태된 순간부터 그 생명에 접근하고자 하는 영적 전쟁이 시작된다. 그렇다면 아기나 태아가 영적 전쟁의 실체를 이해하고 스스로 사탄의 세력에서 스스로를 보호할 힘이 있는가? 전혀 없다. 그들은 완전히 무방비 상태이다.

태중의 아기는 굶주린 사자가 자기 생명을 노리고 있다는 사실을 깨달을 기회마저 없다. 지혜에 뛰어나신 하나님은 이 사실을 아시고 그 대리인들을 준비하셔서 아이의 생명을 보존하고 지키도록 하셨다. 다시 말하지만 이 대리인은 바로 부모이다. 하나님은 부모가 가족을 위협하는 영적 위험을 이해하고 결혼 언약으로 그 자녀들을 보호할 영적 울타리를 세우는 역할을 하도록 계획하셨다.

그러나 혼외 관계에서 생긴 자녀들은 영적 보호를 전혀 받을 수 없다. 심지어 그리스도인들 중에도 결혼 서약이 태중의 자녀를 사탄의 위협으로부터 보호할 영적 울타리임을 잘 모른다. 결혼 서약은 단순히 종이 쪼가리가 아니다.

영적 전쟁이라는 관점에서 보면, 결혼 관계 밖에서 생긴 아이는 전쟁이 벌어지는 한복판에 완전히 무방비로 노출되어 있다고 할 수 있다. 하지만 결혼이라는 보호의 울타리 안에서 생긴 아이는 전쟁 중이라도 방공호 안에서 보호받는다. 실제로 치명적 살상 무기를 지닌 적들이 노리는 전쟁터에 자녀들이 있다고 한다면, 당신은 자녀들을 튼튼한 방공호 속에 숨기겠는가, 아니면 적에게 완전히 노출시키겠는가?

십 대 아이들은 내게 "서로 정말 사랑한다면 제 여자 친구와 함께 자는 게 왜 나쁜 일인지 이해가 안 돼요. 결혼하면 되잖아요"라고 투덜거린다. 그 아이들은 스스로 깨닫지 못하지만 이미 문제가 무엇인지 밝히고 있다. 왜 나쁜지 모르는 것이다. 많은 사람들은 자신의 선택이 장기적으로 혹은 후세대에 어떤 결과를 초래하는지 알지 못한다. 그래서 하나님은 사용 설명서, 즉 성경이라는 기록된 지침서를 주셨다.

어떤 사람들은 하나님의 지시를 어기면 어떻게 될지 확인하느라 열을 올리면서 그 삶과 자녀들의 삶에 사탄이 들어오도록 문을 열어 주고 있을지 모른다. 불행하게도 대부분의 사람들은 자신이 뿌린 씨앗이 자녀들의 삶이나 후세대들에게 어떤 결실을 맺게 하는지 전혀 이해하지 못한다.

"목사님, 제가 결혼식을 올리기 5분 전에 그이와 성관계를 맺거나 결혼식을 올리고 5분 후에 성관계를 맺는지에 따라 운명이 갈라진다는 말씀을 하시는 거예요?"

나는 청년들이 이렇게 물을 때 누누이 "그렇습니다. 특히 임신이 될 경우에는 더욱 그렇습니다"라고 말한다. 결혼식은 단순한 통과 의례가 아니다. 영적인 실체이다. 결혼으로 두 사람은 자녀를 보호할 영적 울타리를 얻는다. 나는 지금까지 이 원리를 어기고 원통하게 우는 사람들을 수없이 보아왔다. 내가 처음 이것을 깨달은 것은 몇 년 전 한 가정과의 극적인 만남을 통해서 였다.

수잔의 아들이 찾은 자유

수잔이 나를 찾아온 때는 옛적 길 세미나를 주관하던 도중이었다. 그는 다섯 살 된 아들 빌리에 대해 상의할 것이 있다고 했다. 빌리는 그 또래에 맞지 않게 성적 욕망에 사로잡혀 있었다. 끊임없이 성적인 농담을 했다. 최신 성적 농담은 모두 다 꿰고 있었고 음란 동영상을 보려고 몸이 달아 있다고 했다.

"심각한 일이 생긴 건 2주 전 빌리를 두 살 된 여동생과 한 방에 두고 잠시 볼 일을 보았을 때였어요. 채 3분도 안 돼 돌아왔는데 빌리가 옷을 벗고 여동생과 성관계를 시도하는 모습을 보았어요. 그 모습을 보고 까무라칠 정도로 놀라고 두려웠지요."

수잔은 그것이 다섯 살 꼬마가 할 수 있는 행동이 아니라는 것을 분명히 알았다. 그렇게 어린 나이에 그런 일을 아는 것은 분명 정상은 아니었다.

"어디서 그런 행동을 배웠는지 도무지 모르겠어요."

수잔은 눈물을 흘렸다.

"우리가 아는 한 이런 식으로 생각하거나 행동하는 사람은 주변에 없어요. 남편과 저는 빌리가 어떤 아이들과 노는지도 아주 조심스럽게 살펴보거든요. 성추행을 당한 적도 없었어요. 물론 이제 자기 아이를 빌리와 놀게 하는 부모도 없지만요.

어떻게 해야 할지 모르겠어요. 빌리는 끊임없이 저를 당혹스럽게 해요. 무슨 짓을 할지 몰라서 아무 데도 데리고 갈 수가 없어요. 동생을 추행할까봐 무서워서 집에서도 눈을 뗄 수가 없어요. 빌리를 위해 기도하고 정신과에도 데리고 가 보았어요. 우리가 아는 방법은 다 동원했죠. 하지만 아무 도움이 되지 않았어요."

수잔의 목사님은 수잔이 빌리의 일을 설명하는 동안 내 옆에 함께 앉아 있었다. 그는 수잔이 설명한 대로 상황이 정말 심각하다고 확인해 주었다. 그들이 아는 방법은 이미 모두 동원해 보았다고 했다. 나는 그들에게 어떤 대답도 해 줄 수 없어서 함께 기도하자고 제안했다. 하나님 앞에서 잠잠히 기도하는 가운데 성령님께서 일련의 질문들을 수잔에게 해 보도록 나를 이끄시는 것을 느꼈다.

"빌리를 임신하던 때부터 시작해 봅시다. 빌리가 어떻게 임신되었는지 말씀해 주겠습니까?"

수잔은 잠시 침묵하더니 갑자기 눈물이 주르르 뺨을 타고 흘러내렸다.

"빌리를 임신하던 당시 저는 하나님을 몰랐어요. 사실 아주

난잡하게 살고 있었지요. 빌리가 임신되던 날, 저는 여댓 명의 남자와 관계를 했답니다. 누가 빌리의 생부인지 지금도 몰라요. 3개월 여를 더 그렇게 엉망으로 살았어요. 그러다가 주님을 만났어요. 이후로 주님과 동행하는 생활을 하게 되었고 그 이후로는 한 번도 성적으로 부도덕한 짓을 하지 않았어요. 빌리가 태어난 직후 지금의 남편을 만났고 그이는 신앙심이 깊어요. 우리는 결혼을 했고 결혼 생활 내내 주님을 섬겨왔어요."

수잔이 이 사실을 털어놓는 동안, 나는 빌리가 임신될 때 음란의 영에 사로잡힌 것 같다는 생각이 들었다. 하지만 지금까지 이런 특이한 경우를 겪은 적이 없어서 목사님과 수잔에게 그 사실을 조심스럽게 전했다. 그러자 수잔은 눈물을 펑펑 쏟으며 울기 시작했다.

"맞아요. 바로 그런 일이 일어난 거예요."

"지금 빌리가 여기 함께 왔습니까?"

"아니요. 집에 아빠와 함께 있어요. 이제 어떻게 해야 하죠? 과거에 지은 음란한 죄는 이미 회개했거든요. 어떻게 해야 빌리가 음란의 영에게서 벗어날 수 있을까요?"

나는 수잔과 목사님에게 강한 자의 원리를 설명해 주고 혼외 임신으로 태어난 아이가 사탄에 얼마나 취약한지를 이야기해 주었다. 그들은 이 사실을 처음 듣는 듯 했다.

나는 수잔이 강한 자이고 그녀가 아들의 인생에 문을 열어 주는 바람에 사탄이 들어와 그녀가 결박당했던 바로 그 부분을 가지고 아들을 괴롭히고 있다고 말해 주었다. 나는 수잔이 엄마로서 문을 열어 줄 권위도 있지만, 엄마이자 예수 그리스도를 믿는 성도로서 그 문을 닫고 귀신에게 아들에게서 떠나가라고 명할 권위도 있다고 설명해 주었다.

그리고 바로 이어서 목사님에게 축사 사역을 해본 적이 있느냐고 물어보았다. 그는 있다고 말했다. 나는 수잔에게 목사님에게 빌리가 기도를 받아야 하며 동시에 그녀가 따로 해야 할 일이 있다고 일러주었다. 그것은 다음과 같다.

1. 간음, 음욕, 욕망을 버린다.
2. 과거 행동으로 인해 원수가 아들에게 접근하도록 열었던 문을 기도로 닫는다.
3. 음욕의 죄악을 예수 그리스도의 십자가 앞에 내려놓는다. 그분은 우리의 모든 죄와 허물로 죽으셨다(사 53: 4-6).
4. 아들의 삶을 지배하는 사탄의 세력이 끊어지게 해달라고 기도한다.
5. 빌리의 음란죄를 순결의 축복으로 바꾸어 주시도록 기도한다. 예수님은 죽으심으로 그 근거를 마련해 놓으셨다.

6. 강한 자(부모)로서 음란의 영이 즉시 아들에게서 떠나도록 명한다.
7. 아들을 성령으로 충만하게 해 주시도록 기도한다.

7개월 후 나는 수잔을 다시 만났다.

"저를 기억하시겠어요, 목사님? 저희는 말씀하신 대로 다 했답니다. 그러자 빌리가 완전히 달라졌어요."

수잔은 여기까지 말하다가 눈물을 터뜨리며 이렇게 큰 소리로 말했다.

"제 아들을 다시 찾았어요! 이제 섹스에 대해 아무것도 모르는 여느 다섯 살 꼬마 아이처럼 되었답니다. 입에 달고 살았던 야한 농담을 이제 하나도 기억하지 못해요. 심지어 그 말이 무슨 뜻인지조차 모른답니다. 정말 감사합니다."

수잔은 흥분해서 말을 제대로 잇지 못할 정도로 기뻐했다.

고대 히브리 문화 속에서 발견한 하나님의 보호 장치

인생의 중요한 일곱 시기를 하나하나 살피다 보면, 고대 히브리 문화 속에 자녀들이 사탄의 메시지를 받지 않고 하나님의 메시지를 받도록 하는 여러 보호 장치들이 마련되어 있었음을 확인할 수 있다. 하나님의 보호 장치는 보통 율법이나 종교 의

식, 전통의 형식을 취하였다.²

하나님은 고대 히브리 문화 속에 세 가지 핵심 보호용 울타리들을 마련해 주셨다.

1. 모세 율법 : 모세 율법은 음란과 간음죄를 죽음으로 처벌하도록 규정했다.
2. 어린이들을 대하는 문화적 분위기 : 어린이들은 성가신 존재가 아닌 축복의 대상이었다.
3. 결혼 생활에 대한 사회적 분위기 : 결혼 생활은 언약으로서 주님께 성결한 것이었다.

하나님이 고대 히브리 문화속에 보호용 울타리들을 만드신 것을 확인하는 작업을 시작할 때, 나는 모세 율법이 그 울타리 중 하나라는 사실에 상당히 놀랐다. 나는 늘 '율법'(the Law)을 엄격하고 독단적이라고 생각했다. 임신된 순간에 자녀들이 축복을 받을 수 있도록 사랑과 보호를 제공하는 울타리 역할을 한다는 생각은 한 번도 하지 않았다. 사탄은 선택의 결과와 선택 자체를 분리시키는 매우 효과적인 전략을 사용한다. 성관계를 단순히 즐기는 행위나 두 성인이 서로 합의 하에 선택한 행위로만 바라본다면, 모세의 율법은 독선적이고 하나님의 케케묵은 독단적 선언에 불과하게 된다. 나는 이런 개념들을 조금씩 제대로 이해하면서 하나님께 오랜 시간 기도를 드렸다.

"주님, 이런 죄로 사형을 선고하는 것은 너무 가혹하십니다. 오늘날 이 기준을 교회에 적용한다면 교인들 중에 몇 명이나 살아남을지 모르겠습니다. 왜 그런 가혹한 처벌을 하셨습니까?"

그때 하나님은 "아들아, 내가 가혹해서가 아니란다. 오히려 십 대에 이르도록 자손들에게 자비를 베푸는 일이란다"라고 말씀하셨다. 나는 순간 신명기 23장 2절 말씀이 떠올랐고, 처음으로 그 말씀이 이해되었다. 죄가 개인과 후대에 미치는 영향은 사회에서 항상 상반된 결과로 나타난다. 범죄한 세대를 묵인하고 자비를 베풀면 원수가 들어오도록 문을 열어 무려 십 대에 이르기까지 그 자손을 저주 아래 둘 수 있다. 하지만 범죄한 세대를 엄격하게 대하면 다음 십 대까지 보호를 받고 안전할 수 있다.

한번 생각해 보라. 고대 이스라엘에서 간음이나 음란죄로 목숨을 잃었다면 혼외 관계에서 임신이 가능하였겠는가? 그럴 가능성은 거의 없었다. 그러나 오늘날 혼외 관계에서 아이가 생길 가능성은 얼마나 되는가? 미국에서만 해도 전체 인구 중 무려 40퍼센트에 육박한다.[3] 그렇다면 진정한 자비란 무엇인가? 오해의 소지가 있으므로 질문을 바꾸어서 해 보자. 누구를 위한 자비인가? 가해자에 해당하는 부모인가, 아니면 영적으로 아무 보호도 받지 못하고 생긴 무고한 자녀인가?

나는 간음과 음행을 사형으로 다스리는 법적 제도를 회복하자는 뜻으로 이런 말을 하는 것이 아니다. 다만 우리가 성도로서 자신이 선택한 결과와 하나님이 보호의 울타리를 주신 의미를 제대로 이해하자는 뜻이다. 이것을 잘 이해한다면, 자발적으로 성행위를 결혼 관계로만 제한하는 축복의 문화를 조성하게 될 것이다. 그러면 우리 자녀들과 후대들이 축복을 받게 될 것이다.

하나님이 고대 히브리 문화에 두신 두 번째 보호 장치는 어린이들을 귀히 여기도록 문화적 풍토를 조성하셨다는 점이다. 히브리 여성이 겪을 수 있는 최악의 일은 불임이었다. 이와 반대로 우리 사회는 임신을 피하기 위해 극단적인 조치를 취하고 있다. 물론 미혼 커플들은 당연히 성관계를 하거나 임신을 하면 안되지만, 기혼자들조차 임신이 안되길 원하고 있다. 다시 말하지만 이런 태도는 성경의 히브리인들의 시각과는 완전히 상반된 문화적 태도이다.

히브리 문화에서 태어난 자녀라면 그 부모가 피임하려고 여러 방법을 동원했을 가능성이 과연 있었겠는가? 당연히 그럴 가능성은 거의 없다. 모두가 자식을 원했다. 자녀는 하나님의 축복이었다. 그것은 시편 127편 3-5절에 잘 표현되어 있다.

"보라 자식들은 여호와의 기업이요 태의 열매는 그의 상급이로다 젊은 자의 자식은 장사의 수중의 화살 같으니 이것이 그의 화살통에 가득한 자는 복되도다 그들이 성문에서 그들의 원수와 담판할 때에 수치를 당하지 아니하리로다."

그런데 오늘날은 어떠한가? 부모가 자녀의 임신 소식을 기뻐하는가? 오히려 요즘은 대가족을 매우 이상하게 생각한다. 심지어 그리스도인들조차도 자식을 하나님의 상급이라고 믿지 않는다. 그저 성가시고 부담스럽고 가정에 재정적인 부담을 가중시키는 존재로 생각한다. 고대 히브리 문화에서는 임신을 축복하고 기뻐하는 게 당연했다. 그러나 지금은 많은 경우 그렇지 않다.

하나님이 고대 히브리 문화에 두신 세 번째 보호 장치는 결혼을 신성시하는 풍토였다. 당시 유대인들은 결혼이 하나님께 성결한 것이라고 믿었고(말 2:13-15) 아주 이례적인 상황에서만 이혼을 권했다. 그래서 자녀들은 매우 안정적인 환경에서 태어나고 성장할 수 있었다. 반면 이혼율이 심각하리만큼 치솟은 오늘날의 결혼 생활은 매우 불안정해졌고 가정 역시 더 이상 안정적인 환경을 제공하지 못한다.

성경 시대는 하나님이 마련해 주신 이 세 가지 보호 장치들로 인해, 임신했을 때 아이의 정체성이 저주를 받을 가능성이 희박했다. 이제 우리는 이러한 축복의 문화를 회복하는 작업을 속히 해야 한다. 그래야만 우리 자녀들이 안전하게 자랄 수 있다. 물론 수천 년 전에 있었던 것과 동일한 보호용 울타리들을 회복하기란 어려울 것이다. 그러나 '하나님의 옛적 길 원리'들을 잘 적용하면 우리 문화에 맞게 그 의식들과 전통과 풍습을 마련할 수 있을 것이다.

Blessing Toolbox : 이렇게 축복하라

각자의 가정에서 축복의 문화를 조성하고 그것을 공동체로 확대하기 위해 실제적으로 적용할 수 있는 방법들에 대해 제시해 놓았다. 인생의 중요한 시기에 맞게 잘 실천해 나가기를 바란다. 이제 과거 축복의 결여로 생긴 손상을 복구하고(치료적 차원) 가정에 아름다운 축복의 문화를 조성(예방적 차원)하라.

《가정에 축복의 문화를 회복하라》
결혼 서약이라는 보호용 울타리 밖에서 자녀가 생겼을 경우

자녀가 동석하지 않은 상태에서 기도를 드려도 상관없지만, 4단계부터 7단계까지는 가급적 자녀를 참여시키는 것이 좋다. 기혼자라면 자녀를 지키는 영적 문지기로서 배우자와 함께 기도를 드리는 것이 중요하다. 한부모 가정이라면 혼자 해도 상관없다.

1단계 : 죄를 버리라

아버지, 지금까지 제가 욕망과 음란, 성적 더러움(자위, 음란물, 동성애, 성도착, 관음증 등 하나님이 지적하시는 모든 성적 죄)에 속박되어 살아왔음을 고백합니다. 이 죄를 버리오니 예수님의 보혈로 정결케 하시고 용서해 주소서.

아버지나 할아버지, 아니면 조상들이 동일한 죄를 저질렀다는 사실을 알게 되었다면 아래와 같이 기도하라.

아버지, 저의 부친(혹은 조부)이 음란과 간음, 포르노물(혹은 유사한 죄들)에 결박당해 우리 가정에 원수가 들어오도록 문을 열어 주었습니다. 이런 죄악을 즐기고 우리 가정에 문을 열어 준 그분을 이제 용서합니다. 예수 그리스도께서 보혈을 흘리심으로 저를 죄악에서 건져 주셨사오니 이 죄악이 제 인생에 힘을 발휘하지 못하도록 주의 보혈로 끊어 주시옵소서.

2단계 : 열린 문을 닫아 주시도록 기도하라

아버지, 음욕과 성적 죄악, 간음으로(혹은 주님이 생각나게 하시는 모든 죄) 원수가 아들/딸에게 접근하도록 제가 문을 열어주었음을 인정합니다. 이 영적 문을 연 권위가 제게 있었듯이 이 문을 닫을 권위도 제게 있음을 압니다. 오늘 아들/딸의 인생에 열었던 모든 성적 죄악의 문을 예수 그리스도의 이름으로 닫습니다. 이 죄악을 이 세대, 저희 가정에서 뿌리 뽑겠습니다. 예수님의 이름으로 명하노니 이후로 이 죄악이 우리 가정과 후세대에 어떤 권위도 행사하지 못할지어다.

3단계 : 그리스도의 십자가에 그 죄를 못박으라

지금 음욕과 성적 문란과 음란함(혹은 주님이 생각나게 하시는 모든 죄)을 예수 그리스도의 십자가에 내려놓습니다. 예수님의 십자가의 공로를 힘입어 이제 저도 그 죄악을 그리스도의 십자가에 못박겠습니다.

4단계 : 자녀의 인생을 지배하는 죄의 권세를 끊으라

예수 그리스도의 이름으로 지금 [자녀의 이름]에 미치는 음란과 성적 문란, 음욕과 부도덕(혹은 주님이 생각나게 하시는 모든 죄)이라는 죄의 사슬을 끊습니다. 예수님께서 친히 이 죄를 짊어지시고 십자가에서 돌아가셨사오니 더 이상 이 죄가 [자녀의 이름]의 인생에 힘을 발휘하지 못할 것을 선포합니다.

5단계 : 예수 그리스도께서 죽으심으로 확보해 주신 축복을 자녀의 인생에 선포하라

지금 [자녀의 이름]에게 예수 그리스도께서 죽으심으로 주신 축복을 내리노라. 네가 살아 생전 마음의 성결과 성적 순결, 배우자에 대한 정절을 지키고 살아갈 것을 선언한다. 이날 이후로 네가 앞으로 낳을 자식들은 결혼 서약이라는 보호용 울타리에서 잉태되고 자라게 될 것이다.

네가 자녀를 잉태할 날을 축복하고, 이 가정에서 네가 소중하고 환영받는 존재임을 선언한다. 너는 하나님 아버지의 합법적인 자녀이며 특별한 날에 태어나도록 하나님의 택하심을 받았다. 너는 정한 때에 잉태되었고 우리의 소중한 자식으로 하나님이 정해 주셨다. 너에게 생명을 주시고 우리에게 선물로 너를 주시고자 결정하신 분도 하나님이시다. 너는 우리 가정에 주신 하나님의 축복된 선물이다. 너를 특별한 때에 우리 가족이 되도록 하신 하나님께 감사를 드린다. 너는 누구와도 바꿀 수 없는 존재이며 누구도 네 자리를 대신할 수 없다. 너의 인생과 건강, 영혼을 축복하며 우리 가정에서 너의 위치를 축복한다. 네가 하는 모든 일과 가는 길에 영원토록 하나님의 축복이 함께 하기를 바란다.

6단계 : 혹시 자녀안에 사탄의 영이 있다면 자녀에게서 떠나 다시는 돌아오지 말라고 명령하라 예수 그리스도의 이름으로 지금 [자녀의 이름]를(을) 쥐고 있는 영에게 명하노니 당장 내 아이에게서 떠나 돌아오지 말지어다. 너는 더 이상 내 아이의 인생에 아무 권세도 행사할 수 없다. 예수 그리스도께서 명하신 곳으로 당장 떠날 것을 명한다.

7단계 : 성령으로 자녀가 충만하게 해 달라고 구하라

아버지, 지금 성령으로 [자녀의 이름]를(을) 충만하게 해 주소서. 성령으로 아이가 충만하게 될 것을 예수님의 이름으로 축복합니다.

혼외 관계에서 잉태되었다고 여겨지는 자녀를 입양한 경우

하나님이 부모에게 영적 권세를 주셨음을 기억하라. 기도의 단계는 앞의 경우와 유사하다.

1단계 : 죄를 버리라

아버지, [자녀의 이름]의 생부와 생모가 지은 음란과 성적 부도덕, 간음의 죄(혹은 하나님이 생각나게 하시는 모든 성적 죄)를 인정합니다. [자녀의 이름]의 부모로서 예수 그리스도의 권

세로 더 이상 이 죄가 아이 인생에 힘을 발휘하지 못할 것을 선포합니다. [자녀의 이름]의 생부모와 과거 세대들의 죄를 용서하여 주시옵소서. 예수님의 이름으로 이 죄악이 이 세대에서 단절될 것을 선포합니다.

2단계 : 열린 영적 문을 닫아 주시도록 기도하라

아버지, 오늘 [자녀의 이름]의 생부모가 우리 아이가 음란과 성적 문란과 간음(혹은 하나님이 생각나게 하시는 모든 죄)에 취약하도록 문을 열었을 가능성을 인정합니다. [자녀의 이름]의 부모로서 예수 그리스도의 권세를 의지하여 모든 성적 죄악이 이 세대와 후세대까지 힘을 쓰지 못하도록 이 영적 문을 닫습니다. 오늘 아이의 생부모나 조부, 과거 조상들로 인해 악한 영들이 행사한 모든 법적이고 영적인 권세를 회수합니다. 예수 그리스도께 이 아이를 드리오니 평생 의롭게 하나님을 섬기는 자녀가 되게 하옵소서.

3단계 : 자녀를 위해 앞의 4단계에서 7단계까지의 기도를 종합하여 드리라

아버지, 예수 그리스도의 공로로 우리가 주의 자녀로 입양되어 주님께 접붙임바 된 것처럼, [자녀의 이름]을 우리 가

정에 온전히 받아들였음을 다시금 인정합니다.

[자녀의 이름]야, 우리의 아들/딸로서 너를 축복한다. 네가 우리 가정에 속하였으며 환영받는다는 것을 기억하거라. 많은 부모들이 자식들을 선택하지 못하지만 우리는 너를 선택해 우리의 아들/딸로 삼았단다. 특별하고 귀중한 너를 본 순간, 우리는 너를 사랑했고 너를 원했단다. 하나님이 우리 가족으로 너를 주셨음을 알았단다.

그래서 오늘 네가 정말 기뻐하고 사랑하는 우리 아들/딸이라는 사실을 다시 한 번 분명히 알려 주고 싶단다. 사랑한다. 너는 우리 가족이야. 하늘에 계신 아버지께서 우리를 아들/딸로 택해 주신 것처럼 우리도 너를 변함없이 사랑하고 함께 하리라는 것을 알았으면 좋겠구나. 절대 너를 버리거나 떠나지 않을 거야. 언제나 너는 사랑하는 우리 아들/딸일 거야. 네가 평생 형통할 것을 예수님의 이름으로 선포한다.

《이렇게 자녀를 축복하라》

장차 자녀가 잉태될 순간을 위해 축복하라

아버지, 주님의 때에 저희에게 자녀를 주시리라 믿습니다.

자녀는 주님의 상급이니 주가 주실 자녀라는 선물을 기쁘게 받겠습니다. 아버지, 아이가 잉태되는 그 순간 아이의 영을 위해 미리 축복합니다. 아이가 주의 뜻대로 평생 번성하며 복받기를 선포합니다. 아버지께서 어떤 자녀를 우리에게 보내시든지 환영하겠습니다. 아이가 잉태된 순간부터 사랑과 환영을 받는다는 강한 확신을 가지도록 그 아이를 축복하겠습니다.

자녀가 잉태된 날을 축복하라

아버지, [자녀의 이름]를(을) 우리에게 선물로 주셔서 감사합니다. [자녀의 이름]야, 우리는 네가 생긴 날을 축복한다. 너는 우리가 기다리고 원한 아이였어. 너는 하나님 아버지가 주신 합법적인 아들/딸이란다. 네가 이 특별한 날에 태어나도록 그분이 미리 계획해놓으셨단다. 너는 그렇게 정한 때에 잉태되었고 우리에게 오도록 되어 있었단다. 하나님은 너를 우리에게 선물로 주셨어. 우리는 너라는 생명을 하나님이 우리 가정에 주신 특별한 선물로 받았어. 너를 그분이 정하신 특별한 때에 우리 가정의 일부로 주셔서 얼마나 감사한지 모른단다. 너는 세상에 하나밖에 없는 소중한 존재란다. 아무도 네 자리를 대신할 수 없어. 네 삶과 영, 건강과 인생의 목적, 그리고 우리 가정에서의 네 위치를 축복한다. 잉태된 순간부터 네가 하는 모든 일에 축복이 함께 하기를 예수님의 이름으로 기도한다.

Chapter 5
태중의 자녀 축복하기

이제 자녀가 부모의 축복을 받도록 하나님이 작정하신 두 번째 중요한 시기를 살펴볼 차례이다. 바로 태중에 있을 때이다. 이 두 번째 시기는 임신된 순간부터 출생까지의 임신 기간 전체를 가리킨다. 과거에 일부 사람들은 태아는 자기 의식이나 감정이 없는 움직이지 않는 작은 살덩어리에 불과하다고 생각했다. 그러나 성경은 하나님이 우리가 생기기 전에 우리를 위한 계획을 이미 세워두셨음을 분명히 명시한다.

"내가 주께 감사하오음은 나를 지으심이 심히 기묘하심이라 주께서 하시는 일이 기이함을 내 영혼이 잘 아나이다 내가 은밀한 데서 지음을 받고 땅의 깊은 곳에서 기이하게 지음을 받은 때에 나의 형체가 주의 앞에 숨겨지지 못하였나이다 내 형질이 이루어지기 전에 주의 눈이 보셨으며 나를 위하여 정한 날이 하루도 되기 전에 주의 책에 다 기록이 되었나이다"(시 139:14-16).

"네 구속자요 모태에서 너를 지은 나 여호와가 이같이 말하노라 나는 만물을 지은 여호와라 홀로 하늘을 폈으며 나와 함께 한 자 없이 땅을 펼쳤고"(사 44:24).

"그러나 내 어머니의 태로부터 나를 택정하시고 그의 은혜로 나를 부르신 이가 그의 아들을 이방에 전하기 위하여 그를 내 속에 나타내시기를 기뻐하셨을 때에…"(갈 1:15-16).

하나님은 그분께서 정하신 때에 임신이 되도록 하셨다. 이 세상에 어쩌다 실수로 태어난 사람은 아무도 없다. 하나님은 우리가 태어날 때를 정확히 아셨고, 심지어 부모가 서로 만나기 오래전부터 우리 인생을 향한 계획을 갖고 계셨다.

핵심적인 역할 수행자

아이가 태중에 있을 때 산모는 아이의 인생에서 가장 핵심적인 역할을 한다. 산모의 태도와 말씨, 감정이 태아의 성장에 심대한 영향을 미치기 때문이다. 하지만 아버지 역시 자녀뿐 아니라 아내를 축복할 막중한 책임이 있다. 이 기간에 남편이 아내를 어떻게 대하느냐는 태아의 성장에 중요한 영향을 미칠 수 있다.

대답해야 할 핵심 질문

이 시기에 핵심 질문은 "나는 용납받으며 안전한가?" "나는 이 가정의 일원인가?"이다. 이 질문은 부모를 통해 하나님이 대답해 주실 수도 있고 사탄이 대답해 줄 수도 있다.

물론 사탄은 이 질문에 "아니, 우리는 너를 원하지 않고, 이곳은 네게 안전하지 않아. 넌 여기 있으면 안 돼. 너는 우연히 생긴 성가신 존재야. 어쩌면 넌 태어나지 못하고 죽을지도 몰라. 그러니 그만 우리를 괴롭히고 사라져 주렴"이라고 답을 주기를 원한다. 그러나 하나님이 들려주시고픈 대답은 완전히 정반대이다.

"너는 용납받고 환영받는 존재이기에 안전해. 하나님은 네가 태어날 날을 정해 두셨고, 우리는 네가 태어날 날을 설레임과 기대감으로 기다리고 있단다. 우리는 모든 정성을 다해 너를 사랑하고 보호해 주며 돌봐주고 양육하며 축복해 줄 거야. 우리는 하나님이 주신 아름다운 선물인 네가 빨리 태어났으면 좋겠어."

태중에서 자녀를 축복하거나 저주하기

태아는 임신 순간부터 출산까지 그 정체성이 축복의 대상이 될 수도, 저주의 대상이 될 수도 있다. 물론 하나님은 태아가 임신 기간 내내 축복받도록 계획하셨다. 하지만 일이 늘 그렇게 돌아가지만은 않는다. 그렇다면 어떻게 태중에서 축복과 저주가 이루어질 수 있는가?

태중의 아이를 축복하는 경우
1. 부모가 결혼 서약으로 보호용 울타리를 쳐줌으로 태아에게 영적으로 안전한 환경을 제공한다.
2. 태아에게 원하며 기다리던 아이라는 메시지를 전달한다.
3. 하나님이 주신 선물로 받아들이고 설레는 마음으로 기다린다.
4. 산모가 스트레스를 받지 않도록 스스로를 지킨다.
5. 사랑과 기쁨으로 태어날 자녀의 양육 환경을 준비한다.

태중의 아이를 저주하는 경우

1. 부모가 결혼 서약이라는 보호용 울타리를 쳐주지 않음으로 태아가 사탄의 공격에 노출되도록 한다.
2. 태아에게 원치 않는 아이이며 달갑지 않은 아이라는 메시지를 전달한다.
3. 태아를 엄마 인생에 끼어든 성가신 방해물이라고 느낀다.
4. 산모가 스트레스를 많이 받고 두려움이나 불안을 자주 느낀다.
5. 태아에게 부모가 사랑한다거나 소중하다는 메시지를 전달하지 않는다.
6. 낙태를 시도한다.

태아의 신비로운 경험

성경은 자녀가 대중에서 축복을 받아야 한다고 말하지 않는다. 태아 의학(science of prenatal medicine)과 심리학 역시 그 중요성을 확인해 준다. 이 주제와 관련해 매우 흥미롭게 읽은 책이 하나 있다. 토마스 베르니라는 태아 의학 정신과의사(prenatal psychiatrist)가 저술한 책으로 유익한 정보가 정말 많다. 「태아의 은밀한 생활」(The Secret Life of the Unborn Child)에서는 부모가 태아의 정체성을 축복할 수도 저주할 수도 있다고 말한다. 또한 이런 축복이나 저주는 자녀의 자아상에 평생 영향을 미칠 수 있다고 말한다. 태아는 단순히 무활동성 '생명체'가 아니다. 부모의 말과 기분 등을 통해 정체성과 자기 인식에 큰 영향을 받는 살아 있는 인격체이다. 베르니 박사는 다음과 같이 말한다.

태아는 6개월 이후부터(아니면 그보다 훨씬 빨리) 왕성하게 감정을 느끼고 반응하며 인지 활동을 한다. 나는 이 놀라운 발견과 더불어 아래 사실들도 발견했다.

- 태아는 보고 듣고 경험하고 맛볼 수 있을 뿐 아니라 원시적 수준이기는 하나 학습도 가능하다. 가장 중요한 점은 느낄 수 있다는 것이다.
- 이 발견을 통해, 태아는 자신이 느끼고 인지한 것을 바탕으로 훗날 자신에 대한 기대감을 형성하게 된다는 추론이 가능해 진다. 자신을 어떻게 인식하느냐는, 태아가 태중에서 자신에 대해 습득한 메시지에 따라 결정된다. 자신이 행복한지 아니면 슬픈지, 자신이 안정적인 사람인지 아니면 불안감이 높은 사람인지 인식하고 행동하는 데 말이다.
- 이런 메시지의 일차적인 제공자는 산모이다. 그렇다고 산모가 느끼는 온갖 일시적인 염려나 불안, 의심이 고스란히 다 태아에게 영향을 미친다는 의미는 아니다. 문제가 되는 것은 강력하고 일관된 감정이다. 만성적 불안이나 부모가

된다는 데 대한 심각한 갈등은, 태아에게 깊은 흔적을 남길 수 있다. 반면 긍정적인 감정은 정서 발달에 상당히 공헌할 수 있다.[1]

베르니 박사는 이 책이 "태아가 느끼고 기억하고 인식하는 존재라는 새로운 발견에 토대를 두고 있다"고 말한다. "임신 기간 동안 경험한 일은 한 개인의 성격과 성향, 선호도를 형성하고 결정한다."[2]

베르니 박사에 의하면 자궁 속의 태아는 정서적으로 영향을 받을 뿐 아니라 말이나 외국어, 심지어 음악도 배울 수 있다고 한다. 그는 이와 관련해 천재적인 지휘자 보리스 브로트의 인상적인 이야기를 들려준다. 그는 한 라디오 인터뷰에서 처음 음악에 관심을 갖게 된 때가 언제냐는 질문을 받았다.

그(브로트)는 잠시 주저하더니 "이상하게 들릴지 모르지만 음악은 태어나기 전부터 제 일부였습니다"라고 대답했다. 선뜻 이해가 안 된 질문자는 이에 대해 자세히 설명해 달라고 부탁했다. 브로트는 이렇게 설명했다.
"청년 시절 저는 제게 이런 특별한 재능이 있다는 게 신비롭게 느껴졌습니다. 어떤 곡들은 처음 들어도 연주할 수 있었으니까요. 한번은 처음 보는 곡을 지휘하게 되었는데 갑자기 첼로 선율이 매우 익숙하게 느껴졌어요. 악보를 보지 않았는데도 선율을 다 알고 있었죠. 그래서 어머니에게 이 사실을 말씀드렸어요. 어머니는 첼리스트시거든요. 제가 겪은 이 일을 어머니도 흥미롭게 생각하실 거라 여겼지요. 어머니는 그 곡을 들으시곤 제 궁금증을 금방 풀어 주셨어요. 제가 배우지도 않았는데 알던 그 곡은, 어머니가 저를 가지셨을 때 계속 연주하던 곡이었어요.[3]

베르니 박사는 또 이렇게 말한다.

태아는 사랑과 미움 같이 단순하면서도 분명한 감정을 감지하고 반응할 뿐 아니라 양가감정(모순감정)과 모호함 같은 복잡 미묘한 감정도 감지하고 반응할 수 있다.
정확히 언제 태아의 뇌세포가 이런 능력을 습득하는지는 아직 밝혀지지 않았지만, 일부 학자들은 임신되는 순간부터 태아의 의식이 존재한다고 믿는다. 그 증거로 원인 모를 반복적인 유산을 경험하는 건강한 수천 명의 여성들을 든다. 임신 후 첫 주, 심지어 몇 시간 내에 수정된 난자가 거부당함을 인식하고 그것을 바탕으로 행동하는 충분한 의지를 보이기 때문이라는 것이다.[4]

이렇듯 자녀는 태중에서도 부모의 영적, 정서적, 언어적, 물리적인 행동으로 인해 축복을 받거나 저주를 받는다. 베르니 박사의 연구는 한발 더 나아가 태아가, 부모의 정서 상태와 소통 상태에 성인보다 더 민감하다는 사실을 보여 준다.

성인뿐 아니라 어린아이도 방어하고 반응하는 기제를 발달시켜 자신이 받는 영향을 완화시키거나 없앨 수 있다. 그러나 태아는 그럴 수 없다. 어떤 것에 노출될 때 그 영향을 고스란히 다 받는다. 산모의 상태가 태아의 심리에 깊이 각인되고 또 나중에까지 그 영향력이 지속되는 이유가 바로 이 때문이다. 사람의 주요한 기질은 거의 변하지 않는다. 만약 태아의 의식에 낙관적인 정서가 각인되었다면, 아무리 어려운 역경도 잘 견뎌낼 수 있을 것이다.[5]

베르니 박사는 임산부가 태아와 교감하지 않을 때, 태아는 홀로 방치된 것처럼 느낀다고 설명한다.

태아에게 자신이 사랑받고 기다리는 존재임을 확인해야 할 필요성은 우리보다 훨씬 더 절실할 것이다. 산모는 태아에게 끊임없이 말을 걸어 주고 소중하게 여겨 주어야 한다. 그렇지 않으면 태아의 마음뿐 아니라 육체까지 시들기 시작한다 … 대체로 태아의 성격은 산모와 태아 간에 이루어지는 교류의 질에 영향을 받는다. 서로 간에 교류가 풍성하고 돌봄을 잘 받으면, 아이는 건강하고 활기차며 행복할 가능성이 매우 높다.[6]

태중의 자녀를 축복할 때

앞에서 우리는 태아 심리학에서도 자녀가 태중에서부터 축복과 양육, 사랑을 받아야 함을 살펴보았다. 엄마 뿐 아니라 아빠 역시 태중의 아기에게 사랑을 표현하고 축복해 주어야 한다. 자녀에게 "너는 용납받고 사랑받으며 환영받는 존재란다. 이곳은 네게 안전한 곳이란다"라는 하나님의 메시지를 전하는 것은 부모의 특권이자 책임이다.

하나님은 태아에게 그 메시지를 전하는 전달자로 어머니를 먼저 사용하시지만 아버지 역시 자녀를 축복하는데 매우 중요한 역할을 한다. 이에 대해 베르니 박사는 이렇게 설명한다.

산모가 받는 영향은 고스란히 태아에게 전달되는데, 특히 배우자에 관한 염려와 불안은 심각한 영향을 미친다. 그래서 임신한 아내를 학대하거나 방치하는 남편은 자녀에게 매우 위험하고 치명적인 존재이다. 자녀의 정서적 안정에 결정적인 영향을 미치는 또 하나의 요인은 아내에 대한 남편의 헌신이다 … 물론 남자는 매우 불리한 위치에 있다. 일단 태아는 아버지의 몸속에 있지 않기 때문이다. 그렇다고 아무 시도도 할 수 없는 것은 아니다. 대화처럼 일상적인 것이 좋은 예이다. 자녀는 태중에서 아버지의 음성을 듣고 반응한다. 태중에 있을 때에 아버지가 부드러운 음성으로 말을 걸었던 경우, 신생아는 태어난 지 한두 시간만에 아버지의 음성을 구별해 반응했다. 울다가도 자신을 달래는 익숙한 소리를 듣고 울음을 그치는 것이다.[7]

몇 년 전에 한 친구가 딸의 태중에 있는 손자에 관한 이야기를 들려주었다. 그의 이야기는 태중의 자녀를 축복하는 것이 얼마나 중요한지를 확인해 주었다. 내 친구 존은 임신한 딸과 사위에게 아이를 축복하라고 조언했다. 존 역시 딸을 만날 때마다 축복의 말을 아이에게 전하고 기도해 주었다. 무릎을 꿇고 직접 태중의 손자에게 말을 거는 경우도 자주 있었다.

"안녕, 아가야. 사랑한다. 넌 이 할아비에게 아주 소중한 손자란다. 너는 하나님이 우리에게 주신 선물이야. 우린 네가 태어나기만을 손꼽아 기다린단다. 어서 네 작은 얼굴을 보고 싶고, 또 안아 주고 뽀뽀해 주고 싶구나. 네 눈을 들여다보고 얼마나 너를 사랑하는지도 말해 주고 싶구나. 너는 온 세상을 쥐고 흔들 하나님의 용사야."

손자가 태어난 날, 존은 병원에 있었다. 간호사는 아기를 깨끗이 씻긴 후 엄마와 아빠에게 건네 주었다. 그런데 다시 아기가 간호사에게 건네지자, 아이가 울어대기 시작했다. 존은 손자를 안아 봐도 되겠느냐고 물었다. 간호사는 아기를 존에게 건네주었다. 그는 아기를 껴안고 눈을 들여다보며 이렇게 말했다.

"안녕, 아가야, 할아버지야. 사랑한다. 넌 이 할아비에게 아주 소중한 손자란다. 너는 하나님이 우리에게 주신 선물이야."

존이 그 말을 다 마치기도 전에 아기는 울음을 그치고 그를 올려다보았다. 존은 아기가 태중에서 들은 자신의 목소리를 알아들은 것을 분명히 느낄 수 있었다. 아기는 익숙한 목소리에 반응한 것이다. 한 번도 본 적은 없지만 태중에서 자신을 계속 축복을 해 준 할아버지의 품에서 안전하고 평화로움을 느낀 것이다.

이후에도 태중의 아이를 축복하는 특권과 책임을 이해한 젊은 부부들을 통해 이와 같은 비슷한 이야기를 수차례 들었다. 성경 역시 마리아와 친척 엘리사벳 간의 대화를 통해 태중의 자녀를 인정하고 축복한 내용을 기록하고 있다. 예수님의 어머니

마리아가 엘리사벳을 방문했을 때의 기록이다.

"엘리사벳이 마리아가 문안함을 들으매 아이가 복중에서 뛰노는지라 엘리사벳이 성령의 충만함을 받아 큰 소리로 불러 이르되 여자 중에 네가 복이 있으며 네 태중의 아이도 복이 있도다 내 주의 어머니가 내게 나아오니 이 어찌 된 일인가 보라 네 문안하는 소리가 내 귀에 들릴 때에 아이가 내 복중에서 기쁨으로 뛰놀았도다"(눅 1:41-44).

태중의 자녀를 저주할 때

태중의 자녀는 축복을 받을 수도 있지만 저주를 받을 수도 있다. 오래전 기도하던 중에 주님은 태중에 있는 자녀의 정체성을 저주할 때, 그 인생에 얼마나 오랫동안 치명적인 영향을 미치는지 알려 주는 성경 구절을 알려 주셨다.

"악인은 모태에서부터 멀어졌음이여 나면서부터 곁길로 나아가 거짓을 말하는도다"(시 58:3).

우리는 '악인'이 아니고 구속받은 자이므로 처음에는 이 구절이 우리와 아무 상관이 없다고 생각했다. 그러다가 이 절에서

'악한'으로 번역된 히브리어가 '라샤'(rasha)임을 알게 되었다. 이 단어는 악하거나 경건치 못하다는 의미가 있다. 그리고 다음과 같은 의미도 있었다.

"끊임없이 불안하고 쉬지 못하는 상태: 여러 더러운 욕망으로 흔들리고 수많은 악한 생각으로 산만하며 내면에 격렬한 동요로 양심이 평안을 누리지 못하는 상태를 말한다."[8]

나는 이 설명을 읽으면서 이 단어가 그동안 만난 많은 사람들에게 적용될 수 있겠다는 생각이 들었다. 특히 어른이 되어서도 영혼이 끊임없이 불안하고 평안하지 못하며 여러 욕망에 이리저리 산만하게 흔들리는 상태에 있는 사람들이 해당 대상이라는 생각이 들었다.

'멀어지다'로 번역된 히브리어는 '주우어'(zuwr)이다. 이 단어 역시 "소외되고 외면 당하며 원수처럼 취급 당하거나 딴 집안 출신의 사생아 같다는 느낌에 시달린다"[9]라는 뜻이 있다. 특별히 나는 '딴 집안 출신의'라는 부분에 관심이 갔다. 태중의 아이를 생겨서는 안 될 아이처럼 느끼거나 그 가족의 일원이 아닌 것처럼 느낀다면 그 감정이 태아에게 고스란히 전달될 수 있다. 그때 태아는 "나를 이 적대적인 환경에 억지로 밀어 넣어 환영받지도, 보호받지도 못하게 하고 있다"고 느낄 수 있다.

아마도 파티에 초대받아 갔는데 초청자 명단에 자신의 이름이 없다는 것을 알게 될 때의 기분일 수 있다. 그런 상황에 처하면 마음속으로 '나는 환영받지 못하는 존재로구나'라는 울적한 마음이 들 것이다. 그럴 땐 그냥 뒤 돌아서 집으로 돌아오면 된다.

그러나 엄마의 자궁 속에서 이런 경험을 하는 태아는 기분이 나빠도 그곳을 떠날 수 없다. 어디에도 갈 곳이 없다. 적대적인 환경을 스스로 감내해 나갈 수밖에 없다. 매일 거부당하는 모멸감을 스스로 견뎌낼 수밖에 없다. 이것은 훗날 소외감과 거절감, 수치심의 원인이 될 수 있다. 아이는 잘못된 행동 때문이 아니라 자신의 존재 자체를 잘못된 것으로 간주하게 된다. 그의 정체성이 태중에서 저주를 받은 것이다.

시편 58편 3절에서 중요한 세 번째 구절은 '곁길로 나아가'이다. 이것은 히브리어로 '타아'(ta'ah)이다. 이 단어의 의미 중에는 '술취한 사람처럼 비틀거리다, 헤매다, 흔들리다, 동요하다'라는 뜻이 포함된다.[10] 즉, 태아가 성인이 되어 곁길로 갈 수 있다는 것이다. 지금까지 확인한 확대된 의미들을 이 성경 구절에 다시 적용하면 아래와 같다.

"여러 악한 욕망으로 흔들리며 불안하고 혼란스러운 상태에서 수많은 악에 관심이 팔려 양심에 평안이 전혀 없고 내면의 격렬한 동요로 소외되고 외면 당하며 원수처럼 취급받고 태중에서 다른 가정의 씨나 사생자인 것처럼 느끼는 사람, 태어난 순간부터 거짓말을 하는 이런 사람은 평생 술취한 사람처럼 비틀거리며 방황하고 흔들리며 요동한다."

사역을 하다보면 소위 '집시의 영혼'(Gypsy Spirit)을 지닌 사람들을 많이 만난다. 그들은 지금 무슨 일을 하건 어떤 상태에 있건 상관없이 늘 불행하다. 자신만 빼고 다른 사람들은 다 행복해 보인다. 결코 평안함을 모른다. 또 이런 사람은 이 교회 저 교회로 전전한다. 때로 금방 직장을 바꾸고, 이 도시 저 도시로 이사를 다니는 등 어디에도 쉽게 안착하지 못한다. 살아온 인생 경로를 보면 직선의 곧은 길이 없고 불안정하게 지그재그를 그리고 있다. 이들은 실제로 술취한 사람처럼 평생 방황한다.

태중에서부터 거절당하고 저주를 받은 사람은, 어린 시절은 물론이고 성인이 되어서까지 그 영혼이 불안에 시달린다. 영혼에 평안이 없을 때, 육신은 위에서 설명한 대로 다양한 형태의 악으로 영혼에 가짜 위로를 공급하느라 끊임없이 바쁘다. 영혼이 전혀 쉼을 누리지 못하기 때문에 평안함을 누릴 수 없고, 위안을 줄 다른 무엇인가를 또는 다른 누군가를 늘 찾아 다닌다.

성인이 되어서 보이는 수많은 부정적인 습관이나 감정과 태도는 태중에서 멀어지고 소외된 데 따른 직접적인 결과일 수 있다. 살인, 알코올 중독, 간음, 폭력과 같이 겉으로 확연히 나타나지 않더라도 평생 고치기 어려운 부정적인 습관 등으로 반드시 나타난다.

나는 이런 사람들을 만날 때마다 주님께 그 행동의 뿌리를 보여 달라고 기도했고, 주님은 태중에서 거절당하고 저주받은 후유증을 치료하고 돌보도록 나를 인도하셨다. 많은 사람들이 이로 인해 삶의 완전한 변화를 체험했다.[11]

어떤 사람은 평생 시간을 지키지 못하고 약속 시간에 늦는 습관이 있었다. 나는 그와 함께 이 행동의 뿌리를 주님께 보여 달라고 구했다. 그러자 그가 천천히 의자에서 고개를 숙이더니 바닥에 엎드린 다음 태아처럼 웅크린 자세로 소리 죽여 울기 시작했다. 잠시 후 그에게 왜 그런 행동을 했는지 설명해 달라고 부탁했다. 그러자 그는 기도할 때 자신이 어머니의 태중에 있는 듯했고, 그때 어머니가 자신을 원치 않아 한다는 느낌을 받았다고 설명했다. 그는 태중에서 어머니가 그를 임신한 사실을 알고 수없이 화를 내는 소리를 들은 것이다.

예수님께 그를 만져 주시도록 요청하는 기도를 드렸을 때,

그는 누구도 자신을 원치 않으며 환영하지 않는다는 거짓이 제거되는 것을 느꼈다고 했다. 그 거짓말은 그가 용납받고 환영받는다는 진실로 대체되었다. 그는 더 이상 사람들에게 환영받지 못한다는 생각으로 괴로워하거나 낯선 환경을 꺼리지 않게 되었다. 그 후부터는 약속 시간에 늦는 법도 없었다. 그 부정적인 습관이 완벽히 사라진 것이다. 주님이 그가 태중에서 받아들인 거짓말을 그분의 진리로 바꾸어 주셨을 때, 그의 인생은 완전히 변화되었다(요 8:32 참조).

여기에 또 다른 예가 하나 더 있다. 한 네덜란드 여성이 자신은 매년 어느 시점만 되면 몇 주 동안 아주 심각한 우울증으로 홍역을 치른다고 했다. 여러 전문가에게 상담도 받고 몇 년 동안 기도도 꾸준히 했지만 우울증은 어김없이 매년 그녀를 덮쳤다. 나는 주님께 우울증의 근본 원인을 알려 달라고 기도를 드렸다. 그런데 몇 초가 지나지 않아 그녀에게 버림받은 느낌, 상실감, 서러움 같은 감정이 강력하게 되살아났다. 그녀는 이 감정의 원인을 알려 달라고 기도했다. 그러자 바로 성령께서 태중에 있을 때 깊은 슬픔이 그녀를 덮쳤던 사실을 보여 주셨다.

2차 세계 대전 중 폴란드에 있을 때 임신된 그녀는 아버지를 본 적이 없었다. 그녀가 잉태된 후 아버지는 네덜란드 군에

징집되었고, 불행하게도 전사하여 집으로 돌아오지 못했다. 그녀는 기도하던 가운데 남편의 사망 소식을 들은 어머니의 깊은 상실감이 그녀에게 전이되었음을 깨달았다. 주님은 그녀의 깊은 상실감과 그에 수반된 거짓말들을 제거해 주시고 태중에서 전해 주시고자 하셨던 축복으로 그녀의 마음을 채워주셨다. 이 일로 그녀의 인생도 완전히 변화되었다.

나는 베르니 박사의 책을 통해, 임산부의 부정적인 감정이 의도치 않게 태아에게 전이 되고, 그로 인해 평생 자녀가 우울증에 시달릴 수 있다는 것을 더 깊이 이해할 수 있게 되었다.

태중에서부터 우울증이 시작될 수 있다. 보통 이런 우울증은 깊은 상실감 때문에 생긴다. 질병이나 심란한 일 등 어떤 연유로 인해 산모가 태아에 대한 사랑과 지지를 거두게 되는데 이 상실감으로 태아가 우울증에 빠지게 되는 것이다. 반응을 보이지 않는 신생아나 산만한 십 대 아이에게서 이 우울증의 여파를 볼 수 있다. 태중에서 영향을 받아 생긴 우울증은 평생 자녀의 인생에 영향을 미칠 수 있다.[12]

태중에서 받은 정체성의 저주가 원인일 수 있는 감정들은 다음과 같다.

- 거절의 상처
- 우울증
- 두려움
- 욕망
- 분노
- 죄책감
- "넌 실수로 태어난 거야!"
- "누가 날 낳으라고 했어?"
- "난 이 집 가족이 아니야!"

태중에서 정체성의 저주를 받는 것이 이런 감정의 유일한 원인은 아니지만, 인생에서 이와 유사한 많은 부정적인 감정의 원인인 것은 분명하다.

고대 히브리 문화 속에서 발견한 하나님의 보호 장치

하나님은 누구도 태중에서 정체성에 관한 사탄의 메시지를 받지 않도록 고대 히브리 문화 속에 보호 장치들을 심어 두셨다. 그것은 앞장에서 언급한 세 가지 보호 장치이다. 즉, 모세 율법, 어린이들을 대하는 문화적 분위기, 결혼 생활에 대한 사회적 분위기이다. 하지만 이들은 세 가지 외에도 히브리 문화 속에는 태아를 축복하도록 장려하고 저주에서부터 보호해 주는 또 다른 풍토가 있었다. 그것은 임신부가 임신 후반기에 들어서면 거의 모든 의무에서 벗어나 쉬도록 해 주는 것이었다.

현대 문화에서 출산은 일상을 중단할 정도로 큰 일이 아니다. 많은 경우 임신부는 직장에 다니다가 양수가 터져서야 병원으로 달려가 아기를 낳는다. 짧은 '출산 휴가'를 마치면 다시 직장으로 돌아가고 아기는 어린이집에서 돌봐준다. 마치 아무것도 변하지 않은 것처럼 삶이 흘러간다. 반대로 고대 히브리 문화에서는 임신한 사실을 알면 모두가 떠들썩하게 축하를 해 주었다. 하나님의 선물을 가진 임신부는 특별한 관심과 배려의 대상이 되었다.

일반적으로 고대 히브리 문화에서 여성은 집 밖에서 일하지 않았다. 오직 가족을 돌보는 일만 하나님이 주신 의무로 여겼다. 하지만 현대 문화에서는 기독교인들이라 해도 '전업 주부'를 시간과 재능을 가치 있는 일에 사용하지 않는 사람으로 인식하는 경향이 더러 있다.

고대 히브리 문화에서 임신부의 출산 마지막 달 혹은 심지어 6개월 동안은 다른 가족들이 집안 일을 대신 맡아 해 주었다. 임신부는 태교와 출산을 준비하는 일에 집중하도록 배려를 받았다. 히브리 가정에서 태아는 임신부와 가족 모두가 아주 중요하게 돌봐야 할 대상이었다. 하나님이 주신 이런 보호 장치는 태아가 태중에서 정기적으로 축복을 받을 수 있는 기회를 마련해 주었다. 오늘날 우리도 이렇게 태아를 축복하도록 격려하는 문화를 회복해야 한다.

Blessing Toolbox : 이렇게 축복하라

이제 태아를 위한 기도문을 구체적으로 살펴보자. 부모가 함께 기도하면 더 좋다. 만약 부득이하다면 개별적으로 기도하라. 아래 소개한 기도 외에 각자 생각한 축복 기도를 해도 무방하다. 이것은 기도하는데 필요한 참고문으로 사용하라.

《가정에 축복의 문화를 회복하라》
낙태를 시도했을 경우

태중의 자녀를 낙태하려고 시도하는 것은 정체성에 관한 사탄의 메시지를 전달하는 가장 확실한 방편 중 하나이다. 분명 지금 이 말에 낙심하는 사람이 있을 것이다. 하지만 소망이 있다. 예수 그리스도의 보혈을 의지하여 나아가면 된다. 낙태를 시도한 적이 있는 사람은 아래 단계를 따르기 바란다.

1단계 : 살인을 시도한 죄악을 회개하고 용서함을 받으라

아버지, 오늘 제가 낙태를 시도하여 주님과 제 아들/딸에게 죄를 지은 사실을 고백합니다. 낙태도 살인인데 제가 살인을 시도했던 것을 인정합니다. 주님, 살인을 시도한 죄를 버리고 그 죄를 회개하며 그 죄에서 완전히 돌아서겠

습니다. 제 힘으로는 이 죗값을 갚을 수 없지만 예수님께서 십자가에 달려 돌아가심으로 제 죗값을 이미 지불하셨음을 압니다. 제 아이를 죽이려 했던 제 죗값을 갚아 주신 예수님의 보혈을 믿고 용서를 구합니다. 아버지, 주께서 저를 용서해 주신 것처럼 저도 제 자신을 용서하겠습니다.

2단계 : 자녀의 생명에 대해 축복 기도를 드리라

아버지, 이제 예수 그리스도의 능하신 이름으로 〔자녀의 이름〕에게 생명과 건강과 평강을 주시도록 축복합니다. 우리 가정에서 이 아이가 용납받고 환영받으며 안전하다는 사실을 선포합니다. 주께서 우리에게 이 아이를 주셨으니 소중한 선물로 이 아이를 받겠습니다.

〔자녀의 이름〕아, 네가 엄마 배 속에서 지냈던 시간들을 축복한다. 예수 그리스도의 보혈로 원수가 너에게 심어 주려 했던 모든 메시지의 위력이 사라지도록 선포하며 기도한다. 너는 하나님의 뜻으로 그분이 정하신 때에 엄마의 태중으로 찾아 왔음을 선언한다. 네가 잉태된 날을 축복하고 세상에 나올 때까지 태중에서 보낸 매일 매일을 축복한다. 하나님께서 너를 엄마의 태중에서 안전하게 지켜 주셨

고 정한 날에 무사히 태어나게 해 주셨단다. 너는 우리 가족이야. 너를 사랑한다. 우리는 너라는 생명을 하나님이 우리 가정에 주신 하나밖에 없는 선물로 받아들인다. 너를 특별한 때에 우리 가정의 일부로 만들어 주신 하나님께 감사드린다. 너는 세상에 하나밖에 없는 특별한 사람이란다. 어느 누구도 네가 이 세상에 온 뜻을 대신할 수 없단다. 네 건강과 인생의 목적, 우리 가정에서의 너의 위치를 축복한다. 평생 너의 모든 일에 축복이 함께 하기를 기도한다.

자녀를 인생의 방해물로 생각했거나
태중에 있을 때 자녀의 정체성을 저주한 적이 있을 경우

1단계 : 자녀의 정체성을 의도적으로 저주한 죄를 버리고 회개하고 용서함을 받으라

아버지, 제가 사탄의 대리인이 되어 아이에게 거짓된 정체성의 메시지를 전했음을 인정합니다. 주님, 이제 제 아이의 정체성을 저주한 죄를 버립니다. 그 죄를 회개하고 완전히 벗어 버립니다. 제 힘으로는 이 죗값을 갚을 수 없습니다. 하지만 예수님이 십자가의 공로로 제 죗값을 지불해 주셨음을 믿습니다. 오늘 제 아이의 정체성을 저주한 제 죗값을 갚아 주신 예수님의 보혈을 믿고 용서를 구

합니다. 아버지, 주께서 저를 용서해 주신 것처럼 저도 제 자신을 용서하겠습니다.

2단계 : 아이의 인생을 축복하는 기도를 드리라
1단계와 비슷한 내용으로 아이의 인생을 축복하는 기도를 드리라.

태중에 있을 때 자녀의 인생을 축복하는 기도를
드린 적이 없었던 경우

태중에 있을 때 아이를 축복하는 일이 얼마나 중요한지 몰랐다면, 지금이라도 앞의 1,2단계와 비슷한 내용으로 자녀를 축복하는 기도를 드리라.

《이렇게 자녀를 축복하라》

태중의 아이를 축복하기 바라시는 하나님의 뜻을 이해했다면, 하나님이 주신 자녀나 손자들을 위해 매일 축복하는 기도를 오늘부터 시작하라. 자녀를 위해 기도하고 사랑하고 축복하며 환영한다는 표현을 하라. 아래와 같이 기도할 수 있다.

아버지, [자녀의 이름]를(을) 주셔서 감사합니다. 이 아이

는 저희에게 주신 소중한 선물입니다. 이 아이를 지켜 주시고 생명으로 충만하게 보호해 주소서. 태중에서부터 성령으로 충만하게 해 주시고 오늘 엄마의 배속에서 주님의 사랑과 보호하심을 느끼게 해 주소서.

안녕, 아가야. 너의 아빠/엄마(혹은 할머니/할아버지)란다. 사랑한다. 우리는 작은 얼굴에 뽀뽀해 줄 날을 날마다 기다린단다. 네가 생겨서 매우 기쁘구나. 우리는 언제나 너와 함께 하며 너를 돌봐주고 안전하게 지켜 줄 거야. 너는 우리 가정의 보물이야. 너는 하나님이 신묘막측하게 만드셨고, 평생 주 예수 그리스도를 섬기도록 엄마의 태중에서부터 구별해 주셨단다. 모든 어둠의 영이 네 생명을 질내 건드릴 수 없음을 오늘 선포한다. 내 삶의 모든 영역이 주 예수 그리스도께 헌신되었으니 오늘뿐 아니라 평생토록 너를 향한 그분의 계획과 뜻이 이루어질 것을 확신한다.

너는 축복의 근원이 되어 어디로 가든지 네 인생에 하나님의 은혜가 함께 할 거야. 너는 아주 특별하단다. 아무도 하나님이 창조하신 그대로의 네 모습을 대신 할 수 없단다. 네가 무슨 일을 하더라도 우리는 너를 버리거나 거부하지 않을 거야.

오늘 하나님의 생명으로 네 영혼을 축복한다. 네 마음이 지혜와 지식이 풍성하도록 축복한다. 또 열정과 안정감과 평안으로 너를 축복한다. 건강과 활기가 넘치도록 축복한다. 영과 혼과 육이 성장해서 하나님이 계획하신 뜻을 이루기를 축복한다. 오늘 하나님의 사랑과 평강 안에 거하기를 예수님의 이름으로 기도한다.

Chapter 6
태어날 때 자녀 축복하기

아이가 태어날 때마다 천국에서는 잔치가 열린다. 천사들이 기뻐하고 하나님 아버지는 그 손으로 만드신 작은 아기를 바라보시며 만물을 하나씩 창조하실 때처럼 "보시기에 심히 좋았더라"(창 1:31)라고 선언하신다. 하나님은 우리가 태어나던 순간에도 기뻐하셨고, 우리 가정에 한 명씩 자녀를 보내실 때도 기뻐하신다.

핵심적인 역할 수행자

자녀가 태어나는 순간, 그 마음에 메시지를 전하는 핵심적인 역할은 부모의 몫이다. 하나님은 아버지와 어머니, 두 사람이 함께 성별에 관계없이 자녀를 있는 그대로 사랑하고 용납한다는 마음을 전하도록 하신다. 다시 말하지만 자녀를 축복하는 데는 아버지의 역할도 매우 중요하나 자녀가 마음에 품은 중요한 질문에 일차적으로 대답해 주는 이는 어머니이다.

대답해야 할 핵심 질문

부모라는 대리인을 통해 하나님이든 사탄이든 대답해 주어야 할 핵심 질문은 이러하다. "모두 기다리고 원하는 아이인가?" "무사히 태어났는가?" 아니면 "이상이 있지는 않는가?" "모두가 나를 돌봐주려고 하는가?"

아마 자기가 태어나던 순간을 기억하는 이는 아무도 없을 것이다. 하지만 나약한 아기에게 출생은 매우 두려운 경험임은 분명하다. 따뜻하게 보호받으며 모든 필요를 충족받던 태중이라는 환경에서 아무 보호막도 없는 차갑고 시끄러운 환경으로 나와야 하는 경험은 매우 공포스러울 것이다. 그래서 아이는 "누가 나를 돌봐주지?"라는 질문에 즉각 봉착할 수밖에 없다.

병원에서 아기를 데려온 후, 바로 이렇게 말하는 사람은 아무도 없을 것이다.

"새 집에 온 걸 환영한다. 여기가 네 방이야. 욕실은 복도 바로 아래 있고 아래 층에는 부엌이 있단다. 원하는 대로 실컷 먹으렴. 네가 와서 매우 기쁘단다. 여기서 편안히 지내렴."

아기는 철저히 무기력하다. 스스로 아무 욕구도 충족시킬 수 없고, 누군가가 도와주지 않으면 살 수조차 없다. 그래서 일단 세상으로 나온 아기는 자동으로 자신이 이러한 환경에서도 계속 필요를 충족받을 수 있는지 알아야 한다. 물론 사탄은 아기에게 이런 말을 해주고 싶을 것이다.

"이제부터는 아무도 널 돌봐주지 않을 거야. 넌 완전히 혼자야. 너는 문제투성이라 아무도 널 원치 않을 거고 돌봐주지도 않을 거야. 넌 이제 스스로를 보호해야 돼. 하지만 네게는 그럴 힘이 없으니 곧 죽게 될 거야."

하지만 하나님은 부모를 사용하셔서 이와 정확히 반대의 메시지를 전하도록 하신다.

"환영해. 네가 있을 곳은 여기야. 너는 하나님이 주신 선물이란다. 네 얼굴을 얼마나 보고 싶었는지 몰라. 넌 우리가 상상하던 것보다 훨씬 더 어여쁘고 신비롭구나. 우리가 원하던 바로 그 모습이야. 완벽해. 우리는 너의 모든 필요를 채워 줄 거야. 아무것도 걱정할 필요 없고 무서워 할 이유도 없어. 그냥 편안히 쉬려무나. 이때는 네 인생에서 유일하게 아무 책임도 없고 무거운 짐도 지지 않는 때란다. 가족들이 네게 필요한 모든 것을 채워 주기 위해 최선을 다할 거야. 하나님이 특별히 정하신 대리인이

자 네 엄마가 너의 필요를 채워 주는 일에 최우선으로 매달릴 거야. 너를 사랑하고 축복한단다. 우리 집에 온 걸 환영해."

출생할 때 축복하고 저주하기

아이는 세상으로 나오는 순간, 부모의 축복을 받아야 한다. 그것이 하나님 아버지의 뜻이다. 하나님은 부모들을 통해 자녀의 가슴에 한 가지 분명한 메시지를 전하도록 하셨다. 그러나 부모가 낙심하거나 두려움과 스트레스에 시달리고 트라우마로 고통을 겪으면 하나님의 마음과는 매우 다른 메시지를 보낼 수 있다. 그렇다면 출생의 순간 저주하거나 축복하는 것은 어떤 식으로 이루어지는가?

출생의 순간을 축복할 때

1. 부모가 자녀에게 언어적으로나 물리적으로 자녀를 환영하며 기다리고 용납한다는 메시지를 전하고 엄마는 사랑과 실제적 돌봄을 제공한다.
2. 부모가 하나님이 창조하신 그대로 자녀의 성을 받아들인다.
3. 부모가 영적인 의미가 담긴 이름으로 자녀를 불러 주며 출생 직후에는 자녀를 위해 영적 축복의 시간을 갖는다.
4. 마음에 상처 없이 행복하게 출산을 한다.

출생의 순간을 저주할 때

1. 부모가 자녀에게 언어적으로나 물리적으로 자녀를 원하지 않으며 환영하지 않는다는 메시지를 전한다. 엄마가 아이를 사랑하고 안아주거나 어르고 젖을 먹이려 하지 않는다.
2. 자녀가 아들/딸로 태어난 데 대해 부모가 낙심하고 하나님이 창조하신 그대로 자녀의 성을 받아들이지 않는다.
3. 자녀에게 부정적이거나 비하하는 투의 이름을 지어 주고 영적으로 축복하는 시간을 갖지 않거나 더 나쁜 경우는 자녀를 사탄이나 자기가 섬기는 우상, 귀신에게 바친다.
4. 마음에 상처를 받고 출산을 한다.

출생 시 축복이나 저주의 결과

태어날 때 따뜻한 돌봄을 받은 아기는 대체로 안정감과 정서적 평온함을 보여 준다. 하지만 아기가 돌봄을 받지 못하고 거부당하면, 태어난 순간부터 불안과 죽음의 공포를 느낄 수 있다.

우리 기관에 소속된 사역자들은 어려운 환경에서 하나님을 신뢰하는 데 큰 어려움을 느끼거나 배우자나 가까운 사람들을 믿지 못하고 불신에 시달리는 사람들을 위해 오랫동안 기도해 왔다. 주님께 그들이 불안감과 불신에 시달리는 이유를 알려 달라고 구했을 때, 그들은 종종 태어날 때에 거부당한 느낌을 떠올렸다. 이처럼 출생 때 거부를 당하면 모든 일을 자신이 통제해야 한다는 강박증을 갖게 된다. 이런 사람은 일생 동안 자기 스스로 필요를 충족시키느라 고군분투할지 모른다.

"나를 사랑하고 내 필요를 충족시켜줄 사람은 이 세상에 아무도 없어. 그러니 그 누구도 믿을 수 없어. 나는 마음을 단단히 먹고 내 필요를 충족시키기 위해 무슨 일이든지 해야 해."

출생 때 거부를 당하면 초래될 수 있는 두 번째 결과는 인정받고 싶은 과도한 욕구이다. 그들이 전달받을 수 있는 사탄의 거짓말은 이러하다.

"나 같은 인간은 아무 존엄성도 가치도 없어. 그러니 사람들로부터 인정받기 위해서는 내가 월등히 뛰어나야 해."

이런 사람은 열등감에 시달리기 때문에 평생 사람들의 인정을 받기 위해 인생을 허비할지 모른다.

출생시 성을 축복하거나 저주하기

부모는 태어난 아기의 성을 받아들임으로써 자녀를 축복할 수도, 그것을 거부함으로써 저주할 수도 있음을 앞에서 이미 지적한 바 있다. 하나님이 주신 자녀가 딸이든 아들이든 부모가 그대로 받아들이고 기뻐하면, 아이에게는 성정체성에 대한 자기 용납과 안정감이 생긴다. 이런 안정감을 가진 사람은 거울

속에 비친 그대로 자신의 성을 받아들이고 누리면서 인생을 살아간다. 출생 때 있는 그대로의 성을 축복 받은 사람은 성장 과정이나 성인이 되어서도 성 역할에 혼란을 느끼지 않으며 동성에게 끌리지도 않는다.

하지만 태어났을 때 타고난 성정체성을 거부당한 사람은 하나님이 그를 지으실 때 잔인한 장난을 치셨다는 괴로움에 끊임없이 시달린다. 심지어 잘못된 성을 갖고 태어났다는 생각을 할 수도 있다. 하나님은 절대 여자가 남자의 몸을 입고 태어나도록 실수하지 않으신다. 그럼에도 많은 사람들이 그들의 성에 문제가 있다고 생각을 한다.

요즘은 출생 전에 이미 자녀의 성을 알 수 있다. 예를 들어, 딸을 간절히 원하는 부모들은 배 속의 아이가 아들이라는 사실에 낙심할 수 있다. 그런데 이는 의식적으로나 무의식적으로 그 실망감을 아이에게 전달할 수 있다. 어떤 부모들은 한술 더 떠 이미 지어놓은 여자 아이 이름을 섞어 아들 이름을 짓기도 한다. 이를 테면 애슐리라는 이름 대신 애쉬톤이라고 부르는 식이다.

부모가 이런 식으로 아이를 대하면 출생한 순간부터 아이는 "너는 우리가 원하는 아이가 아니란다. 우리는 너 같은 애를 기다리지 않았어. 뭔가 문제가 생긴 거지"라는 메시지를 전달받게 된다. 그러면 이 아이는 "나는 부모가 원하는 딸이 아니라서 부모의 기대를 절대 만족시킬 수 없어. 타고난 대로 살아가기란 애당초 글러먹었어"라고 믿을지 모른다. 이것은 사실이 아닌 거짓말이지만 아이는 두 가지 상충하는 메시지에 혼란을 느낀다. 하나님이 들려주시는 메시지와 사탄이 부모를 통해 들려주는 메시지가 충돌하기 때문이다.

지금까지 사람들을 섬기면서, 출생 때 그 성을 거부한 부모에 대해 딸이 반응하는 한두 가지 방식을 알게 되었다. 먼저 그들은 아버지가 원하는 아들처럼 되려고 애를 썼다. 사내아이처럼 행동하고 아버지가 좋아할 것 같은 일에만 관심을 쏟았다. 여성들이 남성적인 활동을 즐기는 이유가 이것이 다는 아니지만, 이런 경우가 아주 빈번한 것은 사실이다.

나는 딸들의 이런 행동이 종종 그들의 아버지를 기쁘게 한다는 것을 발견했다. 아버지는 딸을 낚시터나 야구장에 즐겨 데려갔고, 아들과 하고 싶었던 활동을 딸과 하면서 즐거워했다. 그래서 어린 딸은 마치 자신이 아들이 된 것처럼 착각했다. 그들은 이렇게 남자 같은 행동으로 아버지에게 칭찬을 받고 있었다.

그러나 사춘기가 되면 자신이 남자가 아니라는 사실이 분명해진다. 아버지는 예전과 달리 딸을 어린 숙녀로 대해 주어야 한다는 생각에, 딸과 더 이상 씨름을 하지 않고, 예전처럼 신체적으로 애정을 표현해 주지 않는다. 이때 딸은 그런 아버지의 행동을 거절로 받아들이기 쉽고, 이로 인해 자신의 성에 문제가 있다는 사탄의 거짓말을 믿기 시작할 수 있다.

한 여성은 자신이 여자라는 사실을 늘 경멸했고 성인이 되어서도 자신의 여성성을 숨겨 주는 옷만 골라 입었다. 실제로 그녀는 매우 아름다웠지만 누구도 그 사실을 알기를 원치 않았다. 우리가 함께 기도하던 중에 주님은 그녀의 이런 태도가 아들을 원했던 아버지로 인해 생겼음을 알려 주셨다. 하나님은 우리가 자신의 성을 부인하며 살아가는 것을 원치 않으신다. 그러나 지금도 여전히 사탄의 거짓말을 받아들이고 자신의 성을 부인하는 사람들이 적지 않다.

또한 딸이라는 이유로 축복을 받지 못한 여성들은 승부욕을 발달시킬 가능성이 높다. 남들보다 똑똑하고 뛰어나야만 용납과 인정을 받을 수 있다고 생각하기 때문이다. 그래서 성공적인 직장인이 되어야 하고 돈을 많이 벌어야 하고 온갖 스포츠에 두각을 나타내야 한다.

그런데 이렇게 되면 평생 성과에 집착하게 되고 깊은 좌절감과 싸우게 된다. 내면에 심겨진 거짓말로 인해 평안을 누리지 못할 뿐 아니라 아무리 큰 성공을 거두어도 자신을 무가치하게 여기며 고통스러워한다. 감사하게도 주님께서 그녀들 안에 뿌리 깊이 박힌 정체성의 거짓말을 제거하시고 진리로 인도해 주셨을 때 그녀들은 완전히 자유해졌다(요 8:32 참조).

딸들만 이런 경험을 하는 것은 아니다. 아들들도 동일하다. 태어날 때 부모에게 거절당한 남성은 인정받기 위해 돈이나 권력과 명예에 집착할 수 있다. 아니면 부모가 원하는 귀여운 딸처럼 되려고 노력할 수도 있다. 나는 이런 남성들이 종종 동성애자가 되는 경우를 보았다. 그들은 아버지가 원하는 딸이 되기 위해 인형 놀이 같은 여성적인 놀이에 관심을 기울인다. 그러나 이런 노력은 아무 소용이 없을 가능성이 높다. 왜냐하면 아버지는 그런 아들을 보며 더 거부감을 느끼기 때문이다. 그러면 아들은 더욱 혼란에 빠지게 된다. 사탄은 그 틈을 놓칠세라 아버지가 싫어하는 것은 그의 성뿐 아니라 그의 존재 자체라고 말한다. 아버지가 그를 싫어할 만한 부적절한 무엇인가가 그의 내면에 있다고 부추긴다.

일이 이런 식으로 전개되고 아버지가 아들을 더 심하게 거부하게 되면, 엄마가 아들을 위로하고 품어 주려고 할 것이다. 아마 어린 아들을 품에 안고 "얘야, 사랑한다. 아빠도 널 사랑해. 다만 어떻게 표현할지 모르실 뿐이야. 네게는 아무 문제가 없어. 너는 특별하고 소중한 아이야. 사랑한다"라고 말해 줄 것이다.

그러면 엄마와 아빠 중에서 이 어린 아들이 마음을 열고 애정을 표현할 사람은 누구겠는가? 아들을 힘들게 하고 꾸짖는 아빠겠는가? 아니면 너그러이 아들을 품어 주는 엄마겠는가? 당연히 엄마가 아니겠는가? 시간이 갈수록 이 아이는 여성들 주변에서 더 많은 시간을 보내게 될 것이고 더 여성적으로 변해갈 것이다. 또한 아빠는 아들과 관계를 누리기가 더 어려워질 것이다.

다행히 아빠가 아들의 남성성을 인정해 주고 남자로서 성인의 정체성을 심어 줄 기회가 찾아온다. 바로 사춘기 때이다. (이에 대해서는 8장에서 더 자세히 다룰 것이다.) 그러나 만약 아버지가 이때 아들을 축복하지 않고 더 거부한다면, 아들은 십대 초반에 동성애에 빠질 가능성이 매우 높다.

평생 아들로서 아버지의 인정과 축복을 거부당한 아들은 다른 남자에게서 인정을 받으려 할 것이다. 슬프게도 아들이 원하는 그런 인정은 동성애에 빠진 남자에게 받을 가능성이 높다. 그는 아들이 어린 시절부터 아버지에게 듣고 싶었던 말을 해 줄 것이다.

"사랑한다. 나는 네가 소중하고 자랑스럽구나. 너는 특별하단다. 너는 잘생기고 멋진 남자야. 훌륭해."

처음에는 성적 관계로 시작하지 않더라도 이내 그런 관계로 발전할 가능성이 크다. 나는 그런 사례들을 수차례 보아왔다.

그렇다면 아버지는 동성애에 빠진 아들에게 어떤 반응을 보이겠는가? 아마 더 노골적으로 그를 거부하거나 모욕할 것이다. 아버지는 아들의 정체성에 영향을 미치는 열쇠를 내내 쥐고 있었지만, 그것을 인정해 주지 않음으로써 동성애의 씨앗을 심어 준 것이다.

감사하게도 주님께서 그들 안에 뿌리 깊이 박힌 정체성의 거짓말을 제거하시고 진리를 전해 주셨을 때, 해결되는 역사가 일어났다.

이름의 중요성

우리는 이름을 통해서도 자녀를 축복하거나 저주할 수 있다. 좋은 이름은 훌륭한 인품에 대한 소망이나 자녀의 장래에 대한 부모의 소망이 담겨 있다. 히브리 문화에서는 자녀가 출생하고 8일 후에 이 의식을 거행한다. 그동안 부모는 주님의 지혜를 구하며 자녀에게 의미 있는 이름을 짓는다.

히브리 속담 중에 "이름을 모르면 정말 그 사람을 알았다고 할 수 없다"는 속담이 있다. 왜 그런가? 이름 속에 그 사람의 인품이 들어 있고, 때로 무슨 일을 하는지도 들어 있기 때문이다. 출생하고 8일 만에 자신이 감당할 소명을 받는다면 신나지 않겠는가? 성경의 많은 사람들이 바로 이런 경험을 했다. 하지만 나이가 마흔, 쉰 혹은 예순이 되어서도 자신의 소명이 무엇인지 모르는 그리스도인들이 많다.

서구 문화권에 있는 많은 사람들이 자신의 이름이 무슨 뜻인지 모른다. 밥, 슈, 샘과 같은 이름들은 원어로 풍부한 의미가 있지만, 막상 부모는 그 뜻을 모르고 부를 때가 많다. 다니엘서에서 바벨론 왕 느부갓네살이 히브리 소년들을 데려와 가장 먼저 한 일은, 바로 이름을 개명하는 것이었다. 이는 시사하는 바가 크다. 그들의 히브리식 이름은 이스라엘의 하나님 야훼를 섬기는 것과 직접적으로 연관되어 있으므로 바벨론 왕은 그 연결고리를 끊고 그가 섬기는 신들을 숭배하는 의미의 이름으로 바꾸길 원했던 것이다.

왕은 '여호와는 나의 심판자'라는 의미의 이름인 다니엘을 '바알을 섬기는 자'라는 의미인 벨드사살로 바꾸었다. 다니엘의 세 친구들 역시 바벨론 신들의 신앙이 주입되도록 개명되었다.

야곱이 아내 라헬을 통해 낳은 막내 아들도 유사한 일을 경험했다. 그녀는 출산 중에 죽었는데, 숨을 거두기 전에 아들의 이름을 '슬픔의 아들'이라는 뜻의 베노니라고 지었다. 야곱은 아내가 죽은 후 그의 이름을 '내 오른손의 아들'이라는 의미의 베냐민으로 개명했다. 야곱은 아들의 이름을 저주에서 축복으로 바꾼 것이다. 그는 이름을 통해 "너는 슬픔의 아들이 아니다.

너는 그런 이름으로 불려져서는 안 된다. 너는 내 오른손의 아들이다"라는 메시지를 전한다.

예수라는 이름은 히브리어로 '예수아'이다. 이 이름은 "여호와는 구원이시다"라는 뜻으로, 예수님의 사명을 잘 드러내고 있다. 예수님은 모든 인류에게 구원을 베푸시기 위해 이 땅에 오셨다. 그분의 소명이 그 이름 안에 녹아 있었다.

또 다른 예로, 엘리야라는 이름은 "야훼는 하나님이시다"라는 뜻이다. 엘리야 시대에 이스라엘의 아합 왕은 시돈 왕 엣바알의 딸 이세벨과 결혼을 했다. 짐작하겠지만 엣바알은 '바알의 종'이라는 뜻이다. 이세벨 역시 바알을 숭배했다. 그녀는 이스라엘 백성이 '바알이 하나님'이라는 메시지를 받아들이도록 끊임없이 부추겼다.

엘리야의 부모는 아들의 이름을 '야훼는 하나님이다'라는 뜻으로 지었다. 엘리야는 자라서 "야훼는 하나님이시다"라는 메시지를 전했다. 그의 소명은 자신의 이름(야훼는 하나님이시다)을 선포하여 백성들이 여호와께 돌아오도록 하는 것이었다.

이세벨은 엘리야라는 이름만 들어도 모욕감을 느꼈을 것이다. 그 이름을 말할 때마다 바알이 하나님이 아니라 야훼가 하나님이라고 선언하는 꼴이었기 때문이다. 엘리야의 부모는 아들을 부를 때마다 그의 영혼에 소명을 불어넣은 셈이었다. 그러니 장성한 엘리야가 갈멜산에서 바알 선지자들과 맞서 대결을 벌인 것이 당연하지 않겠는가? 그는 하나님의 메시지를 선포하며 바알의 선지자 450명을 죽이고 아세라의 선지자 400명을 도륙했다. 엘리야는 그 자리에서 하나님만이 참 하나님이심을 전했다(왕상 18장). 나는 혼자서 바알 선지자들과 싸워 이기고 이스라엘 민족이 여호와께 돌아오도록 하겠다는 엘리야의 자신감은, 출생과 함께 그의 이름으로 전해진 부모의 축복 때문이었다고 믿는다.

이와 반대로 오늘날의 부모들은 자녀들의 이름을 별다른 고심 없이 짓는 것 같다. 우리 집에서 키우는 강아지를 좋아했던 이웃집 소년이 나중에 딸을 낳아 강아지와 같은 이름을 지어주었다는 말을 들었다. 그 이름 자체는 문제될 것이 없었지만, 무슨 생각으로 그렇게 이름을 지어주었는지 이해가 되지 않았다. 당신은 딸에게 어릴 때 좋아하던 강아지 이름으로 네 이름을 지었다고 설명하는 아버지의 모습을 상상할 수 있겠는가?

출생 시에 생긴 트라우마로 받을 수 있는 저주

일반적으로 자녀는 트라우마 없이 무사히 태어날 때 축복을 받는다. 이렇게 태어난 아이는 원인 모를 두려움이나 혐오증 없이 자라나게 된다.

어떤 부모도 트라우마를 일부러 계획하지는 않을 것이다. 그러나 이것을 언급하는 이유는, 때로 두려움이나 혐오증, 강박증이 출산 중에 생기기 때문이다. 나는 아무 이유 없이 음식이 목에 걸릴까봐 무서워하고, 좁고 답답한 곳에 갇힐까봐 두려워하는 여러 사람을 만났는데, 그들을 두고 기도할 때 하나님은 사탄이 출생의 고통을 이용해 아무 근거 없는 두려움을 심어 주었다고 여러 차례 보여 주셨다.

히브리서 2장 14-15절은 사탄이 '죽음의 두려움'을 이용해 사람들을 평생 종 노릇하게 만든다고 말한다. 그러므로 성인들에게 보이는 여러 강박증적 습관과 억압은 출생할 때 생긴 죽음의 두려움이 원인인 경우가 있다. 출생 시에 죽음의 공포를 느낀 사람은 질식의 두려움이나 비행의 두려움, 아무 이유 없는 죽음의 공포를 가지고 있다. 뿐만 아니라 어머니와 정서적 유대감을 느끼지 못하거나, 학습에 어려움이 있고, 성적 욕망에 빠질 수 있다.

고대 히브리 문화 속에서 발견한 하나님의 보호 장치

태어날 때 자녀가 하나님의 메시지를 받아들일 수 있도록 하나님이 고대 히브리 문화 속에 심어 주신 세 가지 보호 장치이다.

1. 온 공동체와 가족이 아이의 출산을 기쁜 마음으로 기다리고 산모를 우선순위로 배려한다.
2. 온 공동체와 가족이 출생 후 8일째에 아이의 출생을 기념하는 의식을 치른다. 이때 랍비와 부모가 아이를 영적으로 축복해 준다.
3. 부모는 자녀의 정체성과 인생의 목적이 담긴 의미 있는 이름을 기도하며 짓는다. 그리고 그 이름을 출생을 기념하는 의식 때 발표한다.

고대 히브리 문화에서 아이의 탄생은 아주 중요하게 인식되었다. 아이가 태어나 8일째 되는 날에는 영적 권위자인 랍비가 부모와 함께 공식적으로 아이를 축복해 주었다. 아이가 사내아이라면 할례로 아브라함의 언약을 확증했다. 그러면 그의 몸에 "너는 다른 이방인들과 같지 않다. 너는 특별하며 거룩한 유대인이다. 아브라함과 이삭과 야곱의 하나님의 언약을 받았으니 절대로 언약이 없는 사람들처럼 살아서는 안 된다"라는 표식을 새기는 셈이었다.

아이가 딸이면 할례는 행하지 않아도 새 가족의 일원으로 환영한다는 잔치를 열었다. 아들과 마찬가지로 이름을 공개하고 예언자적 축복을 선포했다. 모든 사람이 자녀를 하나님의 축복으로 생각했기 때문에 출생 8일째에는 모든 일을 제쳐두고 모여 축하하는 자리를 가졌다.

오늘날 많은 부모들이 자녀를 축복하고, 하나님의 소유로 드리고, 의미 있는 이름을 지어주는 책임을 제대로 인식하지 못하는 것 같아 안타깝다. 그냥 아이를 목사나 신부 혹은 랍비에게 데려가 자신들이 할 책임을 떠맡긴다. 그러나 하나님 앞에서 그 책임을 질 사람은 목회자가 아니라 부모이다. 목회자의 일은 성도들을 대신하는 것이 아니라, 그들이 그 섬김을 감당하도록 준비시키는 것이다(엡 4:11-13).

고대 히브리 문화에서는 자녀가 태어나면 예외 없이 모두 축복을 받았다. 오늘날 우리의 문화와 참으로 다르다! 우리도 하나님이 히브리 문화 속에 두신 보호 장치들을 적극적으로 활용함으로써 우리 자녀들을 축복해야 한다.

Blessing Toolbox : 이렇게 축복하라

자녀가 태어날 때 드리는 기도를 구체적으로 수록해 두었다. 부모가 함께 기도드리는 것이 가장 좋지만, 혼자라도 괜찮다. 자녀들에 대한 영적 권위가 당신에게 있으니 그것을 마음껏 사용하라. 이 기도문은 지침일 뿐이니 가족의 상황에 맞게 내용을 수정하거나 보완해서 사용하라.

《가정에 축복의 문화를 회복하라》

자녀가 태어났을 때 원하던 성별이 아니어서 낙심했던 경우

1. 자녀의 성별을 결정해 주신 하나님을 인정하지 않은 죄를 회개하라(자녀가 없는 곳에서)

　　아버지, 하나님은 제가 아니라 당신이심을 고백합니다. 저는 아들/딸을 간절히 원하였으나 주님은 [자녀의 이름]를(을) 아들/딸로 창조해 주셨습니다. 성별을 결정해 주시는 주님의 결정권을 인정치 않았던 제 죄를 용서하소서. 제 아이가 바라던 아들/딸이 아니라서 낙심하였던 제 잘못을 뉘우칩니다. 신비롭고 귀여운 [자녀의 이름]를(을) 주님이 창조하신 그대로 받아들입니다. 아들/딸로서 [자녀의 이름]의 성정체성에 대해 표현한 어떤 저주라도 있다면 그

저주의 위력이 예수님의 이름으로 파쇄된 것을 선포합니다. 주님께 구하오니 제가 부지중에 아이의 마음에 뿌렸을 동성애의 씨를 제거해 주시고, 모든 사탄의 거짓 메시지를 주의 진리로 바꾸어 주옵소서. 십자가의 공로로 베풀어 주신 축복을 아이에게 온전히 베풀며 아들/딸인 아이의 성정체성을 축복합니다.

2. 자녀의 성정체성에 관해 축복 기도를 드리라(자녀 앞에서)

아버지, 지금 [자녀의 이름]를(을) 축복하며 소중하고 귀여운 아들/딸로 창조해 주신 주님께 감사를 드립니다. [자녀의 이름]를(을) 주님이 창조해 주신 그대로 온전히 받아들이고 축복합니다. 예수님의 이름으로 [자녀의 이름]의 성정체성을 축복합니다. [자녀의 이름]가 평생 주 예수님을 섬기기를 소망합니다.

자녀가 출산 도중에 심한 외상을 경험했을 경우

자녀 안에 있는 모든 두려움과 불안의 위력을 깨뜨리고 그의 인생을 축복하라 아버지, [자녀의 이름]를(을) 옭죄는 죽음의 공포를 예수님의 이름으로 깨뜨려 주소서. 이 아이가 죽지 않고 건강하게 살 것을 선포합니다. 주님은 십자가의 공로로 [자녀의 이름]가 인생의 목적을 온전히 감당하게 될 것을 믿습니다. 예수님의 이름으로 아이에 대한 사탄의 모략을 다 파쇄하고, 아이의 인생과 그의 소명을 하나님의 손에 의탁합니다. 주 하나님, 부모인 제가 모든 지각에 뛰어나신 주의 평강을 아이에게 늘 전하게 하소서. 아이의 인생과 그 태어남을 축복합니다. 아이가 일평생 평강과 안전함 가운데 살 것을 예수님의 이름으로 선포합니다.

자녀가 태어났을 때 거부감을 드러낸 경우

1. 자녀를 거부한 죄를 하나님 앞에서 회개하라(자녀가 없는 곳에서)

아버지, 아이가 태어났을 때 그를 받아들이지 않고 거부했던 죄를 지금 고백합니다. 그것은 분명 잘못된 행동이었고, 주님이 저희를 통해 전하기 원하셨던 메시지와도 상반된 것이었습니다. 아버지, 우리를 용서해 주소서. 오늘 아이가 태어났을 때 드러냈던 실망감과 거부의 몸짓을 회개하며 아이를 우리 가정에 주신 선물로 받아들입니다. 예수님의 이름으로 아이의 정체성을 거부한 저주와 그 위력을 깨뜨립니다. 예수 그리스도의 보혈로 아이에게 전한 성정체성의 저주를 모두 제거해 주십시오. 이제 주님의 축복을 아이에게 아낌없이 베푸오니, 이 아이가 오늘 이후로 모든 일에 형통하고 번성하게 하소서.

2. 자녀를 용납하고 축복하는 기도를 드리라(자녀 앞에서)

아버지, 지금 [자녀의 이름]를(을) 축복하며 이 아이를 아들/딸로 창조해 주신 주님께 감사드립니다. [자녀의 이름]의 출생을 기쁜 마음으로 받아들이고 축복합니다. 예수님의 이름으로 [자녀의 이름]의 정체성을 축복합니다. [자녀의 이름]야, 오늘 우리가 너를 사랑하고 환영한다는 것을 정식으로 선포한다. 너는 하나님이 우리 가정에 주신 소중한 선물이야. 우리는 네가 평생 형통하며 주 예수 그리스도를 섬기는 하나님의 사람으로 자라날 것을 선포한다.

엄마가 느낀 출산의 두려움을 아이에게 전했을 경우
아이에게 심겨진 두려움이 사라지도록, 그리고 다시는 그 위력이 드리우지 않도록 기도한 후, 자녀에게 축복을 선언하라 아버지, 제가 출산하기 전과 출산 중에 품었던 모든 두려움을 예수님의 이름으로 파쇄합니다. 출산 과정에서 온전히 주를 신뢰하지 못한 죄를 용서해 주소서. 오늘 제가 아이의 인생에 끼친 두려움의 저주를 무효화시키고 아이의 마음과 생각과 몸에 드리운 두려움의 위력을 깨뜨립니다. 아이가 두려움없이 건강하게 살 것을 선포합니다. [자녀의 이름]가 주님이 주신 인생의 소명을 잘 이루어나갈 것을 선포합니다. 지금 이 시간 아이를 옭죄는 사탄의 모든 모략을 무효화시키고 그 인생과 목적을 하나님의 손에 의탁합니다. 하나님, 저를 통해 모든 지각에 뛰어나신 주의 평강을 아이에게 전해주소서. 아이가 평생 평강과 안전함 가운데 살 것을 예수님의 이름으로 선포합니다.

유산한 후에 태어난 자녀일 경우

자녀가 자신이 아닌 누군가의 소명을 대신 감당하며 살아야 한다는 압박감과 자신이 마치 누군가의 대체물로 여겨지는 상대적 박탈감이 깨어지도록 기도하라

아버지, 오늘 [자녀의 이름]가 어느 누구의 대체물도 아님

을 선포합니다. 이 아이는 주님이 창조하신 세상에 둘도 없는 소중한 아이입니다. 오늘 우리가 [자녀의 이름]에게 두었던 모든 기대를 철회하고, 아이를 있는 모습 그대로 받아들입니다. [자녀의 이름]과(와) 유산한 아이 간에 어떤 영적인 연관성이 지어져 있다면 예수님의 이름으로 그 고리가 끊어질 것을 선포합니다. [자녀의 이름]가 하나님의 뜻 안에서 온전히 자라갈 수 있도록 우리의 기대를 내려놓습니다. [자녀의 이름]야, 네가 하나님이 주신 인생의 목적을 이루어 가도록 축복한다. 너를 사랑하고 있는 모습 그대로 받아들인다. 너는 우리 가정의 일원으로서 환영받는 존재임을 선포한다.

《이렇게 자녀를 축복하라》
자녀가 출생한 후 8일 즈음에 정식으로 축복하는 의식을 가지라

축복 의식을 통해 자녀의 가치와 성정체성, 인생의 목적을 확인해 주라. 의미 있는 이름을 지어 주고, 하나님께 아기를 봉헌하라. 이미 언급했듯이 목회자에게 부모의 책임을 떠넘기지 마라. 출산 직후, 아이를 위해 제일 먼저 기도하고 축복하는 몫은 부모에게 있다.

아버지, 오늘 [자녀의 이름]를(을) 우리 가정에 보내 주셔서 감사드립니다. 오늘 너에게 선포하노니, [자녀의 이름]야, 우리 가족은 너를 환영한다. 너는 우리 가족의 일원이란다. 우리는 절대 널 버리거나 떠나지 않을 거야. 우리는 평생 너를 사랑하고 너를 위해 기도할 거야.

우리가 네 이름을 [자녀의 이름]로 지은 이유는 이름의 뜻대로 살기를 원하기 때문이야. 하나님께서 우리에게 네가 [하나님이 자녀에 대해 알려 주신 인격적 특질이나 소명을 표현한다]할 거라고 알려 주셨단다. 주님은 또 우리에게 [하나님이 자녀에 대해 주신 예언이나 계시, 비전을 표현한다]라고 보여 주셨단다. 주님이 너를 위해 주신 성경 구절은 [주님이 주신 성경 구절을 이야기한다]라는 말씀이란다.

너는 하나님과 사람들의 축복 속에 사랑스럽게 자라갈 거야. 너는 그저 그런 아이가 아니라 하나님이 아브라함과 이삭과 야곱에게 주신 언약으로 연결된 가족의 한 사람이란다. 그러니 네 평생 축복 속에 형통함을 누릴 수 있단다. [자녀의 이름]야, 오늘 너를 주 예수님께 드린다. 네 평생 그분을 섬기고 예배하는 사람이 되거라.

태어났을 때 성별 그대로 사랑하고 인정하며 환영한다고 말하고 자녀의 모든 필요를 충족시키기 위해 최선을 다하기로 결단하라.

하나님 아버지, [자녀의 이름]를(을) 우리 가정에 소중한 선물로 주셔서 감사합니다. 이 특별한 날, 아이를 축복합니다. 아이가 건강히 잘 자라게 해 주시고, 성령으로 충만하게 해 주소서. 오늘 이 아이가 주님의 사랑과 보호하심을 느끼게 해 주소서.

안녕, 아가야. 우리는 네 엄마이고 아빠란다. 사랑한다. 그동안 네 얼굴을 직접 볼 날을 손꼽아 기다려왔는데 드디어 네 얼굴을 보게 되었구나. 정말 어여쁘고 귀엽구나. 너는 우리가 원하던 바로 그 아이로구나. 참으로 놀라우신 하나님께서 너를 이렇게 어여쁜 아들/딸로 만들어 주셨구나. 하나님이 만들어 주신 네 모습이 매우 사랑스럽구나. 오늘 하늘의 천사들과 함께 네 생일을 축하한다. 네가 이 세상으로, 우리 집으로 온 것을 환영해. 너와 만날 날을 기다리면서 너를 위한 방을 만들었단다. 네가 여기 있으니 너무나 기쁘구나. 우리는 언제나 네 곁에서 함께 하고 너를 안전하게 돌봐주고 지켜 줄 거야. 너의 필요를 모두 채워 줄 거야.

하나님은 너를 신묘막측하게 만들어 주시고 엄마의 태중에서부터 너를 구별하여 일평생 주 예수 그리스도를 섬기도록 하셨단다. 오늘 네 생명이 사탄과 모든 어둠의 영으로부터 완전히 차단되었음을 선포한다. 너는 인생의 모든 영역에서 주 예수 그리스도께 구별된 자이며 오늘과 평생의 너를 위한 그분의 계획과 뜻에 헌신된 사람임을 선포한다.

네가 만나는 모든 사람이 너로 인해 복을 받을 것이며 어디로 가든지 네 인생에 하나님의 은총이 함께 하실 거란다. 너는 누구와도 바꿀 수 없는 특별한 아이란다. 그 누구도 하나님이 만들어 주신 지금의 네가 될 수 없고, 하나님이 맡기신 일을 대신 할 수 없단다. 이곳에서 네가 언제나 안전하고 환영받는다는 사실을 꼭 알았으면 좋겠다. 네가 어떤 일을 해도 우리는 너를 버리거나 외면하지 않을 거야.

오늘 하나님의 생명으로 네 영혼을 축복한다. 지혜와 지식으로 네 생각을 축복한다. 열정과 안정감과 평온함으로 네 마음을 축복한다. 건강과 강건함으로 네 몸을 축복한다. 영과 마음과 생각이 하나님이 계획하신 그 분량까지 매사에 자라고 성장하기를 바란다. 오늘 네가 하나님의 사랑과 평강 안에 거하기를 예수님의 이름으로 기도한다.

The Power of a Parent's Blessing

Chapter 7

영아기와 유아기의 자녀 축복하기

부모가 자녀를 저주하거나 축복할 수 있는 또 다른 중요한 시기는 영아기와 유아기이다. 이 시기의 자녀는 스스로 자기 필요를 충족시킬 수 없기 때문에 매우 취약하다. 그래서 필요가 충족된다는 안정감이 없으면, 아무도 신뢰하지 못하는 성향을 갖게 된다. 그러므로 이 시기에는 꾸준한 양육과 돌봄이 중요하다. 자녀가 신뢰하는 법을 배우기 위해서는 부모가 일관성있게 행동해야 한다.

핵심적인 역할 수행자

영아기와 유아기 때 자녀를 축복하는 핵심적인 역할을 하는 사람은 엄마이다. 아빠의 역할도 중요하지만 기본적인 신뢰감을 형성하는 데는 엄마의 역할이 크다. 엄마는 아이의 말에 항상 하나님의 진리로 대답해 주어야 한다. 이렇게 해야만 아이의 영혼이 평안을 누릴 수 있다.

대답해야 할 핵심 질문

유아기에 대답이 필요한 핵심 질문은 이러하다. 내 필요를 충족시켜 줄 믿을 만한 사람이 있는가? 나를 정말 사랑하고 돌봐주는 사람, 나보다 훨씬 크고 강하며 현명한 사람이 있는가?

아기가 생존하기 위해서는 타인에 대한 신뢰가 필수적이다. 그래서 사탄은 아이가 일관성 있는 돌봄을 받지 못하도록 노린다. 그래야 죽음의 공포와 내적 불안, 생존의 불안감이 생기기 때문이다. 사탄은 아이가 '내가 의지할 사람이 아무도 없다면, 오롯이 내 힘으로 모든 필요를 채워야 한다'고 생각하기를 바란다. 그러나 아기나 유아 혼자서는 이런 필요를 채울 수 없고, 만약 그렇다면 심한 두려움 속에서 그 영혼이 쉼을 누리지 못할 것이다.

유아기와 영아기의 축복과 저주

물론 하나님은 아이들이 영아기와 유아기에 부모를 통해 강력한 축복의 메시지를 받도록 계획해 두셨다. 부모들은 이 발달 단계에서 자녀들을 저주할 수도 있고 축복할 수도 있다. 아래는 그 예들이다.

유아기의 자녀를 축복하는 경우

1. 부모는 말과 행동으로 자녀가 용납받고 환영받으며 인정받는다는 사실을 전달해 준다. 특히 엄마는 아기를 실제적으로 돌봐줌으로써 이런 메시지를 전달한다.
2. 엄마가 아기에게 젖을 물려 키우면 정서적 유대감이 커진다.
3. 엄마가 자녀의 물리적, 정서적인 필요를 충족시켜 주고 꾸준히 돌봐 주면, 아이는 필요를 충족하는데 자신 외에 누군가를 신뢰할 수 있다는 안정감을 가진다.
4. 아버지가 자주 자녀를 안아 주고 애정을 표현해 준다.

유아기의 자녀를 저주하는 경우

1. 부모가 말로나 행동으로 아이를 원치 않으며 환영하지 않는다는 메시지를 전달하고 엄마가 아기를 사랑으로 돌보지 않는다.
2. 엄마가 아기를 가슴에 품고 젖을 먹이지 않거나 안아주지 않으면 물리적, 정서적인 유대감이 생기지 않는다.

3. 엄마가 물리적, 정서적인 필요를 지속적으로 채워줄 여건이 되지 않아, 아기가 친척이나 보모 등 여러 사람의 손을 거치며 일관된 돌봄을 받지 못한다.
4. 아버지가 애정을 표현해 주지 않는다.

유아기의 자녀를 축복하거나 저주할 때 생길 수 있는 결과

아이들은 부모의 애정어린 손길과 돌봄이 필요하다. 아이를 충분히 안아 주는 등 신체적으로 접촉하면 건강한 유대감이 생기고 안정감이 생긴다. 이것은 하나님이 계획하신 축복 중 하나이다. 유아기 감각 실조의 영향을 연구하는 제임스 프레스콧 박사는 "어릴 때 누군가와 유대감이 형성되지 않으면 성인이 되어서도 유대감을 형성하기 어렵다"[1]고 말한다.

여성은 아기를 양육하기에 선천적으로 적합한 신체를 지녔다. 모유 수유를 하면 아기는 자연스럽게 충분한 신체적 접촉을 하게 된다. 하루에 몇 번씩 안고 젖을 먹이면 엄마와 아기 사이에 유대감이 자연스럽게 생긴다. 고대 히브리 문화(그리고 과거의 대부분 문화)에서는 모유 수유가 당연했다. 그러나 오늘날은 많은 사람들이 모유 수유보다 분유 수유를 더 선호한다. 그들의 한 가지 공통된 이유는, 모유 수유가 직장 생활에 지장을 주기 때문이다.

나는 사역을 하면서 영아기 때 엄마와의 신체 접촉이 부족했던 사람들이 성인이 되었을 때, 육체적 접촉과 자극에 대한 욕망에 시달린다는 사실을 발견하였다. 또 이것은 때로 성적 욕구로 나타났다. 남성의 경우에는 아내에게서 그것을 만족시키려고 했다. 그러나 결혼 관계에서의 친밀감은 이런 식으로 충족되어서는 안 된다.

상담을 하다보면 많은 아내들이 남편의 성적 욕구 때문에 부담스럽다고 은밀히 털어놓는 경우가 적지 않다. 그들은 "목사님, 저도 누구 못지 않게 성적 친밀감을 즐기지만 남편의 지나친 욕구는 부담스러워요"라고 말한다. 대개 이런 행동을 하는 남편들의 근본 원인은 아기 때 충분한 스킨십과 보살핌을 받지 못해서이다.

부모에게서 애정 표현을 충분히 받지 못하고 자란 아이들은 종종 자신들의 필요가 충족될지 확신을 못하고 의심하게 된다. 이런 일이 일어나면 사탄은 스스로 돌볼 힘이 없는 아이의 마음에 죽음의 두려움을 심어 주려 시도한다. 엄마가 충분히 안아 주고 꾸준히 돌봐 주지 않으면, 아이는 어릴 때부터 자기 힘으로 필요를 충족시켜야 한다는 생각을 하게 되고 그렇지 않으면 죽을지도 모른다는 두려움에 빠지게 된다. 아이가 의식적으로 이렇게 하는 경우는 없다. 단지 여기에는 "내 필요를 채워 줄 사람이 아무도 없어. 그러니까 내가 나를 스스로 돌봐야 해. 나 말고는 아무도 믿을 수 없어"라고 믿기 시작한다.

이런 두려움과 불안이 마음 깊이 자리잡으면, 성인이 되어서도 그것이 사라지지 않고 영향을 준다. 친구나 배우자 심지어 하나님도 믿지 못하게 된다. 그리스도께 인생을 헌신하며 "주님, 오직 주님만을 의지합니다"라고 고백하더라도, 위기가 닥치면 자기 스스로 문제를 해결하려 한다.

배우자나 하나님을 신뢰하는 데 심각한 어려움이 있는 몇몇 사람을 위해 기도한 적이 있다. 그때 성령님은, 제대로 돌봄을 받지 못한 영아기에 이 불안이 시작되었다고 알려 주셨다. 처음에 한 기혼남에게서 이 불안감을 보았을 때, 나는 그를 어떻게 도와야 할지 자신이 없었다. 그의 어머니는 돌아가셔서 세상에 안 계셨다. 그래서 모성 결핍에 대한 그의 욕구를 충족시킬 수 있는 방법을 하나님께 구했다. 주님은 오직 그분만이 그의 필요를 채워주실 수 있다는 사실을 그에게 알리라고 하셨다.

성령님은 하나님의 이름들 중 하나인 '엘 샤다이'의 의미를 깨닫게 해 주셨다. 그 이름은 '모든 필요를 다 충족시키시고도 남음이 있는 분'이라는 뜻이다. 문자적인 의미는 '젖가슴이 있는 분'이다. 그러므로 인간을 남자와 여자로 창조하신 엘 샤다이의 하나님은 모든 인간의 사랑의 결핍을 채워 주고도 모자람이 없으신 분이라 할 수 있다.

그에게 이 사실을 일러주고 엘 샤다이 하나님께 마음을 열라고 권면하자, 하나님은 그의 마음 깊은 곳을 만지사 그가 아기 때 받아야 했던 사랑과 안정감을 그 안에 채워 주셨다. 이후 그의 요동치던 육적인 친밀감의 욕구가 진정되었다.

고대 히브리 문화에서 엄마가 아이를 안고 어르고, 또 그 마음의 욕구를 충족시켜주는 일은 당연한 것이었다. 그녀들은 직장 생활을 하지도 않았고 오늘날의 수많은 엄마들처럼 25개가 넘는 활동에 참가하지도 않았다. 사회적으로는 엄마의 역할이 매우 중시되었다. 이런 분위기에서 엄마가 양육을 게을리할 가능성은 사실상 거의 없었다. 자녀 양육이 엄마의 가장 중요한 우선순위였고, 사회가 기대하는 엄마상도 그러했다.

반대로, 오늘날 우리 문화에서 모성의 가치는 지금까지 상당히 폄하되어 왔다. 전업 주부는 게으르고 비생산적이라는 인식이 압도적이며 심지어 그리스도인들조차도 육아보다 사회생활을 중시한다. 이런 문화 속에서 아이들은 엄마와 충분한 신체 접촉을 하지 못하고 유아기를 지나칠 가능성이 상당히 높다.

'엄마'라는 역할은 하나님이 주신 귀한 소명이다. 자녀의 인생을 돌보고 가꾸는 일은 엄마가 해야 할 가장 중요한 일이다.

고대 히브리 문화에서는 자녀들이 생후 1년이 지나서도 젖을 떼지 않는 경우가 다반사였다. 그래서 이때 아이들은 어머니를 신뢰하고 의지하는 법을 배웠다. 아이들이 영육 간에 강건하게 자라기 위해서는 의존과 신뢰가 필요하다. 그리고 그 필요는 엄마를 통해 충족되며, 그렇게 충족받은 아이는 타인에 대한 신뢰도가 높다.

하지만 그렇지 못한 아이는 어릴 때부터 자신의 필요를 스스로 해결하는 법을 배우게 된다. 요즘 부모들은 자녀들이 가능한 빨리 독립적이 되기를 원한다. 자녀에게 이런 기대를 하는 이유는 두 가지인데, 첫째는 그렇지 않으면 다른 사람들에 비해 뒤쳐지는 것 같기 때문이다. 둘째는 바빠서 아이들을 돌볼 마음의 여유가 없기 때문이다. 아이들이 하루라도 빨리 앞가림을 스스로 할 수 있다면 육아에 얽매이지 않고 자기 삶을 누릴 수 있다.

나는 우리가 하나님이 원래 계획하신 것과 반대로, 그리고 고대 히브리 문화가 아이들을 대하는 방식과 반대로 아이들을 대하고 있지 않나 의심스럽다. 우리는 어린 자녀들이 가능한 빨리 엄마의 손길을 의지하지 않고, 혼자서 잘할 수 있기를 바란다. 그러다가 십 대가 되면, 거꾸로 아이들의 선택을 통제하고 더 의존적이 되도록 시도한다. 하지만 이때는 하나님이 어엿한 독립체로서 자녀들이 스스로 선택할 수 있도록 계획하셨다.

기본적인 필요가 충족될 수 있다는 믿음과 안정감이 어릴 때 생기지 않으면, 십 대가 되어 부모의 조언을 거부하는 반항심으로 발전할 수 있다. 이 때문에 부모는 십 대 자녀들의 선택을 좌우하고 싶어지는 것이다. 고대 히브리 문화에서는 젖을 떼는 시기가 비교적 늦었기 때문에 자녀들은 유아기에 부모를 의존하고 기본적 신뢰감을 가지는 시간을 충분히 가질 수 있었다. 이런 자녀들은 십 대가 되었을 때 더 안정감을 누릴 수 있다. 그리고 영적으로나 정서적으로 성인이 될 준비를 훨씬 더 잘할 수 있었다.

버림당할지도 모른다는 두려움

필요를 채우고 감싸주는 엄마의 존재는 그 자체로 자녀에게 큰 축복이다. 때로 사탄은 부득이한 사정으로 엄마의 빈자리가 생긴 것을 이용해 아이의 마음 깊은 곳에 거짓 메시지를 심는다. 우리는 이런 사탄의 계략을 경계하며 가능한 빨리 그 메시지를 무효화시켜야 한다. 도움이 절실히 필요할 때 본의 아니게 엄마가 그 자리에 없었다는 이유만으로 아이의 마음 깊은 곳에는 버림당할지도 모른다는 두려움이 생기게 된다. 나는 이런 사람들을 여러 번 보았다.

질은 버림받을지도 모른다는 설명하기 어려운 강렬한 두려움에 자주 시달린다고 말했다. 그녀는 신앙심이 깊고 훌륭한 남편과 결혼 생활을 하고 있었다. 그런데 그녀는 남편이 출장을 갈 때 제발 가지 말라고 매달리곤 했다.

"당신이 안 돌아올까봐 너무나 무서워요. 비행기 사고가 날지도 모르고, 혹시 누군가 당신을 죽이려 할지도 몰라요. 납치를 당하면 어떡하죠?"

질의 남편은 아내를 안심시키기 위해 비행기의 안정성에 대한 통계까지 보여 주며 달래야 했다. 그러나 질은 여전히 두려움에 떨었다. 때로는 남편이 바람나서 자신을 버릴지도 모른다는 두려움에도 시달렸다. 남편은 다른 여성에게 마음을 준 적이 없기에 이런 아내의 의심이 매우 고통스럽고 힘들었다. 그는 의심을 살 만한 일도 한 적이 없었다. 그러나 남편이 아무리 기도하고 노력해도 질의 두려움을 진정시킬 방법은 없었다.

질과 남편은 나를 찾아와 그들의 상황을 설명해 주었다. 나는 버림받을 것이라는 두려움이 언제 시작되었는지 질에게 보여 주시도록 주님께 구했다. 주님의 응답을 기다린 지 몇 초가 지난 후, 질은 몸을 떨며 통제가 안될 정도로 울기 시작했다. 무슨 일이냐고 물었을 때 질은 성령께서 다섯 살 때의 끔찍한 경험을 떠올려 주셨다고 대답했다.

그때 질은 심장 이상으로 수술을 위해 병원에 입원했다. 부모님이 수술에 대해 걱정하는 소리를 듣고 불안감에 휩싸였지만 진짜 문제는 그것이 아니었다. 병원 측은 질의 부모가 딸 곁에서 밤을 보내도록 허락해 주지 않았다. 그래서 저녁이 되었을 때 그들은 딸을 안심시키고 집으로 갈 수밖에 없었다.

부모가 떠난 직후, 질은 심한 공포감을 느꼈다. 다섯 살밖에 되지 않은 아이가 죽을지 살지 모르는 상태에서 낯선 곳에 혼자 남겨져 있었다. 그녀는 긴 밤을 두려움에 떨며 부모님이 자기를 미워해서 버렸다는 생각을 하게 되었다. 낯선 사람들이 주사 바늘로 끊임없이 그녀를 찔러대고 입과 코와 귀에 이상한 것을 끼워댔다. 이상한 소음들을 듣고 처음 맡는 냄새를 맡으며 밤이 흐를수록 공포감은 더욱 심해졌다.

이 다섯 살 소녀는 "아빠는 어디 있지? 엄마는 어디 있어? 그분들은 나한테 관심이 없는 거야? 나를 사랑하지 않는 거야? 이제 나는 혼자야. 내가 사랑하는 사람들이, 내가 믿었던 사람들이 모두 날 버렸어!"라고 울부짖었다. 사탄은 이 기회를 놓치지 않고 "네 부모가 여기 없는 이유는 너를 사랑하지도, 돌보고 싶지도 않아서야. 그들에게 넌 중요한 존재가 아니야. 그들은 절대로 돌아오지 않을 거야. 너는 버림받았어. 너 같은 건 아무도 돌봐주지 않을 거야"라고 속삭였다.

다음 날 아침에 질의 부모가 돌아왔을 때, 그들은 밤새 아이가 그런 끔찍한 공포감에 시달렸다는 사실을 전혀 알아차리지 못했다. 그들은 이제 같이 있을 거라고, 모든 게 잘 될 거라고 딸을 안심시켜 주었지만, 그녀가 받은 마음의 상처는 사라지지 않았다. 사탄이 질의 마음 깊숙이 버림받을 것이라는 두려움을 심었고, 그것은 성인이 되어서도 사라지지 않았던 것이다.

주님께서 그때의 경험을 떠올려 주신 후에야 나는 주님께 그 깊은 두려움을 고백하도록 권할 수 있었다. 그날 질은 살아 계시고 부활하신 주 예수 그리스도를 만나는 놀라운 경험을 했고, 그분은 그녀에게 진리를 말씀하셨다. 예수님은 그녀의 두려움을 제거하시고 그분의 사랑 안에서 완전한 평강과 안정감을 누리도록 그 자리를 채워주셨다. 완전한 사랑은 두려움을 몰아낸다(요일 4:18). 질은 이후로 남편이 죽거나 출장에서 돌아오지 않을지도 모른다는 두려움을 두 번 다시 경험하지 않았다고 알려 주었다. 자기를 버리고 다른 여자에게 갈지도 모른다는 두려움도 다시는 느끼지 않았다.

질의 경험은 어린 자녀의 정체성을 축복하는 것과 부모의 존재, 그리고 그들의 따뜻한 손길과 위로의 중요성을 새삼 확인해 주었다. 부모가 아무 잘못을 하지 않았을 때에라도 사탄은 그들의 부재를 이용해 아이의 마음에 깊은 두려움을 심어 줄 수 있다. 그렇다고 걱정할 필요는 없다. 다만 경계하고 조심하면 된다. 질의 부모가 그날 밤 딸이 병원에서 심각한 트라우마에 시달렸음을 알았더라면, 그 일이 있은 직후 아이를 위해 기도하면서 사탄의 거짓말을 제거하고 주님의 진리를 받아들이도록 마음을 열게 도울 수 있었을 것이다. 그런 기도를 했더라면 성인이 되어서까지 버림받을지 모른다는 두려움에 시달리지 않았을 것이다.

고대 히브리 문화 속에서 발견한 하나님의 보호 장치

고대 히브리 문화 속에 하나님이 저주가 아닌 축복을 받도록 주신 다음 네 가지 보호 장치들을 확인해 보자.

1. 엄마는 사역이나 직장 혹은 그 외 다른 일 보다 자녀를 육체적, 정서적으로 돌보는데 우선순위를 두었다. 아이를 인생에서 가장 중요한 존재로 생각했다.
2. 아이는 늦게 젖을 뗌으로써 엄마를 깊이 의지하고 신뢰하게 되었다. 이를 통해 누군가가 자신의 필요를 충족시켜 주리라는 신뢰감이 자연스럽게 형성되었다.
3. 결혼을 언약으로, 자녀를 하나님의 축복으로 바라보는 인식이 문화 전반에 형성되어 있었으므로 자녀를 돌보고 지

원하는 것이 가정의 중요한 우선순위가 되는 안정적인 환경이 마련되었다.

4. 가족 전체가 안식일을 지켰고 안식일마다 부모는 자녀들을 축복해주었다.

이미 앞에서 언급했듯이 오늘날에는 이와 정반대의 일이 일어나고 있다. 많은 엄마들이 사회 활동에 빠져 어린 자녀의 곁을 지켜 주지 못하고 있다. 게다가 모유 수유를 하더라도 처음 몇 개월만 하고, 아이가 어서 독립하기만을 바란다.

안타깝게도 자녀들이 주님의 축복으로 여겨지지도 않는다. 부모들은 돈을 벌고 사역에 매진하고 다른 중요한 일을 해야 할 시간에 아이를 돌보는게 아깝게 느껴질 정도이다. 또한 가정에서 서로를 축복하는 시간을 꾸준히 갖지 않기 때문에 오늘날 부모가 축복해 주는 말이나 인생의 성공을 빌어 주는 말을 한 번도 들어 보지 못한 아이들도 많다. 오히려 축복보다는 야단과 꾸중을 주로 듣는다. 특히 "안 돼", "그만해", "창피해", "그러면 나빠" 등의 말을 가장 많이 듣는다.

만일 우리 가정과 공동체가 하나님이 고대 히브리 문화 속에 두신 네 가지 보호 장치를 회복한다면, 영아기와 유아기에 자녀들을 축복하기가 얼마나 쉬울지 생각해 보라. 이런 관습들이 우리 자녀들과 손자들에게 '일상적인' 풍경이 된다면 얼마나 신나겠는가? 이런 일은 지금도 가능하다. 자녀들에게 가족을 축복하는 유산을 물려주라.

Blessing Toolbox : 이렇게 축복하라

영아기와 유아기 자녀들을 위한 기도문들이 수록되어 있다. 이 기도문은 지침일 뿐이니 가족의 상황에 맞게 내용을 수정하거나 보완해서 사용하라.

《가정에 축복의 문화를 회복하라》
자녀가 입양되어 영아기 때 제대로 돌봄을 받지 못했을 경우

태어났을 때부터 돌봄을 받지 못한 경우이므로 부모는 신체적인 접촉을 통해 애정을 확인해 주어야 한다. 아이에게 충분한 애정과 스킨십을 표현하라.

하나님 아버지, [자녀의 이름]를(을) 주셔서 감사합니다. 이 아이는 우리에게 큰 축복입니다. 엘 샤다이의 하나님, 전능하신 하나님께 구하오니 [자녀의 이름]의 마음을 주님의 사랑으로 충만하게 채워 주소서. 이 아이의 마음 깊은 곳을 만져 주셔서 사랑받고자 하는 모든 갈망을 채워 주소서. 주님의 팔로 감싸 안으사 주의 풍성한 사랑과 돌보심을 경험하도록 해 주소서.

기도를 마친 후 조용히 주님께서 아이에 대한 사랑을 확인

해 주시도록 기다리라. 기도하는 가운데 아이를 꼭 껴안아줄 수도 있다. 이 기도는 정기적으로 반복할 수도 있다. 주님 앞에서 잠시 기다린 후 다음의 축복을 해 주어도 좋다.

〔자녀의 이름〕야, 오늘 네 영아기와 유아기를 축복한다. 하나님을 너의 하나님으로, 모든 필요를 채워주시는 분으로 믿는 놀라운 확신과 초자연적인 안정감이 함께 하도록 너를 축복한다. 네가 절대 혼자가 아니라는 것을 알 수 있도록 축복한다. 전능하신 하나님이 네 평생 동행하실 것이며 무엇을 하든지 그분을 신뢰할 수 있단다. 사랑한다. 어린 네 마음이 하나님의 축복으로 완전한 평강 안에 거할 것을 선포한다.

자녀가 이미 성인이 되었다면 지금이라도 이 기도를 받겠느냐고 먼저 물어 보라. 주님은 성인이 된 자녀의 마음을 사랑으로 깊숙이 만져 주실 수 있다.

자녀가 사랑을 신뢰하는 데 어려움이 있음을 깨달은 경우

아버지, 아들/딸이 어렸을 때 필요한 사랑과 돌봄을 채워주지 못했던 잘못을 지금 고백합니다. 주님, 잘못했습니

다. 그때 이 아이를 제 인생의 우선순위로 삼지 못했던 죄를 회개합니다. 제 힘으로는 아이가 받은 상처를 되돌릴 길이 없습니다. 그러나 주 예수 그리스도께서 저의 모든 죄와 단점, 과오와 실수에 대해 값을 지불해 주셨습니다. 아버지, 제 잘못으로 아이가 정체성의 저주를 받았거나 마땅한 축복을 받지 못했다면 지금 구하오니 아이의 마음을 사랑과 돌보심의 손길로 만져 주소서. [자녀 이름]가 주님을 의지하고 사람들을 신뢰할 수 있게 하소서. 주님께서 제가 할 수 없는 그 일을 아이의 마음속에 해 주실 것을 믿습니다.

¨유아기에 자녀의 정체성을 저주하는 잘못을 저질렀을 경우

아버지, 어릴 때 아이의 정체성을 저주했던 죄를 지금 고백합니다. 주님, 잘못했습니다. 주님의 대리자로서 그때 아이의 인생에 주님의 메시지를 전하지 못했던 죄를 회개합니다. 제 힘으로는 아이가 받은 상처를 되돌릴 길이 없습니다. 그러나 주 예수 그리스도께서 제 모든 죄와 단점과 과오와 실수에 대해 이미 값을 지불해 주셨습니다. 아버지, 제 잘못으로 아이가 어린 시절에 정체성의 저주를

받았거나 마땅한 축복을 받지 못했다면 지금 구하오니 아이의 마음을 사랑과 돌보심의 손길로 만져 채워주소서. [자녀 이름]가 주님을 의지하고 사람들을 신뢰할 수 있게 하소서. 주님께서 제가 할 수 없는 그 일을 아이의 마음속에 해 주실 것을 믿습니다.

《이렇게 자녀를 축복하라》

부모는 축복의 유산을 물려줄 수 있다. 아래 단계대로 영아기와 유아기의 자녀들을 축복해 주고 또 가정에 축복의 문화를 조성하라.

1단계 : 매주 축복하는 시간을 정하라. 가족 식사를 마친 후 축복의 시간을 갖는 방법을 추천한다.

2단계 : 아기를 자주 안아 주라. 모유 수유를 하면 엄마와 자녀 사이에 안정적인 유대감이 생길 수 있다. 가능하면 엄마가 품에 안고 젖을 먹이는 것이 좋다. 부모가 함께 아이를 안아 주고 적절한 애정을 표현해 줄 때 아이는 밝게 자란다. 자녀에게 사랑 표현을 자주 하고 축복하는데 인색하지 말라.

3단계 : 자녀의 필요를 채워 주는 일을 인생의 우선순위로 세우라. 이렇게 하면 자녀의 마음에 타인에 대한 기본적인 신뢰감이 형성된다. 또 이렇게 할 때 가정에 축복의 문화를 마련하기 쉽다.

4단계 : 하루에 여러 번 자녀를 축복하는 말을 해 주라. 매일 아래처럼 자녀를 축복할 수 있다.

〔자녀의 이름〕야. 오늘 네 영혼육을 축복한다. 하나님께서 너의 모든 필요를 채워 주시리라는 큰 믿음과 초자연적 안정감이 네게 임하도록 기도한다. 사람들을 신뢰하고 네가 결코 혼자가 아니라는 것을 알 수 있도록 너를 축복한다. 하나님은 언제나 너와 동행해 주실 거야. 전능하신 하나님이 일평생 네 곁에서 함께 해 주실 거란다. 그러니 무슨 일을 하더라도 그분을 의지할 수 있단다. 〔자녀의 이름〕야. 나이가 들어갈수록 지혜와 키가 자라고 하나님과 사람 앞에서 더욱 사랑스러워지려무나. 사랑한다. 네가 일평생 범사에 형통하도록 축복한다.

Chapter 8
사춘기 자녀 축복하기

축복해야 하는 인생의 중요한 일곱 시기가 모두 중요하지만 자녀 축복에 가장 결정적인 영향을 끼치는 시기 중 하나가 사춘기이다. 사춘기는 자녀가 성인의 정체성을 갖기 시작하는 때이다. 이 결정적인 시기에 남자나 여자로서 형성된 내적 이미지는 자녀의 미래에 큰 영향을 미칠 것이다.

핵심적인 역할 수행자

축복의 각 단계마다 부모의 역할이 모두 중요하지만 사춘기에는 아버지가 자녀를 축복하는 핵심적인 역할을 맡는다. 사춘기 이후로 십 대 시절에는 아버지가 하나님이 사용하시는 핵심적인 대리자로 자녀의 성정체성을 확인해 주고 삶의 목적을 준비하도록 도와준다.

예전에는 각 나라마다 소년을 어엿한 남자로, 소녀를 어엿한 여성으로 선언하는 전통이나 의식이 있었다. 하지만 지금은 그런 통과 의례가 거의 없어 졌다.

예전에는 아버지가 자녀와 엄마 사이에 형성된 심리적 탯줄을 자르고 성인으로서의 정체성과 운명을 준비하도록 돕는 전통이 있었다. 아버지들이 자녀를 출산하기에 적합하지 않은 것처럼 엄마들 역시 천성적으로 이런 일을 하기에 적합하지 않다.

하나님은 부모 각자가 자녀의 인생에서 완전히 다른 역할을 맡도록 하셨다. 엄마들은 출산과 양육이라는 두 가지 중요한 일을 맡는다. 아빠들은 자녀의 성정체성을 세워 주고 성인으로서의 삶을 준비시켜 주는 역할을 한다.

나는 많은 부부들이 첫째 아이가 사춘기가 되기 직전에 이혼을 한다는 점을 눈여겨 살펴보았다. 왜 그럴까? 나는 이것이 십 대 자녀들의 인생에서 아버지를 떼어놓으려는 사탄의 구체적인 전략이라고 믿는다. 아버지는 아들이 남자가 되고 딸이 여성이 되도록 돕는 하나님의 기름부음을 받은 대리자이다. 그런데 이때 아버지와 자녀가 분리되면, 사탄은 또래들, 영화 등 여러 환경을 이용해 정체성에 관한 핵심 질문에 거짓되고 파괴적인 메시지를 심을 수 있다.

이혼하면 보통 자녀들은 어머니와 함께 살게 된다. 십 대 초반의 자녀는 종종 아빠와 살고 싶다는 말을 해서 엄마에게 큰 충격을 주기도 한다. 그래서 "세상에, 어떻게 네가 아빠와 살고 싶다고 할 수 있니? 아빠는 교회도 다니지 않는 알코올 중독자야. 아빠와 사는 것은 미친 짓이야"라고 자녀에게 말할지 모른다.

그러나 십 대 자녀는 본능적으로 자신에게 필요한 무엇인가가 아빠에게 있음을 안다. 그 무엇인가는 바로 아버지의 축복이다. 안타깝게도 자녀의 마음속에 이런 필요가 있음을 이해하는 어머니는 거의 없다. 자녀가 성인기를 맞도록 돕는 책임을 아빠에게 맡기신 분은 하나님이시다. 그런데 오늘날 이혼을 쉽게 선택함으로써 하나님의 뜻을 거스르고 있다. 아버지들이 자녀와 교감하지 못하도록 격렬한 영적 전쟁이 벌어지고 있는 것이다.

"보라 여호와의 크고 두려운 날이 이르기 전에 내가 선지자 엘리야를 너희에게 보내리니 그가 아버지의 마음을 자녀에게로 돌이키게 하고 자녀들의 마음을 그들의 아버지에게로 돌이키게 하리라 돌이키지 아니하면 두렵건대 내가 와서 저주로 그 땅을 칠까 하노라 하시니라"(말 4:5-6).

이 성경 구절은 어머니의 마음을 자녀에게로 돌이키게 한다고 말하지 않고 아버지의 마음을 돌이키게 한다고 말한다. 왜 이런 표현을 사용했겠는가? 어머니의 마음을 자녀에게로 돌이키게 하는 것은 어렵지 않다. 사실 어머니가 자녀를 마음에서 내려놓는 일이 더 어렵다. 하지만 아버지가 자녀들과 정서적으로 교감하는 일은 어렵다. 자녀들보다는 자신의 승진, 돈, 스포츠 등에 더 집착을 보이기 쉽다. 그래서 말라기의 이 말씀은 하나님이 아버지들의 마음을 자녀들에게로 향하도록 만들어 주실 것이라고 말하는 것이다.

앞에서 언급했지만 예수님도 하늘 아버지의 축복을 받으신 후에야 공생애를 시작하셨다. 그렇다면 오늘날 우리에게 아버지의 축복을 받는 일은 얼마나 중요한 것이겠는가?

그렇다면 싱글맘은 어떻게 해야 하는가?

"그럼, 저는 어떡해요? 우리 아이들은 어떻게 해야 축복을 받고 성인기를 준비할 수 있나요?"라고 물으며 당혹스러워할 싱글맘들이 있을 것이다. 어머니는 평생 자녀들을 축복할 수 있지만 이 역할만은 할 수 없기 때문이다. 이것은 아버지의 몫이다.

그러나 걱정하지 마라. 하나님은 이 역할을 대신 해 줄 남자들을 준비해 두셨다. 당신은 신앙심이 돈독한 할아버지나 삼촌,

목사님이나 선생님에게 그 역할을 해 달라고 부탁할 수 있다. 주변에 성인으로서의 정체성과 소명을 준비하도록 아이에게 축복 기도해 줄 사람이 누구인지 주님께 여쭈어 보라.

어떤 엄마들은 신자가 아니라는 이유로 자녀들을 축복하는 아버지의 역할을 인정하지 않는다. 그가 하나님을 모르거나 흠이 있을지라도 아버지로서 역할을 무시하는 것은 지혜로운 태도가 아니다. 하나님은 여전히 그를 이용하셔서 자녀들에게 의미 있는 축복을 베풀어 주실 수 있다.

사춘기 자녀를 축복하는 의식에 아버지로서 흔쾌히 참여하겠다고 나서는 남편을 보고 놀랐다는 증언을 나는 많은 어머니들로부터 들었다. 어떤 이들은 심지어 누군가는 무책임하고 신앙도 없는 남편을 하나님이 강력하게 사용하셔서 자녀를 축복하셨다는 말도 해 주었다. 그러니 지금 별거 중이거나 이혼했더라도, 남편에게 자녀들을 축복하는 의식에 참여해달라고 물어보라. 자녀의 장래를 형통하게 하기 위해 하나님이 사용하실 열쇠는 여전히 아버지의 손에 있다.

아이들의 아버지가 자녀들을 축복할 의사가 없거나 생존해 있지 않다면 이때는 교회가 개입해야 한다(약 1:27 참조). 교회 안에 경건한 남성들이 그들의 아버지가 되어 주어야 한다. 많은 목회자들이 이렇게 함으로써 그들의 인생이 변화되는 열매를 거두었다고 말해 주었다.

싱글맘들이여, 그러니 절망하지 마라. 다만 주님께 언제, 어떻게 그리고 누구를 통하여 자녀들을 축복하길 원하시는지 여쭈어라.

대답해야 할 핵심 질문

사춘기 때 대답이 필요한 핵심 질문은 이러하다. 성인이 되기 위해 필요한 것을 내가 얻을 수 있는가? 성인으로서 내 소명을 이룰 자격이 내게 있는가?

사춘기는 신체적으로 정서적으로 지적으로 큰 변화가 일어나는 매우 불안정한 시기이다. 이 시기에 사탄이 심어 주고 싶어 안달하는 메시지는 다음과 같다.

"너는 어른이 되기에 필요한 자질이 하나도 없어. 넌 아직 또래 애들처럼 발달이 되지 않았어. 그러니 어른이 되지 못할 거야."

이 시기에는 학교에서 또래들이 보는 가운데 옷을 갈아입어야 할지 모른다. 그때 아이들은 서로의 몸을 훔쳐보거나 때로는 신체 발달 정도를 두고 대화를 하기도 한다. 사탄은 다른 아이들을 혹평하는데 이용할 아이가 없는지 계속 주시한다. 이때 하나님은 아이가 마음에 품은 질문에 명쾌하게 대답해 줄 수 있는 아빠가 아이의 곁에 있기를 원하신다.

"아니, 너는 멋진 어른이 될 거야. 너는 더 이상 어린아이가 아니야. 어엿한 남자/여자야. 아무 모자람 없이 필요한 모든 것을 다 갖추고 있어."

남자와 여자는 자신의 가치와 만족감을 매우 다른 시각으로 인식한다. 그래서 아버지로부터 대답을 듣고 싶은 마음의 질문도 각기 다르다. 남자가 "제가 자격이 될까요?"라고 물으면 보통 다음과 같은 내용을 확인하고 싶다는 뜻이다.

내가 맡은 일을 잘 해낼 능력이 있나? 이루어야 할 인생의 목적은 무엇이지? 의미 있는 어떤 일을 할만큼 혹은 그 목적을 이룰 만큼 똑똑하고 유능한가? 내 능력을 인정해 주고 그것에 대한 보상을 지불해 주는 사람이 정말 있을까? 인생의 목적과 대의를 함께 이루어 갈 아내를 만날 수 있을까? 아내를 만족시켜 주고 보호해 줄 능력이 있는가? 만약 쓸모없는 인간이 되면 어떡하지?"

반면 여자는 이러하다.

"남자가 나를 얻기 위해 목숨을 걸 정도로 나는 매력이 있나? 목숨을 바쳐 나를 사랑해 줄 남자가 있을까? 아니면 내가 뚱뚱하고 못생겨서 아무도 거들떠보지 않으면 어떻게 하지? 혹시 평생 외롭게 살아가지는 않을까?"

이런 질문들에 대해 아버지는 사춘기 자녀들의 마음에 하나님의 대답을 심어 줄 수 있다. 일반적으로 딸은 이 시기에 아버지와 어떻게 관계를 맺느냐에 따라 미래의 남편상이 정해진다. 그리고 아들은 상사와 동료들에 대한 기대감이 달라진다.

사춘기 자녀를 축복하고 저주하기

각 문화마다 사춘기 청소년들을 성인으로 인정하는 의식과 전통이 있다. 전통이나 의식의 내용은 문화마다 차이가 있지만 축복의 기본 요소들은 비슷하다.

사춘기 자녀를 축복하는 경우
1. 부모는 행동을 교정하는 경우라도 자녀의 정체성과 행동을 분리한다.
2. 자녀가 아버지에게 생각과 기분, 경험을 자유롭게 이야기할 수 있도록 분위기를 조성한다.
3. 아버지는 축복을 통해 자녀가 어린 시절에서 벗어나 엄마로부터 독립하고 올바른 성인으로 서도록 돕는다.
4. 아버지가 자녀가 성인으로 당당히 서도록 주도적으로 돕는다.

사춘기 자녀를 저주하는 경우

1. 부모가 행동을 교정할 때 자녀의 정체성을 모욕하고 저주한다.
2. 이혼이나 무관심, 사망 등의 이유로 아버지가 자녀와 마음을 터놓고 삶을 나누지 못한다.
3. 아버지가 자녀를 축복하거나 독립시키지 않으며 자녀의 정체성이 여전히 엄마에게 매여 있다.
4. 자녀의 신체적 변화에 대해 아버지가 수치스러워하거나 당혹스러워하는 태도를 보인다.
5. 자녀에게 육체적, 정서적, 성적 학대를 가함으로써 고통을 준다.

사춘기 자녀를 축복하거나 저주할 때의 결과

사춘기 자녀가 아버지에게서 정체성과 인생의 목적을 분명하게 전수받는 것은 하나님의 뜻이다. 나는 이 일이 공개적이고 의식적인 축복의 형태로 행해져야 한다고 믿는다. 이것은 자녀가 온전한 성인으로 자랄 수 있는 힘을 주고, 유년기와 심리적으로 잘 결별하게 해 줄 것이다. 아버지는 자녀에게 이 축복을 전하도록 부르심을 받았다.

히브리 전통에서 성년이 되는 자녀는 바르 미츠바(아들) 혹은 배트 미츠바(딸)라 불린다. 이는 '계명의 아들, 딸'이라는 뜻이다. 새 언약의 문화에서 사용할 만한 용어를 주시기를 주님께 구하고 있던 중에 나는 '축복의 아들/딸'이라는 뜻의 히브리 구절, 바르 바라카(bar barakah)/배트 바라카(bat barakah)를 우연히 알게 되었다. 이 구절은 사춘기의 자녀들을 축복하는 문화를 전체 문화의 공식적인 일부로 받아들인 공동체에서 많이 유행한다. 그러나 사춘기 자녀를 축복하는 것을 가정과 공동체 문화의 일부로 시행할 수 있다면 그 용어를 무엇이라고 부르는지는 그렇게 중요하지 않다.

사춘기 자녀를 축복할 때 중요한 세 가지 핵심 요소는 교훈, 의식, 축하이다. 블레싱 툴박스에서 각 요소를 더 자세히 살펴보기로 하고, 여기서는 의식에 대해 개념적으로 살펴보기로 하자.

'의식'(儀式)의 가치를 회복해야 한다

오늘날 현대 문화는 '의식'의 가치를 상실했다. 공개적으로 어떤 의식을 치른다는 것은 인생의 한 단계와 이별하고 새로운 단계로 진입하는 효과가 있다. 공개적으로 치르는 결혼식은 독신 생활을 마치고 두 사람이 함께 하는 결혼 생활로 들어감을 알리는 역할을 한다. 나는 하나님이 사춘기 때 치르는 의식을 통해 자녀가 어린 시절과 이별하고 성인으로서의 삶을 내딛도록 배려하셨다고 생각한다.

성인식을 치르는 문화 속에서 자란 청소년은 어린 시절과의 영적, 정서적 결별을 통해 인생의 새로운 단계로 나아갈 수 있다. 예를 들어, 정통 유대교 문화에서 십 대 소년에게 "너는 남자니?"라고 물으면 그는 분명하게 가부를 말한다. 왜 그럴까? 남자로서 공식 인정을 받는 의식(바르 미츠바)을 치렀기 때문이다. 이 의식을 치르면 복장이 달라지고 이전에 갖지 못한 특권과 책임을 감당하게 된다. 대부분의 경우 그 의식을 계기로 삶의 태도도 달라진다.

반면 성인식을 치르지 못한 청소년은 성인이 되어서도 어린아이 같은 행동을 여전히 한다. 그들에게 "언제 어른이 됩니까?"라고 묻는다면 사람마다 대답이 제각각일 것이다. "열여덟 살 때입니다", "스물한 살 때요", "운전면허증이 나왔을 때요", "결혼했을 때입니다", "처음으로 성관계를 했을 때지요", "아이를 낳았을 때입니다" 등. 그러나 핵심은 아무도 모르고 있다.

하나님은 아버지의 축복 의식으로 영적이고 정서적으로 소년이 남자가 되고 소녀가 여자가 되도록 계획하셨다. 이런 축복을 받지 못한 사람들은 평생 자신이 어른인지를 확인하고 싶어 한다. 자녀의 심리적 탯줄이 아버지가 주도하는 축복 의식으로 끊어지도록 하나님이 계획해 두셨기 때문에 그런 감정은 아무리 나이가 들어도 쉽사리 사라지지 않는 것이다. 예순이 되어서도 화난 어린 소년의 심리로 행동하다가 아버지의 축복을 받고서야 어엿한 성년임을 확인했던 루이스의 이야기를 기억할 것이다. 그날 루이스는 난생 처음으로 자신이 어엿한 어른이라고 느꼈다. 하나님은 50년 전에 그 일이 이루어지기를 원하셨지만, 불행히도 그의 가족은 그리스도인이었음에도 불구하고 축복의 문화 속에 자라지 못했다.

어떤 문화에서는 왜곡된 방법으로 그 일을 담당한다. 예를 들어, 어떤 사람은 아버지가 술을 사준 뒤 창녀와 하룻밤을 지내며 성관계를 시작하도록 해 주었다고 말했다. 이런 아버지들의 행동은 남자로서 자신감을 갖게 하는 것이 아니라 죄책감과 수치심, 중독으로 이끄는 것이다.

사춘기에 아버지로부터 성인이 되는 축복을 받지 못한 사람들은, 자신이 아직도 어린아이에서 벗어나지 못했다는 자괴감을 털어내기 위해 여러 일을 시도한다. 갱단의 일원이 될 수도 있고, 군대에 지원하거나 지나치게 운동에 빠질 수 있고, 사업적인 성공을 거두고자 애쓸 수도 있다. '진정한 여자'가 되기를 원하는 여자도 비슷한 일을 시도할 수 있다. 남자를 유혹하려고 야한 복장을 한다거나 재정적으로 안정된 지위나 직업적인 성공을 추구할 수도 있다. 하지만 그 어떤 것도 아버지의 축복을 대체하거나 어린 시절의 불안감을 없애주지는 못한다.

고대 히브리 문화 속에서 발견한 하나님의 보호 장치

하나님은 사춘기 자녀들이 축복을 받도록 고대 히브리 문화 속에 두 가지 보호 장치를 주셨다.

1. 사춘기 때 시행하는 성년식
2. 모세 율법(토라) : 부모는 자녀의 행동과 정체성을 분리한다. 행동을 통제하고자 정체성을 저주하지 않고, 선택할 자유를 허락하되 결과에 책임을 지게 하는 방식으로 자녀들을 양육하고 가르친다.

고대 히브리 문화에서 모든 가정은 자녀에게 성인의 정체성을 확인해 주는 의식을 치렀다. 그때 아버지가 자녀를 축복하면 공동체는 공식적으로 그를 성인으로 받아들였다. 아들은 이 의식을 예외없이 치렀지만, 딸은 그렇지 않았다. 그러나 딸들도 이런 의식이 필요하다.

하나님은 아버지의 축복을 이용하셔서 자녀의 내면에 성인으로서의 올바른 성정체성을 각인시켜 주신다. 오늘날 성인식을 행하는 히브리 문화나 다른 문화들을 보면 성에 대한 혼란은 거의 없는 것 같다. 하지만 현대 문화에서는 성인들조차 성정체성에 매우 혼란스러워하는 모습을 보인다.

하나님이 고대 히브리 문화 속에 심어 주신 두 번째 보호 장치는 모세 율법(토라)의 문화적 수용이었다. 하나님은 성경의 첫 다섯 권으로 그분의 통치 체계를 전반적으로 설명해 주셨다. 그분의 통치 체계는 선택에 따른 결과를 책임지는 방식이 두드러진다(신 30:19). 하나님은 계명과 교훈을 주시고 그것을 위반할 때 결과를 규정해 줌으로(잠 6:23) 정체성과 행동을 분리하는 법을 부모에게 가르쳐 주셨다. 그래서 자녀의 행동을 통제하는 사탄의 방식이 아닌, 하나님의 통치 방식을 사용하는 문화에서 성장한 사람은 더 많은 기회를 가졌다.

오늘날 많은 부모들이 십 대 자녀들의 행동을 통제하는 사탄의 방식을 사용하고 있다. 하지만 이제는 다음 세대를 위해 달라져야 한다.

Blessing Toolbox : 이렇게 축복하라

사춘기 자녀들을 위한 기도문들을 소개하고자 한다. 지금 자녀들이 사춘기를 훌쩍 지나 그들을 축복할 기회를 놓쳤다면, 우선 치유 기도로 시작할 수 있다. 그리고 이어서 사춘기 자녀를 축복하는 방법을 구체적으로 살펴볼 것이다.

《가정에 축복의 문화를 회복하라》
자녀들이 이미 성년이 되어 기회를 놓쳤다 하더라도
자녀들을 성인으로 독립시키는 의식을 계획하라.

자녀는 여전히 아버지가 축복을 통해 성인의 정체성을 선포해 주기를 원한다. 딸이나 아들이 현재 몇 살인지는 문제가 되지 않는다. 예순다섯 살에 아버지의 축복을 받고 인생이 달라진 루이스를 기억해 보라. 부모나 성인이 된 자녀가 살아 있는 한, 아무것도 늦지 않았다. 자녀가 이미 성인이라면 다음 단락에서 소개할 요소 중 몇 가지는 생략해도 좋다. 가령 자녀 교훈 시간이 대표적이다. 각 가정의 상황에 맞게 유연하게 적용해 보라. 축복 의식을 실행하고 축하를 해주는 것 자체가 가장 중요한 것이다.

사춘기 자녀를 축복하기는커녕 저주했다면, 사탄의 대리인이 되어 자녀의 인생에 사탄의 메시지를 심은 죄를 회개하라.

먼저 회개하고 자녀를 성인으로 인정하는 축복 의식 계획을 세우라. 아래 기도를 참고해서 자녀를 저주한 죄를 하나님께 회개하라.

아버지, [자녀의 이름]가 사춘기 때, 그의 정체성을 저주하고 그의 가치를 폄하했습니다. 또한 주님의 메시지를 전해주지 못했습니다. 아버지, 우리의 죄를 예수님의 보혈로 덮어 주소서. 아이들에게 성인으로 인정하는 의식을 제대로 이행하지 않은 우리의 게으름을 용서해 주소서. 만약 지금 성인으로서의 정체성에 저주의 위력이 드리워 있다면 이제 그 위력을 깨뜨리겠나이다. 주님, 구하오니 지금 [자녀의 이름]의 영에 여성/남성으로서의 바른 모습에 대한 진리를 선포해 주소서. [자녀의 이름]가 더 이상 어린아이가 아님을 선포합니다. 엄마의 어린 아들/딸이 아니라 어엿한 남자/여자임을 선포합니다.

《이렇게 자녀를 축복하라》
여기서는 사춘기 자녀를 축복하는 방법에 대해 설명할 것이다. 사춘기 자녀를 축복하고 성인의 정체성을 선언하는 축복 의식은 세 가지 핵심 요소가 꼭 포함되어야 한다고 앞에서 지적한 바 있다.

《교훈》

아들이든 딸이든 사춘기 자녀의 축복 의식에는, 부모가 준비하는 시간과 자녀에게 유익한 교훈을 주는 시간이 포함된다. 이 시간은 의식만큼이나 중요하다. 불행하게도 우리는 부모에게 이런 식의 교훈을 받아본 적이 없어서 자녀들에게 무슨 말을 해 주어야 할지 잘 모른다. 그러므로 자녀가 결혼할 때 목사에게 주례를 부탁하듯이 먼저 그를 찾아가 상의하는 것도 도움이 될 것이다.

그러나 이미 지적했듯이 자녀를 교훈하는 책임은 목회자가 아니라 부모에게 있다. 목사에게 그 일을 떠넘겨서는 안 된다. 하나님 앞에서 자녀를 훈계하는 책임을 다했는지 직고할 사람은 바로 부모이다.

나는 이 교훈을 주도하고 책임질 사람은 아버지라고 믿는다. 하지만 가능하다면 아버지와 어머니가 함께 이 일을 하라. 하나님은 자녀를 교훈할 수 있는 아름다운 기회의 문을 만들어 두셨다. 바로 사춘기가 시작되는 첫 해나 그 이태 전이다. 하나님의 섭리하심으로 열한 살이나 열두 살 정도가 되면 대부분의 아이들은 부모로부터 어른이 되는 것이 무엇인지 배울 준비가 된다. 이때 아이들은 시기적으로 부모의 가르침에 매우 순응적이며 여러 과외 활동에 크게 몰두하지 않는다. 또한 여전히 부모와 함께 하는 시간을 좋아한다.

정보를 주고 가르치는 것이 중요하지만 이 교훈의 시간은 주입식 교육보다 관계를 쌓고 멘토링을 하는데 집중해야 한다. 이 교훈의 시간은 자녀가 여러 가지를 준비하는 데 목적이 있다.

1. 안정적인 성인의 정체감이 생기도록
2. 개인적인 소명 의식을 비롯해 삶의 목적과 의미에 대해 분명한 의식이 생기도록
3. 축복 의식에서 어엿한 어른이라는 생각을 정서적으로 인정할 수 있도록
4. 축복 의식이 끝난 이후, 성인으로서 스스로의 영적 건강을 책임질 수 있도록
5. 평생 정서적으로 성적으로 순결함을 지키도록

이제 부모가 자녀와 실제적으로 교훈의 시간을 갖는 방법을

살펴보도록 하자. 부모의 중요한 책임 중의 하나는 자녀가 성에 대해 나이에 맞는 지식을 갖도록 하는 것이다. 사춘기를 앞둔 자녀와 대화가 필요한 중요한 주제들이 많지만 특별히 성과 신체 변화에 대한 대화가 중요하다. 일반적으로 이런 대화는 매우 어색하다. 그래서 성에 관한 대화는 일회성이 아니라 자녀의 성장기에 꾸준히 나누는 것이 좋다.

나는 아들이든 딸이든 성에 관한 정보는 일차적으로 아버지에게서 듣도록 하나님이 계획하셨다고 믿는다. 또래들이나 다른 성인, 비디오나 웹사이트, 영화에서 성에 대한 왜곡된 정보를 받아서는 안 된다. 자녀의 성교육은 두 부모가 모두 참여하는 것이 중요하지만, 특히 자녀가 성인의 정체성을 받아들이도록 준비할 때는 아버지가 이 주제에 대해 여러 차례 터놓고 이야기하는 것이 좋다.

딸과 성에 대해 이야기해야 할 때 많은 아버지들이 이 일을 엄마에게 미룬다. 이런 태도는 바람직하지 못하다. 이미 지적했듯이 이 중요한 시기에 아버지가 딸과 관계를 형성하는 방식은, 영적으로 정서적으로 딸이 남편과 관계를 맺는데 중요한 기준이 된다. 아버지가 딸의 성문제와 여성성을 수치스럽게 여기거나 당혹스러워서 회피한다면, 딸은 미래의 남편에게도 동일한 시선을 갖게 될 것이다. 바로 이런 이유로 아버지가 딸과 성에 대해 이야기하는 일이 정말 중요하다.

사춘기를 앞둔 아들과 성에 대해 대화할 때 아버지는 다음과 같이 이야기할 수 있다.

"아들아, 네게 곧 신체적인 변화가 생길 거야. 생각이나 마음에도 마찬가지야. 전에는 해 본 적 없던 생각이 떠오르기도 하고, 전에는 느껴본 적 없던 감정이 생길 수도 있어. 신체 일부에서는 전에 안 보이던 털이 나고 수염도 생길 거야."

"아들아, 얼마 있으면 다른 사람들에게 네가 어떻게 보일지, 특별히 여자 애들에게 어떻게 보일지 크게 신경이 쓰이기 시작할 거야. 지금은 무슨 소리인지 이해가 안 되겠지만 지금 아빠가 하는 말을 잘 귀담아 들었으면 한단다. 여자 애들과 사귀고 싶은 생각이 들고 성적으로 끌리는 느낌이 생길 거야. 아들아, 이런 변화들은 사탄이 준 것이 아니라 하나님이 주신 거란다. 이성에게 끌리는 것은 그 자체로 두려운 것도 불결한 것도 아니란다. 좋고 순결한 거야."

"하나님은 네가 이성에 끌리도록 창조하셨어. 하지만 아들아, 이성에 끌리는 것과 욕정은 다른 거란다. 성적인 생각을 어떻게 처리할지 모르면 욕정으로 발전할 수 있어. 그것은 하나님이 주신 것이 아니라서 네 인생에 해로워. 아들아, 아빠가 이런 이야기를 하는 것은 아빠도 그런 생각이나 감정을 경험해 보았기 때문이야. 그런 생각이나 감정을 예수님께 말씀드리고 맡기는 법을 가르쳐 주고 싶구나. 아들아, 그런 생각이나 감정이 생기면 아빠한테 솔직히 말해 주면 좋겠다. 아빠는 네가 그 문제를 적절히 다루도록 도와줄 수 있단다. 알겠니? 네 사춘기를 아빠가 함께 했으면 좋겠다."

아버지는 딸에게도 비슷한 이야기를 해 줄 수 있어야 한다.

"애야, 이제 너도 훌쩍 커버렸구나. 곧 네게 많은 변화가 일어날 거야. 전에 한 번도 하지 않았던 생각을 하게 되고 이전에 없었던 감정도 생길 거야. 또한 남자 아이들에게 성적으로 끌리게 될 거야. 이런 감정은 잘못된 것도 틀린 것도 아니란다. 하나님이 주신 자연스러운 감정이란다. 성관계는 더러운 것도 불결한 것도 아니야. 하지만 성적인 생각과 감정을 예수님께 맡겨드리는 법을 배우지 않으면, 사탄이 하나님이 주신 이 끌림을 욕정으로 바꾸려 시도할 거야. 욕정은 더럽고 매우 파괴적이란다."

"하나님이 너를 예쁘게 만들어 주셔서 앞으로 흑심을 품은 많은 남자들이 너를 유혹하려고 다가올지 몰라. 그들에게서 너를 보호해야 한다는 생각이 들 수도 있어. 하지만 하나님은 남자들의 욕망으로부터 너 혼자 스스로를 보호하기를 원하지 않으신단다. 하나님은 네 마음의 순결과 성적 순결을 보호해 줄 보호자로 아빠를 지정해 주셨단다. 그러니 어떤 남자가 네게 추파를 던지거나 우정 이상의 관계를 가지자고 하면 아빠 명함을 주고 나와 약속 시간을 정하도록 하렴. 기꺼이 만나서 그가 하나님이 미래의 결혼 상대자로 주신 사람인지 확인해 볼게."

"애야, 앞으로 네 몸에 많은 변화가 나타날 거야. 전에 보이지 않던 털이 나기 시작하고 또 갑자기 생리가 시작될 거야. 아빠하고 이런 이야기를 나누기가 다소 당황스러우리라는 걸 잘 알아. 하지만 이런 일은 절대 이상한 일이 아니고 정상이라는 것을 알았으면 좋겠다. 네 몸에 그런 변화가 생길 때 무서워하거나 네가 죽을 병에 걸렸다거나 죽을지도 모른다는 생각을 해서는 안 돼. 그런 변화는 정상이야. 여자가 된다는 표시로 하나님이 주신 거란다. 생리를 하면 아이를 낳을 능력이 생기는 거야. 그러니 생리가 시작될 때, 무서워하거나 당황해 할 필요가 없단다. 네 몸에 이런 변화가 생기면 엄마와 나는 너를 축하해 주고 싶구나. 그건 네가 더 이상 어린아이가 아니고 어엿한 여성이 되었다는 표시니까."

이렇게 대화를 하게 되면 이후로도 자녀들과 열린 관계를 지속할 수 있다. 이런 관계가 구축될 때, 아이들이 성인의 정체성과 인생의 목적을 감당해 가도록 계속 축복해 주고 안내해 줄 수 있다. 내가 성에 관한 대화를 소개하는 것처럼 보이지만 그것만이 내 의도는 아니다. 앞으로 부모들이 자녀들과 이런 대화를 할 기회를 가능한 많이 가지도록 돕는 것이다.

《의식》

몇 개월에서 길게는 일 년 동안 지속될 수 있는 교훈의 시간은 축복 의식으로 아들이나 딸을 성인으로 공식 인정할 때 정점에 달한다. 이 의식은 자녀가 어린 시절과 정서적으로 단절되도록 도와준다. 이 의식은 안 해도 그만인 사소한 것이 아니다. 그러므로 그에 걸맞게 아주 중요한 행사로 치러져야 한다. 유대 문화에서 이 의식은 결혼식 못지않게 중요한 행사로 받아들여진다. 로버트 루이스는 「현대의 기사 키우기」(Raising a Modern-Day Knight)라는 책에서 의미 있는 축복 의식의 네 가지 핵심 요소를 다음과 같이 소개한다[1].

   1. 대가를 치른다. 아무 대가도 지불하지 않는 일은 아무리

중요하다고 떠들어도 하찮은 일이라는 인상을 준다. 다윗 왕은 여부스 사람 아라우나의 타작 마당에 여호와의 제단을 세우고 싶었다. 아라우나는 왕에게 그 타작 마당을 바치겠다고 했지만 "그렇지 아니하다 내가 값을 주고 네게서 사리라 값 없이는 내 하나님 여호와께 번제를 드리지 아니하리라 하고 다윗이 은 오십 세겔로 타작 마당과 소를" 샀다(삼하 24:24). 다윗은 값을 치러야 가치 있다는 의미가 전달될 수 있다고 믿었던 것이다. 물론 이것은 축복 의식에 몇 만 달러씩 써야 한다는 뜻이 아니다. 다만 값을 치르는 것이 중요하다는 것이다.

2. 중요한 가치를 부여한다. 부모는 축복 의식을 통해 자녀에게 "넌 소중해. 이 순간이 참 소중하구나"라고 공식적으로 선포하는 것이다.

3. 의미 있는 상징물을 사용한다. 자녀에게 성인식을 상징하는, 손으로 만질 수 있는 증거물을 주어 보관할 수 있도록 한다. 반지나 목걸이도 좋고 옷이나 증명서나 다른 상징물도 좋다. 원시인들 중에는 의미 있는 의식을 치를 때 몸에 흔적을 내기도 하는데, 개인적으로 나는 오늘날 젊은이들이 바디 피어싱을 하는 이유가 성인의 정체성

을 확인해 주는 아버지의 축복의 결여라고 믿는다. 바디 피어싱과 문신은 아버지에게 받았어야 하는 남성성이나 여성성의 특별하고 가시적인 축복에 대한 갈망의 한 표현일 수 있다.

4. 인생의 비전을 선사한다. 기억에 남는 의식은 변화의 순간을 선사한다. 자녀에게 "이제 너는 이전과 같지 않을 거야. 이제 새로운 시기로 진입하는 거야"라는 메시지를 강하게 전달하라. 예수님이 요단 강에서 세례를 받으실 때 이런 일이 일어났다. 유대인의 바르 미츠바 의식에서도 결혼식장에서도 바로 이런 일이 일어난다. 우리는 자녀들에게 축복 의식으로 "이제 네 인생은 완전히 달라질 거야. 어린아이와는 영원히 작별이야"라고 말해 주어야 한다.

요즘 일부 교회에서 유행하는 한 가지 전통이 있다. 바로 주말에 숲 속에서 열리는 '부자(父子) 리트릿'이다. 이를 통해 아버지는 아들을 남자들의 세계로 인도하고 환영하는 기회를 가진다. 어떤 공동체는 딸들의 여성성을 축복하는 의식의 일환으로 '공주 무도회'를 열기도 한다. 남성성이나 여성성의 세계로 여행을 떠나는 경험은 매우 중요하기에 나는 이런 행사들이 상당히 의미 있다고 생각한다. 또한 가족의 울타리를 넘어 교회 공동체 속으로 들어가는 이런 축복의 문화를 확산시키는 일 역시 중요하다.

    나는 부모들, 특히 아버지의 축복뿐 아니라 자녀 당사자의 헌신도 이 축복 의식에 포함되어야 한다고 믿는다. 다음은 축복 의식에 포함하면 유익하다고 생각되는 몇 가지 헌신과 축복의 예이다. 이 예들은 아내와 내가 아들 조쉬와 조니의 축복 의식 때 실제로 사용한 것을 일부 수정한 것이다. 아들이든 딸이든 각자 사정에 맞게 내용을 수정해 사용할 수 있다.

자녀 헌신문의 예

1. 남은 인생을 주 예수 그리스도께 드립니다. 제 자녀를 주님께서 원하시는 남자/여자로 만들어 주시기를 원합니다.
2. 하나님이 은혜를 주시는 대로 주님이 기뻐하시는 인생을 살고자 헌신합니다. 성경을 믿음과 행실의 절대적 기준으로 받아들이고 어떤 결정을 할 때마다 성경에 비추어 하겠습니다.

3. 이성과 순결하고 경건한 관계를 갖기로 결단합니다. 세상적인 만남이 아니라 경건한 우정과 파트너십의 원리를 충실히 지키며 관계를 갖겠습니다. (이 개념에 대해서는 9장에서 상세히 다룰 예정이다.)
4. 오늘 성인식을 맞아 부모님을 앞으로도 변함없이 존중하고 두 분을 내 인생의 인격적 성숙과 발전을 위해 하나님이 주신 대리자로 받아들이기로 결단합니다.
5. 돈을 내 힘으로 벌어야 하는 것이 아니라 하나님이 주신 선물로 생각할 것을 결단합니다. 또한 하나님이 주실 모든 재정적 자원을 청지기로서 충실히 관리할 것을 결단합니다. 특히 오늘 이후로 맘몬의 신을 배격하고 오직 예수 그리스도만이 모든 필요를 채우시는 분으로 받아들입니다.
6. 내 인생에 합법적인 모든 권위를 존중하기로 결단합니다. 부모님과 선생님, 목사님, 정부의 지도자들을 존중하기로 결단합니다. 특히 하나님을 떠나 살고자 하는 반항적 태도나 생활을 배격하고 자유 의지를 지닌 한 개인으로 살아가되 권위 아래 순종하고 권위를 행사하기로 결단합니다.

7. 지금까지 제가 좋아하는 성경 구절은 _____ 입니다.

부모 헌신문의 예

1. 네게 하나님의 인생 원리를 계속 가르칠 거야.
2. 앞으로도 변함없이 너를 사랑할 거야. 네가 어떤 잘못을 하더라도 우리는 너를 사랑해. 너는 언제까지나 우리의 아들/딸이야.
3. 항상 네 말에 귀기울이고 시간을 내서 너와 함께 할 거야. 네 고민을 판단하거나 나무라지 않고 네 말을 귀기울여 들어주고 하나님이 힘을 주시는 대로 네 인생을 축복하는데 최선을 다할 거야.
4. 너를 위해 시간을 정해 두고 기도할 거야. 하나님의 뜻이 네 인생 가운데 이루어지고 네게 주신 삶의 목적이 이뤄지도록 계속 기도할 거야.
5. 네 배우자를 하나님이 정하신 때에 택해 주시도록 너와 함께 기도할 거야. 하나님이 보내시지 않은 사람이 네 배우자가 되지 않도록 너를 보호하겠다고 약속해.
6. 열린 대화와 이해하는 마음으로 너를 존중하고자 앞으로도 최선을 다할 거야. 하나님이 은혜를 주시는 대로 늘

네 정체성과 행동을 분리해 바라보고, 네 행동을 징계하더라도 너를 한 인격체로 존중하도록 노력할 거야.
7. 우리와 사는 날 동안 주님의 도우심으로 네 나이에 맞는 올바른 훈육을 실시하며 네가 성장하도록 훈련하여 네가 인생의 목적을 감당할 수 있도록 도울 거야.

아버지의 축복 기도의 예

많은 사람들이 내게 축복 의식에서 아버지가 자녀를 위해 드리는 축복 기도의 예를 알려 달라고 요청한다. 기도는 성령의 인도하심을 따르는 것이 가장 좋으나 참고가 될 만한 몇 가지 지침과 축복 기도 예문을 소개하고자 한다.

바르/바트 바라카에서 느리는 축복 기노문에는 최소한 나음의 다섯 가지 요소가 포함되어야 한다.

1. 성정체성에 대한 확인
2. 성인으로 공식 인정함
3. 바람직한 자질에 대한 기원
4. 자녀에 대한 예언적 선포
5. 부모가 구체적으로 자녀를 축복하는 내용의 선언

아버지는 아들을 위해 아래와 같은 축복 기도를 드릴 수 있다.

하나님 아버지, 아들 밥을 주셔서 감사합니다. 밥, 이제 너는 더 이상 어린 아이가 아니란다. 오늘로 너는 어엿한 어른이 되었단다. 이제 하나님의 아들로서 인생의 목적을 이루는데 필요한 준비가 다 갖추어졌단다. 땅에 기초가 놓이기 전에 전능하신 하나님이 네가 어엿한 남자가 되도록 다 계획해 두셨단다. 하나님이 너를 남자로 만들어 주셨으니 굳이 남자가 되려고 애쓸 필요가 없단다. 오늘 우리는 하나님이 네 속에 이루어 주신 것을 공개적으로 인정하는 것 뿐이란다.

아이의 자질에 대해서도 구체적으로 인정해 주라. 가령 다음과 같이 하면 된다.

밥, 하나님이 너를 매우 똑똑하게 만들어 주셨구나. 네게는 논리정연한 말솜씨와 복잡한 개념도 이해하기 쉽게 간단 명료화시키는 능력이 있어. 주님이 그 능력을 통해 복음을 전하는 일에 너를 크게 사용하실 것이라고 나는 확신한단다. 또한 너는 사람들의 갈등을 중재하는 데 탁월하더구나. 네게는 적절한 말로 사이가 나쁜 친구들을 화해시키며 돕는 능력이 있어. 사람들의 갈등을 해결하고 가르치는 이런 일에 하나님이 너를 크게 들어 사용하실 거라 믿는다. 아들아, 하나님이 너를 우리 가족으로 주셔서 얼마나 기쁜지 모른단다. 너는 참 대견한 아들이야. 사랑한다. 오늘 네가 참 자랑스럽구나. 하나님의 지혜와 정서적 안정감, 성적 순결함과 배우자로서 정절이 네게 있도록 축복한다. 하나님께서 네가 하는 모든 일에 지금처럼 형통하도록 복을 주시고, 네 평생 주 예수 그리스도를 섬기기를 바란다. 오늘부터 너는 엄마의 어린 아들이 아니라 권위와 책무를 다하는 어엿한 어른이 되었음을 공식으로 선포한다. 밥, 오늘 하나님과 이 증인들 앞에서 네 아버지로서 네가 남자가 되었음을 선포한다. 사랑한다. 아들아, 그리스도께서 주신 인생의 대의를 감당하도록 너를 주님께 내어드린다.

《축하》
어떤 의식도 축하 잔치 없이 마무리되지 않는다. 바르/바트 바라카 축제는 결혼식 피로연과 아주 비슷하다. 이에 대해 여러 제안을 할 수 있지만 각자의 문화에 맞게 자녀의 성년식 축하 잔치를 계획하면 된다.

나는 이 잔치가 결혼식 피로연처럼 열려야 한다고 믿는다. 정찬을 대접할 수도 있고 가볍게 간식만 대접할 수도 있다. 어떤 경우이든 케이크를 준비하는 게 좋다. 하객들은 선물이나 부조금(교육비나 선교 여행비로 사용할 수 있도록)으로 성년이 된 아이를 축복하는 게 통상적이다. 또 특송을 준비하거나 음악을 연주하는 찬양단을 섭외해도 좋다.

식사를 하고 잠시 교제를 나눈 후에는 하객들에게 자녀를 축복하는 기회를 줄 수 있다. 이때 당신의 자녀를 향한 축복의 메시지나 하객들과 자녀 간에 얽힌 추억에 대해 이야기해 달라고 부탁할 수도 있다. 어떤 내용이든 그것은 자녀를 축복하고 격려하는 말이어야 한다. 아이를 당혹스럽게 하거나 무시하거나 수치스럽게 하는 말은 적절하지 않다.

여기에서 나눈 모든 내용은 참고용일 뿐이므로 각자 가정과 공동체 사정에 맞게 축복의 전통을 세워가야 한다. 이것 자체를 하는 것이 중요하지 방법은 부차적인 문제이다. 그러므로 '제대로' 해내겠다는 욕심에 너무 많은 시간을 허비하지 말기를 바란다. 하나님께 자녀를 어떻게 축복해야 하는지 여쭈어 보라. 그러면 주님께서 인도해 주실 것이다.

The Power of a Parent's Blessing

Chapter 9

결혼하는 자녀 축복하기

이제 자녀의 인생에서 중요한 여섯 번째 축복의 시기를 다루게 되었다. 이 축복은 결혼할 때 하나님이 베풀도록 계획하신 것이다. 모든 자녀가 다 결혼하도록 하나님의 부르심을 받지는 않았다. 하지만 대부분이 이 부르심의 대상이 되는 것은 사실이다. 사춘기가 어린아이에서 벗어나 어른이 되는 중요한 순간이라면, 독신으로 살다가 결혼을 하는 시기 역시 사춘기 못지 않게 중요한 순간이다. 나는 하나님이 결혼할 때 양가 부모의 축복을 받도록 계획하셨다고 믿는다. 그러나 오늘날 여러 가지 이유로 부모의 축복 없이 결혼하는 이들이 적지 않다.

핵심적인 역할 수행자

자녀의 결혼을 축복하고 자녀가 배우자와 하나 되도록 돕는 일에는 부모 모두 핵심적인 역할을 맡는다. 부모에게는 자녀를 축복하면서 품에서 떠나보낼 힘과 저주하면서 붙들고 있을 힘이 있다. 그래서 부모가 결혼 준비 과정에 참여하는 것이 매우 중요하다. 부모가 자녀를 축복하고 자신의 품에서 내려놓는 성경적 역할을 이해한다면, 새로 인생을 출발할 부부가 독신 생활을 접고 결혼을 생활 하기가 훨씬 더 수월할 것이다.

대답해야 할 핵심 질문

이 시기에 대답해야 할 핵심 질문은 이렇다. "나는 정말 사랑받을 만한가?" "나를 사랑하고 숨을 거둘 때까지 나와 한 언약을 충실히 지킬 사람이 있는가?" 이 질문은 하나님이 대답해 주실 수도 있고 사탄이 대답할 수도 있다. 결혼 생활은 평생의 언약이므로 많은 사람들이 배우자를 선택하는데 큰 두려움을 느낀다.

부모들은 이 시기에 자녀들에게 이렇게 대답해 줄 기회를 갖는다.

"맞아. 너는 아내/남편이 되기에 완벽하게 준비되어 있어. 영적으로 정신적으로 육체적으로 필요한 것을 다 갖추었어. 우리는 네가 태어난 날부터 하나님이 예비하신 사람을 배우자로 만나게 해 달라고 기도해 왔고, 이제 드디어 그 짝을 만났구나. 때가 되어 준비해 주신 사람을 만났으니 네 결혼과 두 사람이 함께 할 여정을 축복해 주고 싶구나."

불행하게도 많은 부모들이, 하나님이 짝을 선택해 주신다고 실제로 믿지 않거나 자녀가 아직 결혼할 준비가 되었다고 생각하지 않아 진심으로 자녀의 결혼을 축복해 주지 못한다. 그래서 마지못해 축복하든지 아니면 축복을 보류하든지 하는 딜레마에 봉착한다.

고대 히브리 문화에서는 부모의 축복을 받지 않고는 결혼 자체가 불가능했다. 이것은 하나님이 두신 보호 장치로, 그만큼 하나님이 부모의 축복을 중요하게 여기셨다는 것을 알 수 있다. 성경의 히브리 문화에서 부모들은 자녀들의 배우자 선정에 깊이 관여했다. 어떤 경우에는 자녀에게 선택할 기회를 주지 않고 부모가 일방적으로 배우자를 정하기도 했다. 부모들이 배우자를 선택해 주었기 때문에 실상 결혼의 성사 여부는 부모에게 달려 있었다.

나는 여기서 우리도 중매 결혼을 회복해야 한다고 주장하는 게 아니다. 부모가 자녀의 결혼을 축복하는 것이 꼭 필요한 절차임을 강조하고 싶은 것이다. 나는 개인적으로 오늘날의 현대 문화에서도 자녀들이 연애를 하고 배우자를 선택하는데 부모가 동참하기를 하나님이 원하신다고 믿는다. 부모와 자녀가 함께 기도하고 하나님을 구하는 가운데 예비해 두신 배우자를 주시도록 인도 받는다면, 부모가 이 과정에 참여하지 않을 때보다 자녀의 결혼을 축복할 기회가 훨씬 많아진다. 반면 자녀들이 부모와 상관없이 연애를 하고 배우자를 고른다면, 배우자에 대한 하나님의 계획을 놓칠 가능성이 훨씬 커진다.

결혼하는 자녀에 대한 축복과 저주

결혼할 때 부모의 축복은 새로 출발하는 부부가 인생을 성공적으로 영위하도록 돕는데 큰 역할을 한다.

결혼하는 자녀를 축복하는 경우
1. 결혼식 일자에 대한 자녀의 의견과 선택을 받아들인다.
2. 양가 부모 모두 결혼식에 참석해 자녀들의 결혼을 축복한다.
3. 양가 부모가 사위나 며느리를 가족의 일원으로 기쁘게 받아들인다.
4. 양가 부모가 영적으로나 정신적으로 자녀들이 독립하여 아내/남편으로서 새 가정을 꾸리도록 품에서 기쁘게 떠나 보낸다.

결혼하는 자녀를 저주하는 경우
1. 자녀가 선택한 결혼 상대자나 결혼식 일자를 거부한다. 배우자를 잘못 선택했고, 결혼 생활이 오래 가지 않을 것이라고 악담한다.
2. 양가 부모 중 어느 한 명이라도 결혼식에 참석하지 않거나 자녀의 결혼을 축복해 주지 않는다.
3. 사위나 며느리로 인정하지 않고 가족으로 받아들이지 않는다.
4. 영적으로나 정신적으로 자녀를 독립시키지 않음으로써 새 가정을 꾸리지 못하도록 방해한다.

결혼하는 자녀를 축복하거나 저주할 때의 결과

이제 결혼할 때 축복을 받거나 저주를 받을 때 어떤 결과가 초래되는지 살펴보도록 하자.

자녀들은 양가 부모의 축복 속에 결혼할 때, 깊은 안도감과 안정감을 느낀다. 부모에게 무엇인가를 증명하려 애쓸 필요도 없다. 편안한 마음으로 성령님의 인도하심을 구할 수 있다.

반면 부모가 자녀들의 결혼을 저주하면, 자녀들은 심한 반발심을 일으키게 된다. 그래서 부모가 지적하는 문제들에 대해 스스로 증명하려고 애를 쓴다. 가령 부모가 "이 결혼은 반 년도

못 갈 거다", "너는 사람을 잘못 골랐어", "넌 아직 어려서 결혼할 수 없어"라는 말을 한다면, 자녀들은 부모의 말이 틀렸음을 어떻게든 증명하려고 할 것이다.

이처럼 부모들이 자녀의 정체성을 저주하는 말을 하면, 자녀의 영혼은 절대로 평강을 누릴 수 없다. 자녀가 부모의 말이 틀렸음을 입증하려고 애를 쓰면, 결혼 생활에 대한 성령님의 인도하심을 온전히 누릴 수 없다. 오히려 부모의 말이 틀렸음을 입증하고 싶은 충동을 끊임없이 받게 된다. 뿐만 아니라 부모의 축복 속에 결혼을 하지 않았기 때문에 부모와 친밀한 관계를 누릴 수가 없다. 이것은 앞으로 태어날 자녀들과 부모와의 관계에까지 부정적 영향을 끼친다.

축복은 자유를, 저주는 속박을 준다

부모가 성인 자녀의 결혼을 축복하지 않을 때 생기는 또 다른 부정적인 결과는, 출가한 자녀가 부모를 제대로 떠날 수 없다는 것이다. 그러면 배우자와 한 몸이 되기 어렵다. 축복은 자녀에게 부모를 떠날 수 있는 영적이고 정신적인 힘을 부여하는 반면, 저주는 자녀의 마음을 부모에게 구속시킨다. 나는 오랫동안 수천 명의 부부들을 도우면서 부부간에 많은 갈등이, 배우자 중 누군가가 부모를 떠나지 못해 온전한 연합을 이루지 못하는

데 원인이 있음을 알게 되었다. 부모를 떠나지 않으면 부부가 온전히 연합할 수 없다. 여기서 떠남은 지리적인 떠남이 아니라 영적이고 정신적인 떠남을 말한다.

하나님은 남자들이 부모의 축복으로 확고한 남성적 정체성을 확인한 후에야 아내를 이끌어 주고 보호하고 대신 싸워줄 수 있도록 만드셨다. 그러나 부모의 축복을 받지 못한 남자는 보통 아내에게서 남성적 정체성을 확인하려고 한다. 그런 남자는 아내를 이끌어 주거나 보호해 주고 대신 싸워줄 수 없다. 자신을 보호하는데만 급급하고 아내와 자주 싸우며 가장으로서의 책임을 쉽게 내팽겨 친다.

하나님은 여자가 자신을 보호해 줄 남편을 의지하도록 계획하셨다. 남편이 이 역할을 해 줄 때 아내는 그를 존경하고 순종할 수 있다. 그러나 부모의 축복을 받지 못한 여자는 아버지를 신뢰할 수 없었으므로 남편을 불신하는 경향이 강하다. 이런 불신 때문에 남편을 존경하지도 않고 순종하지도 않는다. 스스로를 보호하고 남편과 자주 싸우며 가정에서 남편의 권위를 폄하하거나 가로채려고 한다.

나는 성인 부부들을 섬기면서 자녀의 마음이 부모에게 구속되는 일차적 기제는, 자녀의 판단하는 마음과 원망이라는 것을 알게 되었다. 히브리서 12장 15절은 마음의 원망(쓴 뿌리)이 자신을 더럽힐 뿐 아니라 다른 사람들까지 더럽힌다고 말한다. 어떻게 이런 일이 벌어지는가?

불행하게도 인간의 마음은 카메라와 같아서 내면 깊숙한 곳에 초점을 맞춘 상(像)을 복제한다. 사자에게 카메라 초점을 맞추면서 코끼리 사진이 나오기를 바라거나 기대할 수 없다. 아무리 코끼리를 원해도 그렇게 되지 않는다. 이처럼 마음도 초점을 맞춘 그대로 나온다. 즉, 판단하고 원망하는 마음이 있으면 그것에 초점을 맞추게 된다. 그래서 어린 시절부터 부모의 축복을 받지 못하고 자란 자녀는 부모를 판단하게 되고 마음으로 부터 멀어지게 된다.

만약 자녀가 부모에 대한 부정적인 상을 지닌 채 결혼하게 된다고 가정해 보자. 그렇다면 자신이 원하든 원하지 않든 마음에 있는 그 부정적인 상태로 자신도 살아가게 될 것이다. 더 나쁜 경우는 부모의 부정적인 상을 통해 배우자를 바라보게 되고, 그로 인해 배우자가 부모와 똑같은 부류일지도 모른다고 무의식 중에 판단할 수 있다. 그러면 마음에 뿌려진 이 원망의 씨앗 때문에 판단 대상이던 부모의 부정적인 상을 배우자에게 투사할지 모른다.

뿌린 대로 열매를 맺는다

다음을 가정해 보자. 마리라는 젊은 여성은 걸핏하면 남을 비난하고 판단하는 아빠를 보면서 자신은 절대 아빠 같은 남자와 결혼하지 않겠다고 장담한다. 톰이라고 하는 젊은 남성은 무절제하고 뚱뚱한 엄마를 보면서 자신은 절대 엄마처럼 뚱뚱한 여자와 결혼하지 않겠다고 맹세한다.

이런 두 사람이 만나 결혼을 한다. 톰은 마리의 아빠와 달리 매우 친절하고 포용적이다. 마리는 톰의 엄마와 달리 아름다운 외모에 요리 솜씨 또한 일품이다. 매일 저녁 훌륭한 요리로 상을 차린다. 그러나 그녀의 요리는 살이 쉽게 찌는 고칼로리 음식이 대부분이라, 그녀의 체중이 조금씩 불어난다. 톰은 자신도 모르게 엄마의 상을 통해 아내를 바라본다. 그래서 아내가 체중이 조금만 불어나도 놀라서 예민하게 반응한다.

마리 역시 아빠의 상을 통해 남편의 말을 듣는다. 남편의 비난에 상처를 받은 마리는 매우 감정적인 반응을 보인다. 그래도 남편은 체중에 대해 과도한 반응을 멈추지 않는다. 둘 사이에 언쟁이 벌어진다.

남편의 비난에 스트레스를 받은 마리는 오히려 간식까지 먹게 되면서 체중이 더 늘어난다. 그러자 톰은 훨씬 더 경악스러워 하며 마리를 압박한다. 그래서 또 심한 언쟁이 이어진다. 만약 톰과 마리 각자가 부모에게 매여 있다는 사실을 모르고 회개하지 않는다면, 계속적으로 더욱 서로를 괴롭히게 될 것이다.

한때 우리 가족은 세 번째 남편과 이혼을 앞둔 한 여성과 이웃으로 산 적이 있다. 세 명의 남편과 결혼 생활을 한 소회를 물었을 때, 그녀는 조금도 망설이지 않고 그들이 친정 아버지와 똑같은 중독 증세와 심각한 역기능을 보였다고 말해 주었다. 나는 이 세 사람이 결혼 전에도 그랬냐고 물었다. 그녀는 첫 남편은 어느 정도 그랬지만, 다른 두 남편은 결혼 전에 전혀 그런 식으로 행동하지 않았다고 말했다.

나는 그녀에게 왜 아버지와 똑같은 부정적인 모습을 갖고 있는 세 남자와 결혼했냐고 물었다. 그녀는 "제가 사람을 볼 줄 몰랐던 것 같아요."라고 대답했다. 나는 그녀의 이야기를 들으면서 "원인을 제공한 당사자가 바로 당신이라는 생각은 안해 보셨습니까? 씨를 심을 밭이 무엇인지는 그리 중요하지 않습니다. 당신이 이 사실을 깨닫고 다루지 않는다면, 아버지를 향한 판단과 원망의 씨가 매번 똑같은 열매를 맺을 겁니다"라고 말해 주고 싶었다. 하지만 불행히도 그녀는 진실을 받아들일 준비가 아직 되어 있지 않은 것 같았다.

우리 엄마하고 똑같군!

한 부부의 사례를 소개하고자 한다. 남편을 편의상 짐이라고 하자. 그는 자신이 싫어하던 어머니의 모습을 아내에게서 발견하게 되었다. 짐의 아내는 나를 찾아와 도움을 구했다. 짐을 정말 사랑하지만 여러 이유로 이혼을 고려 중이라고 했다. 그녀는 짐이 가정에서 어떤 책임도 지지 않는다고 말했다. 은행에서는 집을 압류하기 직전이었다. 하지만 은행 융자금을 갚을 돈이 모자라서가 아니라, 짐이 그 돈을 갚는데 관심이 없었기 때문이라고 그녀는 설명했다.

짐은 공과금을 지불하고 마당을 정리하는 것, 자동차를 관리하고 겨울에 눈을 치우는 것이 자신의 할 일임을 알았다. 하지만 실제로 그 일을 하나도 해 주지 않았다. 그래서 짐의 아내는 그 일을 다 떠안아야 했고 이미 심신이 크게 지친 상태였다.

나는 그 다음 주에 짐을 만났다. 처음에는 결혼 생활이 어떠냐고 물었다. 그는 "여느 부부들처럼 기복이 있지만 서로를 정말 사랑하고 있고 안정적이며 만족스러운 결혼 생활을 하고 있습니다. 저는 아무 불만 사항이 없습니다"라고 대답했다. 그의 말은 아내와 상당한 차이가 있었다. 내가 "당신 아내는 지금 이혼을 생각하고 있네"라고 말해 주었을 때, 짐은 큰 충격을 받았다.

나는 그의 무책임함에 대해 그의 아내가 말해 준 대로 가감 없이 들려주었다. 그는 자신이 가정사에는 '아무 생각 없이' 살아왔음을 솔직하게 인정했다. 나는 짐과 함께 먼저 시간을 관리하고 목표를 세우는 작업을 해보기로 했다. 그러나 아무리 노력해도 그는 집안에서 책임져야 할 일을 제대로 해내지 못했다. 나는 그의 아내의 좌절감이 이해가 되었다.

그러다가 훨씬 더 깊은 뿌리가 있다는 사실을 깨닫게 되었다. 그와 함께 기도드릴 때, 그의 어머니에 대해 몇 가지 질문하고 싶은 마음이 들었다. 그러자 그때부터 문제의 해답이 보이기 시작했다. 짐의 어머니는 누나를 편애했고 그런 어머니의 행동은 그에게 "너는 아무것도 제대로 할 수 없는 바보"라는 메시지를 전달했다.

짐의 어머니는 그가 무슨 일을 하면 끊임없이 그 일을 다시 해서 '바르게' 해 놓았다. 예를 들어, 그에게 저녁 식사 상 차리는 것을 도와달라고 부탁하고는 어느 틈에 돌아와서 자신의 마음에 들도록 다시 상을 차리는 식이었다. 또한 실수하는 것은 무슨 일이 있어도 반드시 피해야 하는 끔찍한 일이라고 그에게 주입시켰다.

짐은 어머니가 그가 한 일을 일일이 다시 하고, 그가 한 일에 대해 판단하고 꾸짖을 때마다 깊은 상처를 받았다. 그것은 그의 정체성에 대한 저주였고 너무나 고통스러운 경험이었다. 결국 짐은 무슨 일을 해도 어머니를 기쁘게 해 줄 수 없다고 판단하게 되었다. 그래서 더 이상 비난과 상처받지 않는 방법은 어머니를 위해 아무것도 하지 않는 것이라고 결론 지었다. 물론 이후로는 맡은 일을 하지 않는다는 꾸지람을 들었지만, 그것은 제대로 못했다고 혼나는 것보다 훨씬 나았다.

당신은 짐이 결혼할 때 어떤 타입의 여성을 찾았으리라 생각하는가? 그렇다. 어머니와 완전히 다른 여성이었다. 그는 자신을 있는 그대로 사랑해 주고, 절대 비난하지 않는 멋진 그리스도인 여성을 만났다. 물론 짐의 어머니에게 그녀는 며느리감으로 마뜩치 않았다. 어머니는 결혼 후에도 "더 좋은 여자를 만날 수 있었는데…" 하면서 끊임없이 불평했다.

짐은 어머니의 모든 저주와 비난에 대해 원망을 품었다. 스스로는 몰랐지만 이 마음은 어머니로부터 독립하지 못하게 만들었고 속박의 원인이 되었다. 짐은 자신도 모르게 아내가 어머니처럼 자신을 대할 것이라고 여기기 시작했다. 아내가, 아니 모든 여자가 결국 그를 비난하고 거부하리라고 믿기 시작했다. 그의 아내가 그를 그렇게 대한 적이 한 번도 없었다는 사실은 아무 상관 없었다. 그러자 그들의 결혼 생활은 엉망이 되었다. 시간이 흐르면서 짐은 아내를 어머니와 같은 역할로 몰아붙이기 시작했다.

짐이 가장으로서의 책임을 다하지 않은 이유는 비난받을지 모른다는 두려움 때문이었다. 결국 그로 인해 아내는 세 가지 중 하나를 택할 수밖에 없었다.

   1. 모든 일이 악화되도록 방관한다.
   2. 끊임없이 잔소리하고 다그친다. 그러나 성과는 없고 좌절감만 깊어진다.
   3. 체념하고 혼자서 다 감당한다.

처음에 짐의 아내는 그가 알아서 해 주기를 기다렸다. 그러나 결국 그것이 좌절되자, 그의 어머니처럼 그를 비난하고 잔소리하기 시작했다. 문제는 더욱 악화되어 짐은 비난받는 것이 두려워 모든 것을 회피하게 되었다. 짐에게는 다행스럽게도 아내가 세 번째 방법, 즉 혼자서 모든 일을 처리하기에 이르렀다. 그는 모든 일이 잘 되었다고 생각했다. 하지만 그의 아내는 깊은 좌절감에 빠졌다. 짐은 아내를 배우자가 아니라 어머니가 되도록 만들었고, 그녀의 마음에 어머니처럼 그토록 싫어하던 정체성의 저주와 비난이라는 방식이 복제되도록 만들고 말았다.

  짐은 그의 정체성을 끊임없이 저주한 어머니를 진심으로 용서하고 하나님의 축복과 참 정체성, 인생의 목적을 전수받지 못하면 아내와 하나될 수도, 좋은 남편이 될 수도 없었다. 짐은 어머니에게 매인 자신의 문제를 파악하고 나서야, 비로소 어머니의 비판과 실패의 두려움에서 벗어날 수 있었다. 그리고 하나님이 원하시는 책임감 있는 남편이 될 수 있었다. 이처럼 결혼 생활의 근본 원인이 그들을 축복해 주지 않은 부모에게 아직 매여 있기 때문이라는 사실을 깨달으면 놀라운 치유를 경험할 수 있다.

결혼한 자녀의 정체성을 저주하지 마라

부모가 결혼한 자녀의 정체성을 저주하는 또 다른 방법은, 그들의 마음이 집에서 떠나도록 허락하지 않는 것이다. 때로 부모는 자녀가 결혼을 해도 품에서 독립시켜 배우자와 한 몸을 이루도록 하는 일에 큰 어려움을 느낀다. 자녀의 결혼을 축복해 주고 자녀의 배우자를 받아들였다 하더라도 여전히 결혼한 자녀 대신 자신이 결정을 내리기를 원한다. 이때 결혼한 자녀는 부모에게서 받아들일 수 있는 간섭의 한계를 분명하게 설정하는 것이 매우 중요하다. 또한 부모가 아니라 배우자가 가장 우선순위라는 사실도 분명히 해야 한다.

최근에 한 아버지가 결혼한 딸과 있었던 일을 들려주었다. 어느 날 밤 딸이 울면서 집에 전화를 걸었다. 남편과 다투고 난 뒤라 마음이 크게 상한 상태였다. 딸은 집으로 가고 싶다고 말했다. 이 지혜로운 아버지는 딸에게 "애야, 지금 너는 집에 있잖

아. 우리는 늘 너를 사랑할 거고 너는 언제나 변함없이 아빠의 딸이란다. 하지만 이제 네 집은 여기가 아니란다. 네 남편과 있는 거기가 네 집이란다"라고 타일렀다. 사랑하는 아버지가 상처 입은 딸에게 이런 말을 할 때 그 심정이 어떠했겠는가. 하지만 그는 끝까지 딸이 주님을 향하도록 하고, 남편과 화해해 계속 '한 몸'이 되도록 이끌어서 자신의 역할을 정확히 해냈다.

가족 간의 파트너십으로 자녀의 배우자 선택하기

나는 배우자와의 갈등을 겪는 자녀 때문에 괴로워하는 많은 부모들과 대화를 나누어 보았다. 또한 이혼으로 파경을 맞은 많은 사람들을 대상으로 강연도 해 보았다. 종종 그들은 부모가 처음부터 그들의 배우자를 인정해 주지 않았다고 털어 놓았는데, 살아보니 부모의 말이 옳았다는 것을 깨닫게 되었다고 말했다. 성인 자녀가 배우자를 선택하는 과정에 부모가 개입하는 일이 그래서 중요하다.

흔히 사랑은 맹목적이라고 한다. 또한 사랑에 빠지면 아무 것도 들리지 않고 아무 말도 할 수 없는 바보가 된다고 한다. 눈이 멀 정도로 사랑에 빠지면 미래의 결혼 생활에 영향을 미칠 상대의 부정적인 인품, 세대로 계승되는 죄의 문제나 가정사는 안중에도 없게 된다. 이런 이유로 사랑에 빠진 젊은이에게는 낭

만과 무분별한 연애 감정이 배제된 또 다른 '눈'이 필요하다. 자녀가 더 객관적인 시선을 가지도록 하나님이 도울 책임을 맡기신 일차적인 대상은 부모이다.

성경의 히브리 문화에 나오는 흔한 중매 결혼을 해야 한다는 말이 아니다. 그러나 부모가 자녀의 배우자 선택 과정에 개입할 수 있는 길이 있다. 중매 결혼처럼 제한적이지도 않고 오늘날처럼 부모가 개입할 길이 거의 없지도 않은 제 3의 방법이 있다. 바로 부모와 자녀가 파트너십을 이루어 함께 배우자감이 누구인지 알아보는 방법이다.

'합의'라는 원리를 활용하는 이 방식은, 자녀가 결혼 생활을 합의로 이끌고 나아가도록 준비해 준다. 결혼 생활을 해 본 사람들은 대부분 배우자가 지지하지 않는 결정을 일방적으로 내리는 실수를 한 적이 있을 것이다. 나는 거의 모든 경우 아내의 말을 듣는 편이다. 우리 부부는 신혼 초에 합의라는 원리를 발견했다고, 어떤 문제에 대해 어느 한 쪽만 일방적으로 원할 경우, 하지 않는 편이 더 낫다는 것도 발견했다. 그리고 우리가 합의해서 어떤 결정을 내릴 때, 그것은 대부분 하나님의 뜻과 부합했다.

자녀들을 성인으로 독립시키는 준비를 할 때, 부모는 이 합의의 원리를 자녀들에게 가르쳐야 한다. 교훈 시간에, 부모와 자녀 모두 합의를 볼 때 미래의 배우자감에 대한 하나님의 뜻을 가장 잘 분별할 수 있다고 설명해 주면 좋다. 어느 한쪽은 하나님이 보내신 배우자라고 생각하는데 다른 한쪽이 그 생각에 동의하지 않을 경우, 그 배우자는 하나님이 계획하신 이가 아닐 가능성이 높다. 자녀와 부모의 의견이 일치할 때, 하나님의 뜻을 발견할 가능성이 높다.

가정이 이런 방식으로 운영되어 왔다면, 부모가 결혼 적령기의 자녀에게 배우자와의 관계에도 동일한 합의의 원리를 적용하도록 일러주는 것이 어렵지 않다. 이런 문화에서는 부모가 자녀의 결혼을 축복하지 않을 가능성 역시 거의 없다.

이 파트너십 전략을 제대로 수행하기 위해 잣대로 삼아야 할 다섯 가지를 알아보자.

1. 결혼의 목적은 어느 한쪽을 '행복하게' 하는 것이 아니라 그리스도께 받은 인생의 목적을 각자 성취하도록 돕는 데 있다. 이것은 싱글일 때보다 결혼해 부부가 함께 할 때 더 잘 감당할 수 있다.
2. 하나님은 자녀가 어떤 사람과 결혼해야 하는지 우리보다 더 잘 아신다. 하나님은 정하신 때에 자녀의 배우자감을 보내실 것이다.

3. 자녀는 하나님의 소유이므로 결혼할 때까지 순결을 지켜야 한다.
4. 배우자에 대한 하나님의 뜻은 부모와 자녀가 한마음이 될 때 가장 잘 분별할 수 있다.
5. 부모와 자녀는 하나님이 양쪽 모두를 사용하셔서 그 뜻을 보여 주실 것을 믿어야 한다. 이렇게 하면 서로를 존중하고 배려할 수 있으며 하나님에 대한 신뢰도가 더 깊어 질 수 있다.

부모가 배우자를 선택하는 자녀를 지혜롭게 도와주고 함께 할 때, 그 자녀가 성공적으로 결혼 생활을 영위하고 배우자와 더불어 하나님이 주신 인생의 목적을 이룰 가능성이 훨씬 높아진다.

오늘날 데이트 풍토의 문제점

50퍼센트에 육박하는 실패율을 보이는 제도가 있다면, 그것에는 무엇인가 심각한 결함이 있기 때문일 것이다. 바로 우리의 현재 데이트 풍토가 그렇다.

여기서 내가 사용하는 데이트라는 말은 젊은 사람이 특별한 관계로 발전하기를 바라면서 이성과 시간을 함께 하는 것을 말한다. 이런 관계에서 두 당사자는 서로에 대한 감정을 적극적으로 가꾸어 간다. 하지만 이것은 배우자를 선택하는 방법으로는 불충분하다. 그 이유를 설명해 보겠다.

데이트는 하나님의 정하신 순서에 역행하기 쉽다

하나님은 인간을 영, 혼, 육으로 창조하셨다. 영은 하나님께 복종해야 한다. 혼(의지, 생각, 감정)은 영에 복종해야 하고, 육은 혼에 복종해야 한다. 데이트를 할 때 사람들은 보통 먼저 상대방에게 육체적으로 매료되고 다음에 정서적으로, 마지막으로 영적으로 끌린다. 육체적인 것에 먼저 끌리면 하나님이 정하신 순서에 역행이 일어난다. 경건한 파트너십은 부모가 먼저 경건한 인격의 소유자를 물색하게 도와주고, 그 다음으로 정서적이고 육체적인 매력을 고려하도록 도와준다.

데이트는 자기 만족에 몰두한다

데이트를 하는 무의식적 동기는 보통 이러하다.

"몸매가 좋고 나를 행복하게 해 주는 사람이 좋아. 함께 있으면 즐겁고 나와 같은 취미를 가진 사람이 좋아."

초점이 오직 자신을 만족시키고 기쁘게 하는데 맞추어져 있다. 반대로 경건한 파트너십은 다른 사람을 축복하고 섬기는데 초점을 맞추게 해 준다. 관계의 동기는 자기 만족이 아니라 자기 희생이다. 자기의 이기심을 내려놓고 남을 섬기는데 목표를 두되 자기가 행복하려고 남을 이용하지 않는다.

이 둘은 각기 벼룩이 개를 찾는 것과 휴대폰에 배터리를 재충전하는 것에 비교할 수 있다. 벼룩의 목표는 개에게서 생명의 기운을 빨아들이는 것이지만, 배터리의 목표는 휴대폰에 생명을 공급하는 것이다. 개에게서 더 이상 피를 빨 수 없을 때 벼룩은 그 개를 버리고 다른 개를 찾아 떠난다. 휴대폰은 배터리가 다하면 충전기(예수 그리스도)로 돌아가 휴대폰에 생명을 계속해서 공급받는다.

데이트는 장기적인 목표가 없다

데이트의 일차적인 목표는 '즐기는 것'이다. 즐길거리가 사라지면 보통 그 관계는 끝난다. 경건한 파트너십은 부모와 당사자가 하나님이 주신 배우자라고 믿는 사람과만 사랑을 꽃피운다. 그리고 결혼을 목표로 한다.

데이트는 종종 상처를 준다

열다섯 살은 결혼을 목표로 데이트 하지 않는다. 단지 즐기기 위해 관계를 유지하고 싶어 한다. 하지만 서로의 마음은 연애 감정이 싹트고 지속적인 관계로 발전하고 싶다는 쪽으로 통하게 된다. 이것은 마치 종이 두 장이 풀로 붙는 것과 비슷하다. 그러다가 한쪽의 마음이 식어 버리면 그 관계는 깨진다. 그러나 마음은 쉽게 나누어지지 않는다. 결국 찢어질 수밖에 없다. 찢어지는 것은 매우 고통스럽다.

벼룩, 다시 말해 청년은 결별의 고통을 잊기 위해 다른 남자 친구나 여자 친구를 찾아 나선다. 하지만 서로가 결별할 때 마음 한 자락을 그 사람에게 남기고 떠난다. 결혼 전에 이런 일이 다섯 번, 여덟 번, 열 번씩 일어난다고 생각해 보라. 배우자에게 줄 마음이 얼마나 남아 있겠는가? 어떤 경우는 대대적인 마음의 치유가 불가피하다. 만약 치유되지 않은 상태에서 결혼한다면, 상처 입은 두 벼룩이 결혼한다면, 어떤 문제가 초래될지 상상해 보라.

반대로 경건한 파트너십은 오직 하나님이 정해 주신 짝을 위해 마음과 몸을 지키려고 애쓴다. 결혼할 의사가 없는 사람과 성관계를 갖지는 않는다. 자녀가 이런 방법으로 청년 시절을 보낼 때 몸과 마음을 온전하게 지킬 수 있고, 미래의 남편이나 아내를 위해 순결을 지킬 수 있다.

사라(가명)는 내게 놀라운 이야기를 해 주었다. 그녀는 고등학생이었지만 상당히 많은 남자들과 이성 교제 경험이 있었다.

어느 날 사라는 영화를 보면서 상대방과 극장에서 서로 껴안고 키스를 나누었다. 며칠 후 잠언 31장을 읽을 때까지 그 일은 그녀의 기억 속에 거의 남아 있지 않았다. 하지만 경건한 여성에 대해 말하는 이 장을 읽던 중 10-12절이 그녀의 마음을 때렸다.

"누가 현숙한 여인을 찾아 얻겠느냐 그의 값은 진주보다 더 하니라 그런 자의 남편의 마음은 그를 믿나니 산업이 핍절하지 아니하겠으며 그런 자는 살아 있는 동안에 그의 남편에게 선을 행하고 악을 행하지 아니하느니라."

사라는 주님께 "저도 이 말씀대로 현숙한 여성이 되고 싶습니다"라고 말했다. 그러자 성령께서 "네 남편이 너를 신뢰할 수 있겠느냐? 네 평생 그를 선대하고 악을 행하지 않고 있느냐?"라고 묻는 음성이 들렸다.

사라는 "저는 아직 남편이 없어요. 겨우 열여섯 살인데요"라고 대답했다. 그러자 "언제 남편을 선대하고 악을 행하지 말라고 하였느냐?"라는 음성이 들려왔다. 사라는 12절을 다시 읽었다.

"살아 있는 동안입니다. 그런데 지금 이 순간도 평생에 해당되나요?"

"그래, 그렇다면 지금 너는 남편에게 선을 행하고 있느냐?"

"주님, 모르겠습니다. 누가 제 남편인지 모르겠어요."

"그러나 나는 안다. 너와 영화를 보러 간 그 남자가 네 남편이겠느냐?"

"그 사람은 멋지지만 결혼할 생각은 없어요."

"그럼, 그는 네 남편이 아니란 말이냐?"

"네, 그 사람은 제 남편이 될 수 없어요."

"네가 남편에게 선을 행하고 악을 행하고 있지 않음을 알 수 있는 방법이 있단다. 네 남편이 될 사람이 데이트를 하는 너를 따라가 다른 남자와 함께 하는 네 행동을 지켜 본다면 어떻게 생각할 것 같으냐? 그가 어떤 기분이 들 거라 생각하느냐?"

지난 주 데이트 장소에 미래의 남편을 투사하자, 완전히 그림이 달라졌다.

"큰 배신감을 느끼고 상처를 입을 거예요."

"왜 그렇게 생각하느냐?"

"남편을 위해 아껴두어야 할 것을 다른 사람에게 주었으니까요. 맞아요. 사실 제 모든 것은 주님의 것이에요. 제가 결혼할 때까지 주님께 드려야 해요. 그래야 남편에게 오롯이 제 마음과 몸을 줄 수 있으니까요."

사라는 자신의 몸을 자기 것인냥 아무에게나 맡긴 사실을 회개했다. 하나님은 그녀를 용서해 주시고 이렇게 말씀해 주셨다.

"네 몸과 마음이 네 것이 맞지만 네 결혼식 때까지 네 마음과 몸을 지키도록 책임을 맡은 대리자는 네 아버지란다. 네 결혼식 날 네 아버지가 너를 보호할 책임을 네 남편에게 이양할 거야."

이 계시를 들은 후 사라는 단 한 번도 데이트를 하지 않았다. 그러다가 1년 6개월 후, 드디어 남편감을 만났고 결혼식날 치유함을 받은 온전하고 순결한 모습으로 그의 아내가 될 수 있었다.

데이트는 '이혼 예행 연습'이다

데이트는 결혼 생활의 '예행 연습'이라고 말하는 사람들이 있다. 그런데 결혼이라는 장기적 목표 없이 단순히 육체적 매력에 끌려 자기 만족을 위해 관계를 유지하는 것이 어떻게 결혼에 대한 훌륭한 예행 연습이 될 수 있겠는가? 나는 이 말에 동의하지 않는다. 이런 관계는 이혼의 훌륭한 예행 연습일 뿐이다. 이런 풍토는 젊은이들에게 무조건적이고 자기 희생적이며 언약적인 사랑으로 하나님의 뜻에 평생 헌신하는 결혼에 대해 아무것도 가르쳐 주지 않는다. 경건한 파트너십이 결혼을 준비하는 가장 훨씬 적절한 방법이다. 이것은 젊은이들이 자기를 부인하고 남을 먼저 축복하도록 가르친다.

데이트는 여성이 홀로 자신을 지키는 일을 떠맡게 한다

하나님은 절대 여성이 이런 일을 맡도록 계획하지 않으셨다. 하나님은 아버지에게 딸의 마음과 처녀성을 보호할 책임을 맡기셨다. 아버지가 이 일을 제대로 하지 않으면 딸이 스스로 이 일을 감당해야 한다. 불행하게도 오늘날의 여성들은 남성들에게 "안 돼"라고 거절하기 위해 마음을 독하게 먹어야 한다. 그런데 이렇듯 스스로를 보호하고자 노심초사하던 여성이 초야를 치루는 밤에 이런 태도를 바로 버릴 수 있다고 생각하는가? 당연히 그럴 수 없다. 이런 태도는 결혼 관계에서 정서적으로 성적으로 오랫동안 부정적인 영향을 미칠 수 있다.

반면에 경건한 파트너십은 아버지가 딸을 보호하는 일을 맡는다. 젊은 남자가 들어오기 위해서 반드시 통과해야 하는 문 역할을 해 준다. 이런 전략에서는 아버지가 딸에게 관심을 가지는 남자들을 검증하는 수고를 맡는다. 아버지는 딸의 시간이나 마음을 차지해도 되는 남자인지 살피고 가부를 결정해 줄 것이다. 마음을 독하게 먹고 직접 그를 거절할 필요가 없기 때문에 첫날 밤에 남편에게 부드럽고 따뜻한 마음으로 다가갈 수 있다.

데이트에 부모의 조언이나 동의가 개입될 여지가 없다

앞에서도 언급했듯이 젊은 사람들은 사랑에 빠지면 상대방의 성격적 결함이나 부정적 자질이 눈에 보이지 않는다. 그래서 그들에게는 '객관적 시선'이라는 또 다른 눈이 필요하고, 그 역할에 적합한 사람은 바로 부모이다. 이런 맹목적인 연애감정으로 결혼한 결과, 서구 국가는 이혼율이 거의 50퍼센트에 육박하고 있다. 반대로 파트너십을 이룰 때 부모의 통찰력은 큰 도움이 된다. 부모와 자녀가 의견이 일치할 때만 두 당사자 간에 연애 감정을 발달시키는 것이다. 자녀들은 하나님이 보내신 배우자감이라는 부모의 인정이 있을 때까지 누구에게도 마음을 주지 않기로 미리 약속을 한다.

데이트는 부모가 축복하기 어려운 결혼 생활로 이어질 가능성이 높다

데이트와 이성 교제가 자유로운 분위기에서 자란 아이들은, 누군가와 깊이 교제하더라도 부모에게 의견을 구하는 경우가 별로 없다. 결혼 의사를 일방적으로 통보하는 게 대부분이다. 이 시점에서 부모의 조언은 이미 시기를 놓쳐 버렸다. 그래서 부모는 수긍하기 어려운 축복을 해 주어야 하는 곤란한 입장에 처하게 된다. 반대로 경건한 파트너십은 관계를 시작하기 전에 부모가 개입하게 된다. 이런 분위기에서는 부모가 결혼을 축복

해 줄 가능성이 훨씬 높아진다. 특히 사춘기 때 축복 의식을 하고 바로 이런 파트너십이 마련되면 더욱 그렇다.

사춘기 때부터 바람직한 연애 방법과 결혼 생활을 주제로 자녀들과 대화하고 가르치는 것이 필요하다. 이런 관계를 지속하면 자녀들이 결혼할 때 진심으로 축복해 줄 수 있다.

자녀가 부모가 인정하지 않는 사람과 결혼하기를 바랄 때

마음에 들지 않는 사람과 결혼하겠다고 자녀가 통보하면 어떻게 해야 되느냐고 묻는 부모들이 많다. 무작정 그런 결혼을 축복해 주는 것이 옳은지 알기 원해서이다. 나는 부모의 축복이 성공적인 결혼 생활에 강력한 힘을 끼치므로, 도덕적으로 문제가 없거나 양심에 위배되지 않는 한 축복해 주라고 권면한다.

그러나 결혼을 반대하는 이유가 무엇인지 자녀에게 분명히 말해 주는 것도 부모의 의무라고 생각한다. 부모는 우려를 분명히 전달한 후, 자녀가 선택을 내리도록 해 주어야 한다. 그래도 결혼하겠다고 한다면, 부모는 그 결혼을 축복하고 자녀가 선택한 배우자를 받아들이는 것이 최선이라고 믿는다.

물론 여기에는 "부도덕하거나 부모의 양심에 위배되지 않는다면"이라는 단서가 따라붙는다. 만약 자녀가 동성과 결혼하거나 근친상간이거나 남의 배우자를 가로채거나 이미 부인이 있는 남자와 결혼을 한다면, 부모는 그 결혼식을 축복해서도 안 되고 결혼식에 참석해서도 안 된다. 그런 결혼은 어리석고 불쾌할 뿐 아니라 도덕적으로도 옳지 않다. 부모이기에 자녀가 어리석은 결정을 하고 동의하지 않는 결정을 하더라도 축복할 수 있다. 그러나 도덕적 신념을 어기고 자녀의 부도덕하거나 잘못된 선택을 축복해서는 안 된다.

샘과 샤론 부부는 아들 존 때문에 바로 이런 난관에 봉착하게 되었다. 존은 고등학교 3학년 때 청년 사역자의 사모와 불륜을 저질렀다. 그 관계가 발각된 후 바로 그 관계는 끝이 났고 존은 결국 일 년 동안 그 도시를 떠나 생활해야 했다. 그러나 존이 돌아오자 그 여성은 남편과 이혼하고 존과 다시 만나기 시작했다. 충격을 받은 샘과 샤론은 아들에게 제발 그 관계를 끝내라고 애원했다.

하지만 아들은 거절했다. 그리고 얼마 지나지 않아 그녀와 결혼하겠다고 폭탄 선언을 했다. 아들은 부모님이 결혼식에 참석해 주기를 원했지만 샘과 샤론은 깊은 고민에 빠졌다. 그들은 누구보다 아들을 사랑했지만, 그 결혼은 마가복음 10장 12절과 누가복음 16장 18절에 의거할 때 간음죄를 짓는 것이었다. 많은 기도와 수많은 불면의 밤을 지새운 두 사람은, 이런 결혼을 하는 아들을 축복할 수도 없고 결혼식에 참석할 수도 없다는 결론을 내렸다. 그렇게 하면 간음을 축하해 주는 꼴이되기 때문이었다.

아들에게 이 소식을 전하면서 샘의 마음은 찢어질 듯 아팠다. 하지만 신앙 양심을 속일 수는 없었다. 샘은 존에게 사랑한다는 말과 함께 네가 어떤 선택을 하더라도 너는 변함없이 내 아들이지만, 이러이러한 이유로 결혼식에는 참석하기 어렵다고 전했다. 결혼 후에도 샘과 샤론은 아들과 관계를 변함없이 유지했다. 그러다가 2년 정도가 흐른 후, 결혼 생활에 큰 어려움을 만난 존은 아버지에게 조언을 구하러 찾아왔다. 그 자리에서 존은 부자 관계가 파탄날 위험을 무릅쓰고 신념대로 행동해 주신 것과 자신의 잘못된 선택에도 여전히 그를 사랑하고 받아들여 주신 데 대해 감사하다고 말했다. 그는 부모님이 언제나 옳았다고 인정했다. 그는 하나님의 시각에서 자신의 선택을 바라보았고 겸허한 마음으로 잘못을 뉘우쳤다.

샘과 샤론에게는 결혼식에 참석하지 않고 양심을 지키는 것이 아들을 돕는 최선의 방법이었다. 그러나 도덕적으로 문제가 있는 결혼이 아니라면, 자녀에게 염려를 솔직히 털어놓은 후 자녀의 선택을 축복해주는 것이 더 낫다. 비록 그 선택에 동의하지 않더라도 축복을 거부하는 것은 현명한 선택이 아니다. 하지만 도덕적으로 문제가 있는 결혼이라면, 그 결합을 축복해 주면서 하나님 앞에서 깨끗한 양심을 지켰다고 할 수는 없다.

고대 히브리 문화에 나타나는 하나님의 보호 장치

하나님은 고대 히브리 문화 속에 자녀가 결혼할 때 부모의 축복을 받을 수 있도록 하는 전통을 마련해 두셨다. 특별히 다음 네 가지 전통과 사회적 규범이 두드러진다.

1. 결혼은 주로 양가 부모가 주도했기에 언제나 부모의 축복을 받았다.
2. 결혼을 평생의 언약으로 믿었고, 부부 관계가 아닌 성관계는 죽음으로 처벌 받았다.
3. 아버지는 딸을 지키는 '문'이 되어 주었다. 그래서 딸은 남성들로부터 자신을 보호할 필요가 없었다.
4. 아버지는 아들에게 여성을 보호하고 존중하도록 가르쳤다.

오늘날은 중매 결혼에 거부감을 느끼지만, 하나님이 이 방식을 장려하신 이유는 부모의 축복이 그만큼 중요하기 때문이다. '축복하다'의 한 가지 뜻이 '번성하도록 힘을 주다'이듯이, 하나님은 결혼을 통해 우리 모두가 번성하기를 원하신다.

고대 히브리 문화에서 이혼은 매우 드물었고, 실제로 동거를 하는 경우도 거의 없었다. 명예를 중시하는 남자라면 절대 관심이 있는 여성에게 직접 접근하지 않았다. 여자의 아버지를 찾아가 자신의 의사를 전했다. 아버지는 딸에게 다가가는 문이었기 때문이다.

이러한 전통으로 인해 고대 히브리 문화에서 모든 결혼은 양가의 축복을 받았다. 그러나 불행하게도 오늘날에는 이런 관습들이 대부분 사라져 부모의 축복을 받지 못하는 결혼이 크게 늘었고, 심지어 부모의 저주를 받기까지 한다.

Blessing Toolbox : 이렇게 축복하라

자녀가 결혼할 때 축복의 문화가 마련되도록 기도할 제목과 구체적인 몇 가지 지침을 살펴보고자 한다.

《행동 지침》

1. 부모의 파트너십으로 자녀가 이성 교제를 관리하고 배우자를 선정하도록 하라.
2. 사춘기 자녀에게 경건한 파트너십 방식을 가르쳐 주고 이성 관계에 대해 부모와 늘 터놓고 대화하도록 하라.

《가정에 축복의 문화를 회복하라》

자녀의 결혼을 인정해 주지 있고 결혼을 저주하는 말을 했을 경우

1. 사탄의 대리인이 되어 자녀에게 이런 메시지를 전한 죄를 회개하라

아버지, 자녀가 결혼할 때 사탄의 대리인이 되어 아이에게 사탄의 메시지를 전했던 죄를 지금 고백합니다. 주님, [자녀의 이름]의 결혼식에 생명의 말씀이 아니라 죽음의 말을 하였습니다. 지금 아이의 정체성과 결혼을 저주한 죄를 버립니다. 축복해 주지 못한 대가를 제 힘으로는 지불할 수 없지만, 예수 그리스도께서 제 죗값을 죽음으로 지불하셨

음을 믿사오니, 오늘 아이의 정체성과 결혼을 저주한 제 죄에 주님의 보혈을 덮어 주십시오. 지금 주의 용서하심을 받아들입니다. 아버지께서 저를 용서해 주셨듯 저도 제 자신을 용서합니다.

2. 자녀를 만나 결혼을 축복해 주지 못한 잘못을 인정하고 용서를 구하라

가능하다면 부모가 함께 하는 것이 좋다. 부득이하다면 혼자라도 하라. 다음 내용을 참고하여 진심어린 용서를 구하라.

"부모로서 우리가 네 결혼을 축복하는 게 하나님의 뜻이었음을 이제야 깨달았구나. 그때 우리는 너를 축복하지 못하고 오히려 악담을 했단다. 그런데 하나님께서 우리가 네게 죄를 지었다고 지적해 주셨어. 엄마 아빠를 용서해 줄 수 있겠니? (대답을 기다린다.) 네가 허락해 주면 지금이라도 네 결혼을 축복해 주고 싶단다."

3. 자녀와 그 배우자, 그들의 결혼 생활을 축복하라

아버지, 오늘 [자녀의 이름]와 [자녀 배우자의 이름]의 결혼을 인정하고 축복합니다. 주께서 이 결혼을 형통하게 해 주시기를, 두 사람이 함께 하는 모든 일에 축복이 임하기를 기도합니다. 부부로서 하나님의 뜻과 두 사람이 함께 정한 뜻을 이루어 가며 큰 만족감을 누리게 해 주소서. [자녀의 이름]이 훌륭한 남편/아내가 되고 그 아내/남편을 축복하는데 하나님의 쓰임을 받게 되기를 원합니다. 서로간의 관계가 형통하도록 해 주소서. 서로를 용서하고 축복하게 해 주소서. 건강하게 해 주소서. 태의 열매가 형통하도록 해 주소서. 손자들이 온 마음으로 하나님을 사랑하게 해 주소서. 이들의 하는 일과 재정에 복을 주시고 물질적으로 궁핍하지 않도록 해 주소서. 직장 상사와 친구들에게 인정을 받고 사랑을 받게 해 주소서. [자녀의 이름]야, 오늘 영적이고 정서적으로 아비와 어미를 떠나 아내/남편과 합하여 그리스도 안에서 한 몸이 되도록 품에서 떠나보낸다. 사랑한다. 오늘 너희를 축복한다. [배우자의 이름]를(을) 축복하고 네 결혼을 축복한다. 하나님이 부부로서 함께 이루도록 부르신 일을 넉넉히 감당할 수 있도록 전능하신 예수 그리스도의 이름으로 축복한다.

아들이나 딸을 정서적으로 독립시키지 않았음을 깨달았을 경우

1. 하나님 앞에서 자녀를 내려놓지 못한 잘못을 회개하라

   아버지, 자녀가 배우자와 합하도록 정서적으로 떠나보내지 못했음을 지금 인정합니다. 이로 인해 아이가 배우자와 온전히 한 몸이 되는데 방해가 되었음을 인정합니다. 지금 정서적으로 영적으로 [자녀의 이름]가 제게 속박되도록 했던 잘못을 회개합니다. 아이를 더 빨리 떠나보내지 못한 잘못을 용서해 주소서. 지금 바로 예수 그리스도의 이름으로 [자녀의 이름]가 영적으로 정서적으로 저를 떠나 배우자와 하나되도록 보냅니다. 이 두 사람이 한 몸이 되어 예수의 이름으로 번성하도록 축복합니다.

2. 자녀를 만나 용서를 구하라

   가능하다면 부모가 함께 하는 것이 좋다. 부득이하다면 혼자라도 하라. 다음 내용을 참고하여 진심어린 용서를 구하라.

   "부모로서 우리가 영적으로 정서적으로 너를 떠나보내지 않아, 네 아내/남편과 온전히 하나되도록 하지 못했음을

이제야 깨달았구나. 우리를 용서해 주겠니? 〔잠시 대답을 기다린다.〕 이제 너를 떠나보내고 아내/남편과 한 몸이 되도록 축복해 주고 싶구나."

3. 자녀와 그 배우자, 그들의 결혼을 축복하라

앞에서 소개한 축복문을 참고하라.

《이렇게 자녀를 축복하라》

결혼식 날 배우자와 합하도록 품에서 떠나보내며 자녀를 축복해 주라.

〔자녀의 이름〕야, 오늘 이렇게 경사스러운 결혼식을 맞아 널 보니 무척 자랑스럽구나. 하나님께서 이 날까지 너를 준비해 주셨구나. 너는 훌륭한 남편/아내로서 필요한 것을 다 갖추었단다. 오늘 네 부모로서 영적으로 정서적으로 너를 품에서 내려놓으며 〔자녀 배우자의 이름〕와 하나가 되어 새 가정을 꾸리며 그리스도 안에서 한 몸이 되도록 축복한다. 언제나 네 편에 서서 네가 결혼 서약을 잘 지킬 수 있도록 함께 해 줄게. 하나님의 풍성한 축복이 부부로 출

발하는 네 인생에 임하기를 기도한다.

딸이라면 사위의 이름을 부르며 딸을 그의 아내로 허락하는 기도를 드릴 수 있다. 또한 아버지는 이렇게 축복할 수 있다.

"이 날까지 〔딸의 이름〕를(을) 영적인 권위로 보호해 왔다. 오늘 그 책임을 〔사위의 이름〕에게 양도한다. 그리스도께서 신부인 교회를 대하듯이 우리 〔딸의 이름〕을(를) 사랑하고 아껴주고 보호해 주며 부양해 주기를 바란다. 너희들과 너희의 결혼 생활을 위해 꾸준히 기도하마. 너를 우리 가족으로 받아들여 사위로 삼게 되어 정말 기쁘다."

아버지는 또한 사위를 아들로 인정하며 축복 기도를 할 수 있다.

"아들아, 오늘 이 결혼식을 맞아 너를 우리 아들로 맞이하게 되어 뿌듯하구나. 너는 훌륭한 남편이 되어 영적, 정서적, 재정적으로 가족을 책임질 준비가 모두 되어 있단다. 네가 남편이자 아버지와 한 남자로서 성공하며 형통하리라 확신한다."

그런 다음 자녀나 그 배우자에 대해 아래와 같이 축복해 줄 수 있다.

이 결혼을 축하한다. 둘이 함께 가는 길이 여러 모로 형통하리라 확신한다. 부부로서 하나님이 맺어 주신 뜻을 이루게 될 것이며 함께 소명을 이루어 가는데 조금도 어려움이 없을 것이라 선포한다. 네가 네 아내/남편을 축복하는데 하나님의 쓰임을 받으리라 믿는다. 서로의 관계가 더욱 풍성해질 것이며 인색함 없이 서로를 용서하고 축복하리라 믿는다.
건강의 축복과 태의 열매의 축복이 함께 할 것이다. 네 자녀들은 전심으로 하나님을 사랑하게 될 것이다. 네 일터가 복을 받고 궁핍하지 않으며 너는 직장의 상사와 친구들에게 은혜를 입을 것이다. 사랑한다. 오늘 너를 축복한다. [자녀 배우자의 이름]를(을) 축복하고 너희의 결혼을 축하한다. 너를 품에서 떠나보내며 하나님이 부부로서 이루도록 맡기신 모든 일을 온전히 감당하도록 예수 그리스도의 이름으로 축복한다.

The Power of a Parent's Blessing

Chapter 10

노년의 부모 축복하기

　축복의 일곱 번째 중요한 시기에서는 가족의 역할이 뒤바뀐다. 인생의 첫 여섯 단계는 부모가 자녀들을 축복하지만, 일곱 번째 단계는 자녀들이 부모를 축복한다. 잠언 31장 28절은 현숙한 여인의 자녀들이 "그의 자식들은 일어나 감사하며 그의 남편은 칭찬한다"고 말한다. 이로써 축복의 전체 주기가 완성된다. 부모들이 인생의 첫 여섯 단계에서 자녀들을 축복한 후에는 자녀들이 노년의 부모를 축복하는 것이 순리이다.
　자녀라면 누구나 부모에게 "너를 사랑한다. 네가 무척 자랑스럽다"라는 말을 듣고 싶듯이, 부모들도 성인이 된 자녀에게 같은 말을 듣고 싶어 한다. 들어가는 글에서 '축복'하다에 해당하는 헬라어는 율로게오(eulogeo)로 이 단어에서 영어 'eulogy'가 파생했다고 말한 적이 있다. 불행하게도 대부분의 성인 자녀들이 그 부모에게 뜨거운 축복의 찬사를 할 때는 부모들이 세상을 떠난 후 단 한 번뿐이다. 이 축사가 남은 유족들에게는 유익할지 몰라도 당사자인 부모에게는 아니다. 부모는 살아 생전에 자녀들에게 이런 축복의 말을 들어야 한다. 그래서 하나님은 자녀를 사용하셔서 부모들이 마음에 듣고 싶은 핵심 질문에 대답해 주도록 도우신다.

나의 어머니는 여든여섯 살의 나이로 얼마 전에 작고하셨다. 장례식 예배에서 나는 15년 전 국제 가족 재단 모임(Family Foundations International Conferences)에서 부모님을 축복할 때 사용한 내용을 그대로 읽었다. 나는 아무런 회한도 없이 어머니의 장례식에 참석할 수 있어서 정말 감사했다. 어머니에게 해 드리고 싶었던 말을 생전에 여한 없이 해드렸기 때문이다.

몇 년 전 친구 폴이 부모님의 오십 번째 결혼기념일을 축하하는 파티에 나를 초대했다. 폴은 방탕하게 지내다가 마흔 중반이 되어서야 그리스도께 인생을 헌신한 사람이다. 폴이 부모님의 결혼기념일을 축하하는 파티를 열고 싶다고 말했을 때, 모두가 깜짝 놀란 것은 당연했다. 그는 내게 축복의 위력에 대해 들은 후 그날 부모님에게 축복의 글을 낭독하겠다고 했다. 또한 동생에게도 축복의 개념을 설명해 주고 축복문을 써서 읽으라고 설득했다.

꽤 부유했던 폴은 그 파티에 비용을 조금도 아끼지 않았다. 부모님이 독일 태생임을 감안해 호텔 무도회장을 빌리고 독일 폴카 밴드도 불렀다. 또한 200명에 달하는 부모님의 친구들을 위해 뷔페식 만찬을 준비했다. 하객들이 모두 먹고 춤을 추고 담소를 나눈 후, 폴과 동생은 마이크를 잡고 부모님께 할 말이 있다고 알렸다. 두 아들은 순서대로 작성해 온 축복의 글을 낭독했다.

나는 폴이 부모님을 향한 축복의 글을 읽는 동안 하객들의 얼굴을 살폈다. 대부분 눈물을 훔쳤다. 나는 그런 모습에서 자녀들에게 같은 축복을 받고 싶은 부모들의 마음을 읽을 수 있었다. 폴이 낭송을 마치자 많은 사람들이 폴의 부모님에게 "저런 아들을 두어 정말 자랑스러우시겠어요"라고 말했다.

나는 이런 반응을 지켜 보면서 축복의 위력을 다시금 확인할 수 있었다. 하나님은 모든 연로한 부모가 그 성인 자녀들에게 이런 축복을 받도록 계획해 두셨다. 불행하게도 많은 부모들이 인생의 첫 여섯 단계에서 자녀들을 축복할 기회를 놓치므로 자녀들 역시 연로한 부모를 축복해 드려야 한다는 생각을 하지 못하게 되었다. 만약 당신의 부모님이 지금 생존해 계시다면 더 늦기 전에 축복해 드려라. 이 세대가 다 가기 전에 그 흐름을 바꿀 기회가 아직 남아 있다.

핵심적인 역할 수행자

자녀들은 하나님이 부모들의 마음에 축복의 메시지를 전하기 위해 가장 일차적으로 사용하시는 대상이다. 성인 자녀들은 그 태도나 행동으로 연로한 부모에게 강력한 축복의 메시지나 저주의 메시지를 전할 수 있다.

대답해야 할 핵심 질문

연로한 부모가 마음에 품은 핵심 질문은 하나님이 대답해 주실 수도, 사탄이 대답해 줄 수도 있다. 그 내용은 다음과 같다. 내가 아직 필요한 존재인가? "여전히 나는 필요한 존재이고, 내 인생에서 의미 있는 일을 이루었다고 할 수 있는가?"

나는 자녀들이 다음 세 가지 태도를 통해 노년의 부모님에게 축복의 메시지를 전할 수 있다고 믿는다. 그것은 인정, 칭송, 감사이다.

사탄은 성인 자녀들을 이용해 연로한 부모에게 그들이 무가치한 존재이며 거부당한다는 메시지를 심어 주려고 한다. 사탄은 자녀들이 부모에게 이런 말을 해주기를 바란다.

"당신은 더 이상 필요없습니다. 이제 살만큼 살아서 쓸모도 없고 음식이나 축내는 존재입니다. 아무도 당신을 눈여겨 보지 않고 감사하려 하지 않을 겁니다."

물론 하나님의 메시지는 정반대이다. 하나님은 자녀들이 부모에게 이렇게 말하기를 바라신다.

"평생 제가 성공하고 형통하도록 애써 주셔서 감사합니다. 저는 부모님이 저를 위해 얼마나 많은 시간과 돈과 눈물을 쏟으셨는지 다 알고 있습니다. 저는 누구와도 바꿀 수 없는 소중한 분을 부모로 두었습니다. 두 분을 정말 존경합니다. 아직 저는 부모님의 조언과 지혜가 절실히 필요합니다. 뿐만 아니라 제 자녀들도 마찬가지입니다."

부모를 축복하거나 저주하기

부모가 인생에 여러 과오를 저질렀더라도 하나님은 자녀들을 통해 그들에게 그분의 메시지를 전하기를 원하신다.

노년의 부모를 축복하는 경우

1. 자녀들이 부모에게 감사와 존경을 표현하는 글을 작성하여 낭독하는 의미 있는 시간을 가진다.
2. 자녀들이 부모에게 진정으로 존경하는 마음을 표현하고, 여

전히 그들은 소중한 존재라는 하나님의 메시지를 전한다.
3. 자녀들이 보는 앞에서 부모를 공경하고 귀히 여긴다. 그래서 그들도 조부모를 귀히 여기고 공경하도록 한다.
4. 자녀들이 꾸준한 교류를 통해 부모를 영적이고 정서적으로 지지한다.

노년의 부모를 저주하는 경우
1. 자녀들이 부모를 비난하고 무시하거나 감사하는 마음을 표현하지 않는다.
2. 자녀들이 부모에게 공경과 감사의 마음이 아닌 그들이 불필요하고 소중하지 않다는 사탄의 메시지를 전한다.
3. 자녀들이 보는 앞에서 부모를 비웃고 무시한다. 그래서 그들도 부모를 아무 쓸데없는 존재로 대하게 한다.
4. 자녀들이 부모와 관계를 단절하여 교류하지 않는다.

축복이나 저주의 가능한 결과

자녀들이 부모를 축복하지 않으면, 부모와 자녀 모두 성인으로서 풍성한 관계를 누리지 못하게 된다. 노년의 부모와 성인이 된 자녀들이 서로 벗이 되어 손자들의 인생에 함께 하는 것은 가정 생활의 커다란 기쁨 중 하나이다. 그러나 성인 자녀가 부모에 대한 적개심이나 원망을 품고 있으면, 부모나 자녀 모두 하나님이 의도하신 아름다움을 누릴 수 없다.

더욱이 성인 자녀의 축복은, 구원받지 못한 부모가 주님께 마음을 열 기회가 될 수 있다. 어떤 성인 자녀는 부모님이 완고하셔서 축복을 받아들이지 않을 것이라고 말한다. 그러나 나는 축복이 사람의 마음을 열고 저주는 마음을 닫는다는 사실을 발견했다. 사람들이 마음을 닫는 가장 일차적인 원인은 과거에 누군가에게 인격적인 모독을 당하고 마음에 상처를 입은 적이 있기 때문이다. 많은 성인 자녀들은 공개적으로 축복해 드리고 싶다고 제안할 때, 부모님이 긍정적으로 반응하는 모습을 보고 적잖이 충격을 받는다.

또한 부모님에게 오랫동안 복음을 전했지만 아무 효과가 없었다는 말을 성인 자녀들에게서 많이 들었다. 그러나 자녀들이 공개적으로 축복하는 글을 읽어드리고 나면 부모들은 자연스럽게 주님에 대해 묻기 시작한다. 경건의 모범이 되어 준 적이 없는 부모라도 자녀들이 축복하고 공경하는 태도를 보이면 마음을 열고 그리스도를 받아들인다. 그러므로 부모를 축복할 때 복음이 전해지는 놀라운 일이 일어날 수 있다. 반면 자녀가 부모를 축복하지 않으면 부모는 예수님을 영접하지 못하고 삶을 마감할 수 있다. 이 일은 매우 심각한 일이다. 이것은 부모를 축복할지 안할지 결정을 내릴 때 꼭 고려해야 할 사항이다.

또한 자녀가 부모를 축복하지 않을 때, 그들 역시 부모의 축복을 받을 수 없다. 부모의 축복은 자녀를 형통하게 하는 힘이 있다는 사실을 기억하라. 만약 이 사실을 이해하는 사람이라면 부모에게 축복 받기를 바란다.

부모에게 축복을 받고 싶다면 먼저 부모를 축복해 드려라. 축복을 받으면 다시 돌아서서 상대방에게 축복을 빌어 주는 것이 인지상정이다. 부모는 반드시 그렇게 할 것이다.

부모를 축복하기 원치 않는 자녀들은 부모에 대한 적개심이나 원망을 품고 있을지 모른다. 그런 자녀는 부모를 공경하는 태도를 보이지 않을 것이다. 다시 한 번 강조하지만, 신명기 5장 16절은 부모를 공경하지 않으면 주님이 주신 땅에서 장수하지 못하고 형통하지 못할 것이라고 말한다. 부모를 축복하는 데 어려움을 느끼는 자녀들 중에는 부모에게 학대나 저주를 받은 경험이 있다. 하지만 이 말씀은 그런 자녀들이라도 부모를 공경하는 의무에서 면제해 주지 않는다.

성경은 "네 부모를 공경하라. 하지만 부모에게 학대를 당했거나 저주를 받았거나 버림을 받았거나 부당한 대우를 받았다면 당연히 예외이다"라고 말하지 않는다. 단순하게 "네 부모를 공경하라"라고 말한다. 그것으로 끝이다. 부모를 공경하거나 공경하지 않음으로 얻는 대가는 무한정이며 그것은 부모의 행동이 아니라 자녀의 선택과 직접적인 연관이 있다.

그러면 자녀를 학대한 부모를 어떻게 축복할 것인가의 문제가 제기된다. 역시 핵심은 부모의 정체성과 행동을 분리해서 보는 것이다. 이렇게 인격과 행동을 분리해 볼 때 부모의 행동은 거부하고 미워하더라도, 부모 자체는 받아들이고 존중할 수 있다. 인격과 행동을 분리해 바라보지 않으면 두 함정 중 하나에 빠지게 된다. 죄를 미워하고 거부할 때는, 죄를 지은 사람도 미워하고 무시하고 거부하게 된다. 반면 죄를 지은 사람을 사랑하고 받아들이고자 하면 죄도 사랑하고 용인하게 된다.

하나님은 언제나 사람(정체성 혹은 인격)과 죄(행동)를 분리해서 바라보신다. 그래서 예수님은 우리 같은 죄인을 위해 목숨을 버릴 수 있으셨다(롬 5:7-8). 그러나 죄는 반드시 미워하시고 거부하신다. 이것이 바로 용서의 원리이다. 정체성과 행동을 분리함으로써 죄인은 존중하되 죄는 미워하는 것이다. 그래서 회개하지 않은 죄인은 용서받을 수 없다.

신명기 5장 16절이 부모를 공경하거나 공경하지 않는 책임에 조건을 두지 않는 이유가 바로 이 때문이다. 부모 공경은 부모의 행동이 아니라 자녀의 용서하는 능력에 달려 있다. 사탄은 이 원리를 잘 알고 있다. 그래서 학대받은 자녀들이 부모를 용서하지 않고 오히려 분노와 원망을 품고 부모를 대하도록 온갖 술수를 부린다. 자녀가 이렇게 부모를 대할 때, 사탄은 신명기의 경고, 즉 생명이 짧아지고 형통하지 않게 되는 벌을 시행할 근거를 얻는다.

부모를 용서하기가 어렵다면 먼저 주님께 치유를 받아야 할 필요가 있다. 나는 세대 축복 집회에서 부모에게 상처받은 많은 사람들이 치유를 받아 부모를 공경할 수 있게 되고, 노년의 부모를 축복하는 하나님의 대리자로 거듭나는 것을 많이 보았다.

고대 히브리 문화 속에서 발견한 하나님의 보호 장치

고대 히브리 문화에서 하나님은 부모가 노년이 되어 성인 자녀들의 축복을 받도록 확실한 장치를 해 두셨음을 보게 된다. 하나님은 부모를 축복하고 공경하도록 사회적으로 두 가지 보호 장치를 마련해 주셨다.

1. 노인들과 부모들이 크게 우대받고 공경 받는 풍토가 조성되어 있었다.
2. 첫 인생의 여섯 단계에서 부모에게 축복을 받은 성인 자녀들은 자연스럽게 부모를 공경하고 축복하는 마음을 가졌다.

고대 히브리 문화에서 노인들은 지혜와 풍성한 경험의 소유자로 존경을 받았다(잠 16:31). 예수님도 마가복음 7장에서 노년의 부모를 봉양함으로써 그 부모를 공경해야 할 자녀의 책임을 강조하셨다(막 7:9-12).

이와 달리 오늘날은 노인에 대한 공경심을 거의 상실했다. 많은 노인들이 조롱과 손가락질을 받는다. 자녀들 앞에서 부모를 학대해 그들에게 노인은 공경의 대상이 아닌 쓸모없는 존재라는 인식을 심어 준다.

축복의 문화를 회복하기 위해서는 먼저 부모들이 자녀들에게 노인을 공경하도록 가르쳐야 한다. 고대 히브리 문화가 연로한 부모를 위해 어떤 축복의 의식을 행했는지 구체적으로 확인할 길은 없다. 다만 가정에서 매일 부모를 축복하고 공경하는 것이 일상이었으리라 믿는다. 폴이 부모의 금혼식에서 했던 것처럼 연로한 부모를 축복하는 의식을 구체적으로 실행하라. 하지만 이보다 연로한 부모를 공경하고 지원하는 생활 방식이 정착되도록 문화적 풍토를 마련하는 것이 더욱더 중요하다.

Blessing Toolbox : 이렇게 축복하라

결혼서약은 두 남녀가 이제 남편과 아내가 되었다는 공개적인 선언이다. 이를 통해 두 사람의 결혼은 공적인 힘을 갖게 된다.

1863년 노예제가 폐지되었을 때, 아브라함 링컨은 그 자리에 서서 "모든 노예는 이제 자유다"라는 말로 끝내지 않았다. 그는 노예 해방 선언(Emancipation Proclamation)이라는 특별한 문서를 만들어 온 나라에 선포했다. 그는 공개적으로 하는 선포의 힘을 알았던 것이다.

나 역시 당신에게 부모님을 축복해드리는 특별한 글을 정성껏 써보라고 적극 권장하고 싶다. 이후 그 글을 공개적으로 낭독하는 특별하고 의미 있는 시간을 가지라. 데니스 레이니는 부모에게 드리는 이 축복문을 '헌사'(tribute)라고 불렀다[1]. 나는 이 표현이 맞다고 생각한다. 부모님에게 이 헌사를 바칠 때 온 가족이 다 참석하는 것이 좋다. 그러면 부모님을 공경하는 모습을 자녀들이 보고 배울 수 있을 것이다. 또한 다음 세대를 위해 축복하는 가족 문화를 창출하는데 기여하게 될 것이다.

《부모님에게 바치는 헌사 작성법》

「부모를 위한 헌사」(The Tribute)에서 데니스 레이니는 헌사를 작성하는 방법에 대해 아주 자세히 설명한다. 그의 설명처럼 상세하지는 않지만, 헌사를 쓰는데 필요한 일곱 가지 간단한 지침을 소개하고자 한다.

1. 부모님이 잘 해주신 일을 모두 써 보라. 대부분의 부모는 좋은 일보다는 잘못과 실수들을 기억하고 있을 것이므로 이 기회를 이용해 그 일들을 상기시켜 드리라.
2. 부모님에게 감사하는 일을 모두 써 보라.
3. 그동안 부모님이 보여 주신 경건한 모습과 인품을 써보라. 부모님이 신자가 아니어서 경건한 인품을 떠올리기 어렵다면 기도하라. 그러면 주님께서 자녀를 위하는 부모님의 진심을 알게 해 주실 것이다. 아버지가 매일 직장에 갔다 귀가해서 텔레비전 앞에 앉아 술만 마셨더라도 가족을 포기하지 않고 부양해 준 데 대해 감사할 수 있다. 하나님께 구하면 부모님의 좋은 자질들을 보게 도와주실 것이다.
4. 부모님과 함께 했던 의미 있는 시간들 또는 즐거웠던

시간들을 써 보라. 가족은 저마다 의미 있는 추억을 가지고 있다. 추억들을 적는 이유는 자녀의 인생을 이끌어 준 부모님을 축복하는 데 그 목적이 있다.

5. 적은 내용들을 모두 종합해 부모님에게 감사하는 헌사를 작성하라. 초안을 썼다면 보완해서 다듬는 시간을 가지라. 완벽할 필요는 없다. 정성이 느껴지는 내용이면 된다.

6. 헌사 내용을 되새기고 숙지하라. 또한 헌사를 영구적으로 보관할 방법도 결정하라. (족자로 만들거나 나무 목판에 새기거나 인쇄해서 액자로 만드는 방식 등이 있다.) 이 단계에서 핵심은 헌사를 영구적인 기록으로 남겨 눈에 띄는 장소에 전시하는 데 있다. 돈이 들더라도 부모를 공경한다는 의미에서 정성껏 준비하라.

7. 의미 있는 날을 택해 헌사의 내용을 공개적으로 낭독하고 부모님에게 드리라. 생신이나 기념일, 어버이날, 혹은 부모님에게 의미 있는 날을 선택할 수 있다. 꼭 휴일이어야 할 필요는 없다. 당신과 부모님이 시간을 낼 수 있는 날이면 된다. 두 분 다 생존해 계시다면 각기 다른 날 그 헌사를 드릴지 아니면 같은 날 드릴지 결정할 수 있다.

1990년대 후반 아내와 나는 주님께 부모님을 공개적으로 축복해 드릴 시기를 알려 달라고 기도를 드린 적이 있다. 그때 주님이 국제 가족 재단 모임에서 두 분을 공개적으로 축복하는 선언을 하기를 원하신다는 느낌이 들었다. 그래서 나는 집회 중에 두 분이 내 인생에 부어 주신 모든 사랑과 정성에 감사하는 헌사문을 읽고 어머니와 아버지를 따로 따로 기도해 드리고 공개적으로 축복해 드렸다. 독자들이 참고할 수 있도록 어머니에게 써서 드린 축복문 일부를 아래에 소개한다.

어머니 보니 힐 여사에게 드리는 헌사

오래전 이층 창문에서 낙하산을 타고 뛰어내리는 아들을 보시고 어머니는 급하게 진화를 끊고 헹여 무슨 일이 생겼나 부리나케 달려오셨지요. 크게 다친 곳이 없는 아들의 모습에 가슴을 쓸어내리시며 아들의 부탁에 낙하산을 가지러 나무에까지 올라가신 어머니! 사실 많은 어머니들이 이때 아들에게 화를 냈을 겁니다. 그러나 어머니는 그렇지 않으셨습니다.
어머니, 언제나 한 인격체로 저를 대해 주시고, 제가 중요하게 생각하는 일이라면 그것이 아무리 하찮은 일이라도 소중히 여겨 주셔서 감사합니다. 제가 부모가 되어 보니 아이에게 배우고 성장할 기회를 주면서 해를 당하지 않게 경계를 지어 주는 일이 얼마나 어려운 것인지 알게 되었습니다. 어머니는 사랑을 표현하고 관심을 보여 주며 경계를 지어 주시되 저를 억압하거나 제한시키고 지배하지 않으셨습니다. 제가 시행착오를 겪더라도 항상 기회를 주셔서 감사합니다.

저는 지금까지 이기적이고 자녀를 과잉보호하며 자녀가 무슨 일을 해도 탐탁지 않게 여기는 어머니로 인해 괴로워하는 많은 사람들을 만나왔습니다. 당신을 제 어머니로 주셔서 하나님께 감사합니다. 어머니는 저로 인한 염려로 무너지지 않으셨고 제게 깊은 관심을 기울여 주셨습니다.

많은 이들이 그들의 말에 귀기울여 주는 어머니를 원합니다. 당신이 바로 그런 어머니입니다. 많은 이들이 어릴 때부터 하나님에 대해 가르쳐 주는 어머니를 원하는데, 당신이 바로 그런 어머니입니다. 많은 이들이 자신이 아내와 하나가 되도록 기꺼이 그 품에서 떠나보내는 어머니를 원하는데, 당신이 바로 그런 어머니입니다. 많은 이들이 자녀들을 위해 꾸준히 기도해 주는 어머니를 원하는데, 당신이 바로 그런 어머니입니다.

어머니, 매일 저와 제 가족을 위해 기도해 주셔서 감사합니다. 십 대 시절 제가 두려움 없이 마음껏 활동하며 여러 활동에 참여하도록 해 주셔서 감사합니다 … 늘 한결같이 경건하게 주님을 섬기는 본을 보여 주셔서 감사합니다. 잠언 31장에서 말하는 현숙한 여인의 모델이 바로 어머니 당신이었습니다. 사랑합니다. 어머니, 저를 사랑해 주시고 제 어머니가 되어 주셔서 감사합니다. 제 어머니라서 너무나 자랑스럽습니다. 저는 하나님의 복을 받은 사람입니다.

부모님에게 드리는 헌사는 그분들을 향한 당신의 진심이 그대로 드러나는 글이어야 한다. 감사를 표현하는 행위 자체가 중요하기에 완벽한 헌사문을 쓰려고 애쓰지 마라. 그냥 진심이 우러나오는 글이면 된다.

《가정에 축복의 문화를 회복하라》

노년의 부모님을 저주했을 경우

1. 부모님의 인생에서 하나님의 대리인이 아니라 사탄의 대리인 역할을 한 죄를 하나님 앞에서 회개하라

아버지, 제가 사탄의 대리인이 되어 연로하신 부모님에게 사탄의 메시지를 전달한 죄를 지금 인정합니다. 주님, 아버지/어머니에게 살리는 생명의 말이 아니라 죽음의 말을 했습니다. 오늘 부모님의 정체성을 저주하고 그분을 마음으로 공경하고 존경하지 않은 죄를 버리겠습니다. 제 마음으로 부모님을 공경하지 않은 죄를 회개하오니 예수 그리

스도의 보혈로 저를 용서해 주시기를 구합니다. 아버지, 부모님을 말이나 행동으로 무시하고 정체성을 저주함으로써 입힌 상처를 치유해 주시기 바랍니다. 지금 나이 드신 저의 아버지/어머니를 축복해 주소서. 주님, 구하오니 제가 아버지/어머니에게 잘못을 고백하고 용서를 구하는 시간을 허락해 주소서.

2. 아버지/어머니를 축복해 드리는 데 인색했던 잘못을 인정하고 용서를 구하라

"아버지/어머니, 제가 그동안 아버지/어머니를 판단하고 감사하지 않고 공경하지 않았다는 것을 알게 되었어요. 이런 제 태도가 잘못이라는 것과 이런 태도와 행동으로 부모님께 죄를 지었다는 것을 이제 깨달았어요. 저를 용서해 주시겠어요? [대답을 기다린다.] 그동안 제게 해 주신 모든 일에 지금 감사드리고 싶어요. 오늘 이렇게 함께 모인 자리에서 제 마음을 담은 글을 읽어 드리고 싶어요."

3. 용서를 구한 후, 축복해 드리는 시간을 가지라

축복의 편지(헌사문)를 읽고 아버지/어머니를 축복하라.

부모님에게서 학대나 상처를 받아
축복해 드리고 싶은 마음이 들지 않을 경우

1. 다음과 같은 용서와 치유의 기도를 드리라

    아버지, 제가 그동안 부모님을 원망하고 분노하며 탓하는 마음으로 방어막을 세우고 더 상처 입지 않으려고 두 분에게 날을 세웠던 제 모습을 깨달았습니다. 주님, 제가 주님보다 제가 세운 방어막을 의지했던 것을 용서해 주소서. 아버지, 이제 분노하고 원망하며 탓하는 방어막을 내려놓기를 원합니다. 저를 보호하려고 분노의 성벽을 만들고 그것을 의지했던 죄를 회개하오니 용서해 주소서.

    지금까지 부모님도 그 어느 누구도 제가 받은 상처에 대해 갚아 줄 수 없었습니다. 그러나 예수님이 십자가의 공로로 그 값을 다 지불해 주셨습니다. 주께서 이미 갚아 주셨으므로 오늘 아버지/어머니가 제게 더 이상 빚을 갚지 않아도 됨을 선언합니다. 주님의 이름으로 아버지/어머니를 용서합니다. 이제 주께서 저를 보호해 주시고 안전하게 지켜 주실 것을 믿습니다.

    아버지/어머니께 받은 상처로 인해 그분들을 공경하지 않았던 죄를 고백합니다. 저를 용서해 주소서. 이제 제 마음으로 부모님을 공경하고 존경하기로 결심합니다. 그분들을 공경하고 축복하겠습니다.

주님, 구하오니 제가 아버지/어머니에게 잘못을 고백하고 용서를 구하는 시간을 허락해 주소서.

2. 이제는 아래의 단계를 따라 부모님과 만날 시간을 가지도록 하라

부모님이 이미 작고하셔서 살아 계실 때 축복해 드리지 못했다면 앞에서 말한 방식으로 두 분을 축복해 드릴 수는 없을 것이다. 그러나 부모님에게 하고 싶었던 말을 주님께는 할 수 있다. 단, 성경은 망자와 대화하는 것을 금하고 이런 행위를 주술이라고 규정하기 때문에(신 18:11) 부모와 직접 대화를 시도해서는 안 된다. 대신 부모님에게 하고 싶었던 마음의 말을 주님께 직접 쏟아놓을 수 있다.

하나님 아버지, 부모님이 살아 계실 때는 아버지/어머니를 축복해 드리고 헌사를 바칠 기회가 없었습니다. 주님, 이제 이 실수를 돌이킬 수가 없음을 인정합니다. 저의 모든 죄와 실수와 과오를 위해 예수 그리스도께서 흘리신 보혈로 저를 덮어 주시기를 구합니다. 주의 용서를 받고 오늘 살아 계실 때 부모님을 축복해 드리지 못한 저 자신을 용

서하겠습니다. 주님, 아버지/어머니에게 제가 꼭 말씀드리고 싶은 것은 이것입니다. 〔주님께 부모님에게 미처 표현하지 못했던 축복의 내용을 다 쏟아 놓는다.〕

아버지 하나님, 계속 이대로 마음에 부모님에 대한 짐을 지고 살 수 없음을 고백합니다. 이제 두 분을 사랑하고 그 추억을 간직하겠습니다. 주님, 부모님과 지난 시절 나누었던 추억에 대해 감사드립니다. 부모님은 제가 아니라 주님의 소유임을 지금 고백합니다. 그러므로 아버지/어머니를 이제 내어드립니다. 예수님의 이름으로 주의 손에 맡겨드립니다.

《이렇게 부모를 축복하라》

아직 부모님이 살아 계시다면 두 분을 축복한다고 공개적으로 선언하는 시간을 계획하고 가정에 축복의 문화를 조성하라. 앞에서 소개한 방식을 참고할 수 있다. 헌사를 부모님에게 바치고 다음과 같이 축복을 선언할 수 있다. 테리 본과 멜리사 본 부부의 「가족 축복 지침서」(The Family Blessing Guidebook)에서 발췌한 이 글[2]은 성인 자녀들이 작성해서 노년의 그리스도인 부모에게 낭독한 것이다. 각자의 상황에 맞게 내용을 수정해도 좋다.

오늘 저희는 두 분이 평생 보여 주신 한결같은 인품과 선행을 감사하고 축복해 드리고 싶습니다.

자기 몸을 돌보지 않고 자녀를 양육하고 물질적, 정서적, 영적인 필요를 채우느라 혼신의 노력을 다하신 아버지/어머니를 존경합니다.

당신 자신의 필요보다 우리의 필요를 더 우선하시고 우리를 위해 기꺼이 희생해 주셔서 감사합니다. 주 예수님을 향한 헌신을 통해 우리에게 영적 자산을 물려 주셔서 감사합니다. 경건한 모범으로 우리가 따를 본을 보여 주셔서 감사합니다. 아버지/어머니의 한결같은 신앙으로 우리가 복을 받고 도전을 받았습니다. 기도로 보이지 않는 어려움으로부터 우리를 보호해 주셔서 감사합니다.

지혜를 전수해 주시고 소중한 인생의 교훈을 가르쳐 주셔서 감사합니다. 우리가 필요할 때 늘 우리 손을 잡아 주셔서 감사합니다. [여기서 몇 가지 일화를 소개한다.]

앞으로 지상에 허락된 시간이 다하기까지 성령의 임재하심을 누리시기를 바랍니다.

아버지/어머니의 마음이 늘 평안을 누리고 그 생각과 정신이 늘 깨어 있고 살아 계시는 동안 기력이 쇠하지 않고 정정하여 장수의 복을 누리시기를 바랍니다. 하나님이 베푸신 선하심과 가족이나 친구들과 나눈 아름다운 시간을 추억할 수 있도록 기억력이 쇠퇴하지 않기를 구합니다. 영과 진리로 하나님을 언제나 예배하며 풍성한 신앙생활을 하시도록 축복합니다.

저도 아버지/어머니의 남은 여정에 동행하겠습니다. 언제나 당신의 필요를 돌봐드리며 곁에 있겠습니다. 자주 방문하고 기도로 늘 함께 하겠습니다.

오늘 여기 모인 당신의 자녀들을 보면서 영원히 이어질 유산이 싹트고 있음을 확연하셨으리라 생각합니다. 앞으로도 아버지/어머니께 물려받은 유산을 잘 간직해 자녀들에게 계승할 것을 약속합니다.

"여호와는 네게 복을 주시고 너를 지키시기를 원하며 여호와는 그의 얼굴을 네게 비추사 은혜 베푸시기를 원하며 여호와는 그 얼굴을 네게로 향하여 드사 평강 주시기를 원하노라"(민 6:24-26).

The Power of a Parent's Blessing

Chapter 11

가족 축복:
'가족의 산'을 탈환하는 비결

　최근 기독교계에서 '일곱 가지 문화의 산'(the seven mountains of culture)을 탈환하는 문제에 대한 토론이 있었다. 예수 그리스도를 위해 전 세계에 영향을 미치려면 일곱 가지 영역에 영향력을 미쳐야 한다는 요지로 이루어진 토론이었다. 그 일곱 가지 문화의 산은 기업, 정부, 미디어, 예술과 오락, 교육, 가정, 종교를 말한다.

　2011년 오스 힐먼은 그의 저서「하나님의 통로」(Change Agent)에서 이 영역들이 아주 소수의 리더들과 네트워크에 의해 좌우된다는 사실을 지적했다. 실제로 그는 "한 산을 대표하는 가치를 실제적으로 변화시키기 위해서는, 그 문화의 산 정상에서 활동하는 사람들의 3-5퍼센트만 있으면 된다"고 썼다.[1] 그는 이어서 이렇게 말한다.

"회심한 사람들이 성경적 세계관으로 문화의 산 정상에서 활약하도록 하는 것이 더 중요하다 … 자유주의 관점을 가진 불신자들이 산 정상에서 변화의 주체로 활약하면 문화는 자유주의적이고 비기독교적으로 변한다. 반면 경건한 사람들이 변화의 주체로 활약하면 문화는 거룩해진다. 문화의 산에서는 숫자가 아닌 누가 최대한 영향을 미치느냐가 중요하다. 그리고 모든 문화의 산은 '가족의 산'이 뒷받침되어야 한다."[2]

가족이라는 산이 다른 나머지 문화의 산의 기초라는 것은 사실이다. 그 이유는 무엇인가? 부모에게는 자녀를 향한 하나님의 목적이 이뤄지도록 할 힘과 그 일을 방해할 힘도 동시에 있기 때문이다. 우리 자녀들은 나머지 여섯 가지 문화의 산 정상에서 핵심적인 영향력을 미치도록 부르심을 받았다. 그러나 만약 부모가 가정에서 축복의 문화를 조성하고 그것을 전파하는 책임을 제대로 이행하지 못한다면, 자녀들은 그 소명을 이루지 못할 것이다.

부모의 축복은 자녀가 문화의 산 정상에서 핵심 인물이 되게 할 정도로 위력이 있다. 그러나 지난 수십 년 동안 그리스도인들은 저주의 문화가 우리 사회에 뿌리내리도록 방치했고, 그 결과 가정이라는 산에서조차 그 영향력이 지속적으로 축소되었다.

1970년대까지만 해도 남녀가 서로에 대해 오랫동안 연애 감정을 가지면 대부분 결혼을 기정사실화했다. 일단 두 사람이 결혼하기로 작정하면 교회에 꾸준히 다니지 않더라도 목사를 찾아가 결혼 예식을 집전하고 결혼에 필요한 조언을 해 달라고 부탁했다.

그런데 오늘날은 그런 모습을 찾아보기가 쉽지 않다. 성관계를 가져도 결혼까지 이어지지 않고, 설령 결혼까지 이어지더라도 목사님이나 종교 지도자에게 결혼 예식 집전을 부탁하지 않는 경우가 허다하다. 실제로 그리스도인들은 연애와 성관계, 가족 관계에 관한 사회적 기준을 선도하며 핵심적인 영향력을 행사하는 주도 세력에서 밀려난지 오래이다. 우리는 이 영향력을 선점하는 싸움에서 심각한 패배를 당해왔다. 오스 힐먼은 그 사실을 통계로 보여 준다.

지난 40년 동안 결혼을 의무로 생각하고 이혼을 금기시하는 인식이 크게 약화되었다. 그리고 정상적인 부부 관계 밖에서 태어난 자녀들의 비율이 극적으로 증가했다. 인구 통계에 따르면 1970년부터 2008년까지 결혼 생활을 하는 부부와 함께 사는 자녀들의 비율은 85퍼센트에서 66.7퍼센트로 감소했다.

한부모와 사는 자녀들 중 약 4분의 3이 싱글맘과 살고 있다. 가족 구조의 이런 중대한 변화의 원인은 결혼에 관한 미국인들의 두 가지 근본적인 태도의 변화, 즉 미혼 상태로 자녀를 갖는 사람들의 증가와 높은 이혼율이다. 미국의 어린이들 중 3분의 1 이상이 지금 혼외 관계에서 출생하고 있으며(39.7퍼센트) 이 중 71.6퍼센트가 흑인 자녀이고 백인과 다른 인종은 27.8퍼센트이다.[3]

결혼의 중요성을 연구하는 16명의 학자들이 발표한 가정 생활 연구 결과에 따르면, 부모가 이혼한 청소년들 중 65퍼센트가 아버지와 관계가 원만하지 않다고 한다(이혼하지 않은 가정의 29퍼센트와 비교된다).[4]

〈워싱턴 타임즈〉는 이혼이 자녀들에게 미치는 영향을 발표하였다. "미국 10대 중 절반 이상이 '서로를 거부하는' 부모들 아래서 성장한다. 이런 사실은 미국의 장래 리더십, 생산성, 부, 안녕에 암운이 드리운 것이나 마찬가지라고 미국 가정에 대한 새로운 전국 보고서는 말한다. 15-17세 청소년들 중 출생 때부터 부모 모두에게 양육을 받는 비율은 45퍼센트에 그쳤다."[5]

앞에서 우리는 결혼이라는 보호의 울타리 밖에서 임신될 때 영적으로 정서적으로 발생하는 심각한 후유증에 대해 살펴보았다. 상기한 통계들은 미국 흑인 가정의 영아들 중 70퍼센트 이상과 미국 전체 영아들의 거의 40퍼센트가 태중에서 영적 보호의 울타리가 없었고, 부모에게 별다른 축복을 받지 못하였음을 보여준다. 이것은 자녀들이 대부분 인생 첫 출발선에서부터 부모들로 인해 정체성과 인생의 목적에 관한 사탄의 강력한 메시지를 전달받는다는 뜻이다. 심지어 태중에서부터 악한 영의 공격을 받는 경우도 있다.

초자연적인 개입이 없으면 사탄은 자녀들의 마음에 거부감과 깊은 상처를 마음껏 심을 것이다. 그런 일이 일어나면 자녀들에게는 인생의 저주의 위력을 깨뜨릴 축복이 절대적으로 필요하다. 예수 그리스도와의 개인적인 만남으로 사탄의 메시지가 하나님의 메시지로 바뀌어야 한다. 그렇지 않으면 부모들이 자신들에게 행한 그대로 답습할 것이 분명하다.

우리는 또한 아버지들이 자녀들의 인생에, 특히 사춘기 자녀들의 인생에 개입해야 할 강력한 필요를 살펴보았다. 이미 살펴보았듯이 소년이 영적이고 정신적으로 남자가 되고 소녀가 여자가 되도록 세우는 것은 아버지의 축복이다. 그런데 현실은 전체 자녀들 중 절반 이상이 부모들의 축복을 받을 기회마저 갖지 못하고 사춘기에서 성인기로 진입한다.

가정을 두고 벌이는 싸움에서 그리스도인들이 패배하는 이유

예수 그리스도의 제자들인 우리가 가정이라는 산에서 영향력을 상실한 일차적인 원인은, 가정에서 축복의 문화를 형성하거나 실천하지 않기 때문이다. 솔직히 기독교 가정에서 자란 사람이 인생의 중요한 일곱 시기에 축복을 받지 않았을 가능성은, 믿음을 고백하지 않는 가정에서 자란 사람과 별반 차이가 없다. 그러나 인생의 중요한 일곱 시기에 축복을 받으면, 자녀에게 건강한 정체성과 소명 의식을 발전시킬 수 있는 토대가 마련된다. 부모의 축복을 모르고 자란 자녀들은 인생의 의미와 목적을 추구할 때 일시적인 만족을 약속하는 파괴적인 가치를 수용하기 쉽다.

그런 가치를 받아들이면 기독교 가정에서 자랐다 해도 이혼, 혼전 관계, 십 대 임신, 약물 남용, 정서적 장애나 행동 장애를 겪을 가능성이 높아진다. 이로 인해 우리 주변과 심지어 교회에 다니는 부모들의 자녀들까지 이러한 질문을 제기하기에 이르렀다.

"왜 우리가 당신네 가정을 본받고 싶겠습니까? 믿음에 기초한 가정 생활이라는데 우리보다 별로 나아보이는 것도 없고 어떤 경우는 우리보다 더 문제가 많고 역기능적인 모습을 보이잖습니까?"

이런 비판은 정당한 비판이므로 우리를 일깨우는 엄중한 경고로 받아들여야 한다. 무엇인가 단단히 잘못되었다. 최근 몇십 년간 우리는 변화의 주체로서 가정이라는 산에 영향을 미치지 못하고 있다.

앞에서 우리는 "너희는 길에 서서 보며 옛적 길 곧 선한 길이 어디인지 알아보고 그리로 가라 너희 심령이 평강을 얻으리라" (렘 6:16)라는 예언자적 경고에 대해 이야기했다. 인생의 중요한 일곱 시기를 축복하는 것이 '옛적 길'이다. 가정에서 이런 축복의 옛적 길을 실천할 때 자녀들의 영혼은 평안을 누릴 수 있다.

부모의 축복을 받고 자란 자녀들은 내적으로 안정감을 보이며 확고한 목적 의식을 가지고 있다. 반면 부모의 축복을 받지 못하고 자란 자녀들은 불안감에 시달리며 과시욕이 강하고 이성으로부터 자신의 가치와 인생의 의미를 확인하려고 한다. 그러면 안정감 속에서 배우자를 사랑하기가 쉽지 않다. 오히려 자신의 존재를 확인하기 위해 배우자에게 의존한다.

부모에게 축복을 받지 못함으로써 불안감에 시달리면, 가정들은 이혼과 역기능이라는 악순환을 다음 세대로 전수할 가능성이 높다. 나는 이런 악순환을 2010년 국제 가족 재단 모임에서 이렇게 설명한 적이 있다.

이혼과 재혼은 자녀들의 마음에 깊은 상처를 주고 불안정과 수치심, 성과 지향성의 씨앗을 다음 세대에 뿌리게 됩니다. 이렇게 상처 입은 자녀들이 성인이 될 때, 그 씨앗은 결혼 생활에서 불륜, 학대, 유기, 중독이라는 4가지 악한 열매를 맺는 경우가 많습니다.

이 증상들이 해결되지 않을 경우, 2세대 역시 이혼으로 이어집니다. 결혼의 핵심 문제들을 제대로 다루지 않으면 마음의 깊은 상처까지 건드리는 진정한 치유가 일어나지 않습니다. 그러나 이런 4가지 악한 열매의 적절한 해결책으로 이혼과 재혼을 계속 용인하게 된다면, 후세에는 성적인 악이 더욱더 기승을 부리고 번성할 것입니다. 동성 결혼은 앞으로 일어날 일의 빙산의 일각에 불과합니다. 역사는 그런 악순환이 궁극적으로 로마 제국의 몰락으로 이어졌다고 말합니다. 로마의 역사가 재현되는 비극을 피하고 싶다면, 이 세대의 진정한 치유와 변화를 우리의 최우선 순위로 삼고 가정이 회복되도록 우리의 역량을 모두 쏟아야 합니다.

불행하게도 오늘날 교회는 배우자가 4가지 악한 죄를 범할 때, 이혼과 재혼을 하나의 해결책으로 당연시하는 분위기이다. 나는 이런 풍토가 세대적으로나 사회적으로 미치는 영향을 대부분의 지도자들이 심각하게 고려하지 않는다고 생각한다. 많은 교회 지도자들마저도 이런 죄들은 하나님께서도 치유할 수 없으실 거라고 생각하는 것 같다. 그러나 마가복음 5장 1-20절에서 예수님이 거라사의 귀신 들린 사람을 해방시켜 주셨듯이 불륜과 학대, 유기와 중독에 사로잡힌 남편들과 아내들을 치유하시고 자유하게 하셔서 가정으로 돌아가게 해 주실 수 있다.

불륜과 학대, 유기와 중독으로 원수가 결혼 생활을 건드리면, 믿음이 약한 그리스도인들은 종종 부부의 치유와 회복보다는 이혼을 권장한다. 그러나 불행하게도 이혼은 결혼 생활의 언약이라는 하나님의 보호용 울타리를 무너뜨리고, 원수가 자녀들의 마음에 부정적인 메시지를 심도록 문을 열어 준다. 이혼 가정의 많은 자녀들이 부모의 이혼을 자신들 탓으로 돌리는 이유가 이 때문이다. 사탄은 이혼을 이용해 버림받은 느낌, 죄책감, 수치심, 완벽주의를 자녀의 마음에 심어 주고, 어머니나 아버지가 그 배우자를 버린 것처럼 자신도 거절당하리라는 두려움을 갖게 한다.

하나님은 결혼 생활이 은혜에 기초한 조건 없는 언약이 되도록 계획하셨다. 그러나 이혼은 결혼을 행위에 근거한 조건적인 계약으로 만들어, 그리스도께서 그분의 신부인 우리를 대하시는 예언적 상을 왜곡시킨다(엡 5:31-32). 결혼을 은혜에 기초한 무조건적 언약이 아니라 행위에 기초한 조건적 계약으로 인식하게 만든다. 또한 과오가 있는 배우자는 언제라도 버릴 수 있다고 생각하게 만든다.

이혼은 사탄에게 문을 열어 주어 사탄의 메시지를 심고 마음의 평강을 앗아갈 수 있도록 허용한다. 이혼 가정의 자녀들은 완벽주의와 수치심에서 생긴 통제 욕구로 성인기에 죄책감과 우울증에 시달릴 가능성이 높다. 그러면 성인 자녀들은 마음 깊은 곳에 자리한 무가치감, 버림당한 느낌, 죄책감, 수치심을 술이나 마약, 음란물, 섹스 등으로 달래려 시도할지 모른다. 따라서 불륜, 학대, 유기, 중독으로 부모님이 이혼한 것처럼 자신들도 그렇게 결혼 생활을 망가뜨린다.

2세대가 부모 세대의 4가지 죄악을 답습하고 이것이 다시 이혼으로 이어지면 3세대에서는 이 악순환이 더 심각한 양상으로 되풀이된다. 어떤 세대이든 하나님의 백성들은 이혼과 재혼이 어떤 해결책도 될 수 없음을 인정해야 한다. 오히려 그것은 다음 세대가 4가지 죄악을 답습할 단초가 된다. 이 저주의 대물림을 축복의 대물림으로 바꾸기 위해서는 이기적이고 단기적인 해결책을 거부하고, 미래 세대의 장기적인 축복에 헌신하기로 결단을 내려야 한다.

그러나 이 말이 4가지 죄악을 범한 배우자의 잘못을 용인하고 아무 조치도 취하지 말라는 뜻은 아니다. 이혼이 해결책은 아니지만, 정서적으로 성적으로 육체적으로 학대를 당한 배우자는 즉시 그 상황을 목회자나 영적 권위자에게 알리고 도움을 구해야 한다.

가정에서 발생하는 폭력의 악순환은 외부의 도움 없이 해결되기가 매우 어렵다. 하나님은 가정 내 폭력을 배우자가 혼자 오롯이 감내하고 처리하기를 절대 원하지 않으신다. 목회자의 조언과 더불어 즉각 자신과 가족을 위험에서 보호하고 폭력을 휘두른 남편(혹은 아내)과 맞서거나 필요한 도움을 받도록 계획을 세우고 실행해야 한다. 여기에는 전문적인 상담이나 행정 당국의 도움도 포함된다.

이혼으로 결혼 관계를 완전히 끝내고 싶은 단기적인 해결 방법의 유혹을 거부하고 결혼 생활의 치유와 회복이라는 장기적인 해결책을 선택하기로 결단하는 것은, 복음의 가장 강력한 예언적 상의 하나이다. 나를 사랑하는 사람을 사랑하고 나를 축복하는 사람을 축복하고 내게 신실한 사람에게 신실하기란 그리 어렵지 않다. 그러나 신실하지 못한 사람에게 신실하고 나를 거부하는 사람을 용납하며 저주하는(학대하는) 사람을 축복하는 것은 결코 쉬운 일이 아니다. 하지만 이것은 예수 그리스도께서 우리에게 행하신 참된 예언적 상이다(엡 5:28-32).

사회의 3가지 핵심 가치의 교체

우리는 축복을 받지 못하고 자란 자녀들이 단기적인 가치를 받아들이기 더 쉽다는 사실을 앞에서 알아보았다. 그리스도인들이 가정이라는 산에서 영향력을 상실한 원인이 바로 이 가치의 교환이다. 지난 수십 년간 나는 대다수 교회에서 세 가지 핵심 가치가 교체되는 것을 지켜보았다.

1. 진리의 절대 기준인 하나님의 말씀이 상대적인 기준으로 교체되었다.
2. 자기 희생의 덕목이 자기 만족의 덕목으로 교체되었다.
3. 언약으로서의 결혼 생활이 계약으로서의 결혼 생활로 교체되었다.

사탄이 이 세 가지 가치를 다른 가치로 교체할 수 있었던 까닭은, 무엇보다 우리가 인생의 중요한 일곱 시기에서 축복이라는 하나님의 옛적 길을 버렸기 때문이다. 이미 살펴보았지만 축복을 받은 영혼은 안식을 누릴 수 있고 자신이 소중한 존재임을 확신하게 된다. 반면 축복을 받지 못한 사람들은 심리적인 고통과 불안감에 시달리기 쉽다. 이런 내적 문제가 있으면, 인생과 다음 세대의 유익이라는 장기적인 안목으로 희생하기보다는 단기적인 자기 만족을 추구하게 된다.

지금부터 이 세 가지 핵심 가치를 간략히 살펴보자. 예수 그리스도의 제자로서 나는 성경이 하나님의 감동으로 된 것이라고 확신한다. 나는 성경을 무오한 진리의 원천으로 받아들인다. 다시 말해, 성경이 내 믿음과 삶을 규정하는 권위라는 말이다. 하나님의 말씀이 환경이나 느낌, 예언의 말씀, 꿈, 체험, 목회자나 지도자의 조언과 상충할 때도 나는 흔들리지 않고 하나님의 말씀을 따른다.

그러나 최근 수십 년간, 특히 현대 과학의 영향으로 사람들은 자명하게 입증될 때까지 모든 것을 의심하게 되었고, 또 그렇게 배워왔다. 그 결과 사람들은 더 이상 성경을 옳음과 진리의 절대적인 기준으로 보지 않게 되었다. 즉, 다른 모든 것처럼 검증되고 입증되어야 하는 상대적인 기준으로 보게 된 것이다. 이런 방식은 하나님의 옛적 길을 거부하는 시도로, 이로 인해 지금 많은 문제점들이 드러나고 있다. 불행하게도 사람들은 스스로뿐 아니라 자녀들과 미래 세대들까지 엄청난 피해를 입고 나서야 이 성경적 원리를 어긴 대가가 얼마나 무서운지 알게 된다.

나는 그리스도인들이 성경의 분명한 지시와 정반대의 결정을 내리는 말을 들을 때마다 늘 충격을 받는다. 왜 그런 선택이 옳다고 생각하는지 이유를 물어보면, 그들은 예언의 말이나 꿈,

환상, 환경 혹은 누군가의 조언을 근거로 내민다. 하지만 주관적인 말과 체험은 절대 하나님의 말씀을 대체할 수 없다.

가치를 교체할 때 어떤 결과가 초래되는지 말하고 싶다면, 등대가 고정된 장소가 아니라 이동하는 배에 실려 있다고 가정하면 된다. 물결이 사납게 일렁이는 바다에서 등대의 불빛을 보고 항해하는 배들은 고정된 준거점이 없어서 길을 찾지 못해 암초와 충돌할 것이다. 등대가 쉬지 않고 움직이기 때문이다. 교회의 수많은 가족들이 경험하는 일이 바로 이것이다.

교체된 두 번째 가치는 자기 희생이다. 자기 희생이 자기 만족으로 대체되었다. 자기 희생적인 삶은 한때 그리스도인들이 매우 중시했던 가치였다. 특히 예수님은 우리를 위해 자신의 목숨을 희생하셨다. 창세기에서 하나님이 아브라함을 축복하신 이유는 그의 유익만을 위한 것이 아니었다. 땅의 모든 족속이 아브라함을 통해 축복을 받기 위해서였다.

역사적으로 가족은 함께 살고 먹고 일했다. 그들의 생존 비결은 그것이었다. 그래서 한 사람이 맡은 책임을 거부하면 온 가족이 고통을 당하거나 심지어 몰살 당할 수 있었다.

오늘날 공동체적인 물리적 생존은 개인적인 심리적 생존으로 대체되었다. 각 개인이 감당하기 어려울 만큼 스트레스를 받고 있다. 그래서 이제는 정신적 고통을 피하는 것이 목적이 되었다. 물론 이런 사고 방식은 정서적으로 미성숙한 의존 상태로 고착시켜 사람을 소극적이고 수동적으로 만든다. 그러면 계속 환경과 타인의 선택에 휘둘리게 되고 더 심각한 정신적 고통에 얽매이게 된다.

이러한 교체의 가장 두드러진 결과는, 자녀들이 자아 존중감을 상실하는 것이다. 과거에 개인은 스스로를 온 세상에 하나뿐인 특별한 존재로 여겼다. 자신을 하나님과 사회에 쓸모 있는 존재라고 느꼈다. 최근에 나는 1945년에 아버지가 할아버지에게 쓴 편지를 읽었다. 전쟁이 끝나면 어떻게 할지에 대한 인생 계획을 설명한 내용이었다. 당시 아버지는 전통적인 교단 교회에서 자라셨지만 주님의 인도하심을 받는다는 확신이 별로 없으셨다. 그러나 스물한 살의 그 젊은이는 자부심을 가지고 있었다. 다음을 읽어 보라.

저는 전쟁이 끝나면 학교에 복학해서 과학, 정치, 군사 분야 등 여러 다양한 분야에서 공부를 계속할 계획입니다. 제가 정치나 군사 분야에 진출하고 싶은 이유는 과거에 수없이 그랬던 것처럼 지금도 부패가 여전하기 때문입니다. 만약 전쟁에 이기고도 평화를 잃은 독일처럼 좋지 않은 상황에 처하게 된다면, 의회를 운영하는 정치 지도자들과 맞서 싸우는 정치적 전쟁이 필수적이라 생각됩니다. 저는 부자가 되고 싶은 마음이 없습니다. 먹고 살 수 있고 입을 옷만 있다면, 평생 최선을 다해 그 일에 투신하고 싶습니다.

내게 가장 인상적이었던 내용은 이십 대 초반의 아버지가 가졌던 목적 의식이었다. 그는 자기 만족보다 자기 희생을 분명히 우선하고 있었다. 국민을 섬기는 종복이 되어 먹고살 음식과 옷만 있으면 최선을 다해 인류에 기여하고 싶다는 포부도 드러냈다. 나는 이 편지를 읽고 나서 아버지에게 유독 아버지만 대의를 위했냐고 물었다. 아버지는 아니라고 했다. 당시에는 대부분의 젊은이들이 이와 비슷한 생각을 하고 있었다고 했다.

오늘날 사회에서는 이런 자기 희생의 가치가 거의 사라졌다. 문제는 그리스도인들 역시 예외가 아니라는 것이다. 그리스도의 제자에게 행복은 인생의 참된 목표가 아니다. 하나님 나라를 확장하고 높이는 것이 인생의 목표이다. 기쁨과 성취감은 예수님을 섬김으로써 얻는 결과이다. 이것은 자기 희생에 근거한다. 그러나 목표가 아니라 결과를 추구하는 사람은 둘 다 놓친다. 이것은 자기 만족에 근거한다.

예수님은 "누구든지 나를 따라오려거든 자기를 부인하고 자기 십자가를 지고 나를 따를 것이니라 누구든지 자기 목숨을 구원하고자 하면 잃을 것이요 누구든지 나와 복음을 위하여 자기 목숨을 잃으면 구원하리라"(막 8:34-35)고 말씀하셨다. 그러므로 예수님을 섬기면서 자기를 섬기는 것은 불가능한 목표이다. 하나님은 강제로 그분을 섬기게 하지 않으신다. 우리가 선택하도록 하신다. 섬김인지 자기 만족인지 그 선택은 우리가 진정으로 고수하는 가치에 달려 있다.

우리 사회가 교체한 세 번째 가치는 언약으로서의 결혼의 가치이다. 많은 사람들이 결혼을 이제 하나의 계약처럼 인식한다. 1960년대 이전만 해도 대부분의 사람들과 교회 지도자들은 결혼이 평생의 언약이라고 믿었다. 대부분의 혼인 서약에는 다음과 같은 내용이 포함되어 있었다.

"나, 존은 오늘 이후로 그대 제인을 아내로 맞아 힘들 때나 좋을 때나 가난할 때나 부유할 때나 병들 때나 건강할 때나 죽음이 우리를 갈라놓을 때까지 하나님의 거룩하신 뜻대로 사랑하고 아낄 것을 맹세합니다."

'서약'은 무엇인가를 맹세한다는 뜻이다. 그러므로 평생 지켜야 한다.

계약과 언약은 완전히 다른 개념이다. 언약은 일방적이고 무조건적이며 폐기할 수 없는 것이 특징이다. 죽어서야 끝나며 절대 깰 수 없는 약속이다. 반면에 계약은 쌍방향적이고 조건적이며 취소가 가능하다. 양측의 조건 이행에 철저히 근거하는 합의로서 어느 한쪽의 태만이나 배신이 있으면 끝난다. 알다시피 이것은 완전히 다른 개념이다.

게다가 언약은 그 언약을 주도한 사람의 말에 의존한다. 그러나 계약은 관련 당사자들의 행위에 근거한다. 언약은 자기 희생, 은혜, 용서에 기초하는 반면, 계약은 자기 성취, 행위, 정의를 기초로 한다.

계약은 상업적인 거래와 유사하다. 차를 1만 달러에 팔기로 합의했는데 5천 달러만 지불하면 차를 줄 필요가 없다. 그가 조건을 이행하지 않으면 그 계약에 구속받을 필요 없이 제삼자에게 차를 팔아도 상관없다.

반면에 언약은 취소할 수 없다. 내가 차를 주기로 약속하면 내 약속의 이행 여부는 그의 행동에 전혀 구속받지 않는다. 오직 약속을 지키는 나의 성실성 여부에 달려 있다. 그가 내게 화를 내고 거짓말을 하고 나를 배신하며 심지어 나를 파멸시키려 하더라도 나는 약속을 했기 때문에 내 차를 그에게 주어야 한다. 이것이 언약이다.

당신과 예수 그리스도와의 관계는 언약과 유사한가? 아니면 계약과 유사한가? 부디 언약이기를 바란다. 언약은 당신의 행위가 아니라 그분의 말씀에 기초한다. 당신이 범죄하여 그분을 배신하거나 약물이나 악한 습관에 중독되어 그분이 가증히 여기시는 상태가 되어도 예수님은 당신과의 관계를 끝내지 않으시며 외면하시거나 다른 사람으로 교체하시지 않는다. 그분과 우리의 관계는 우리 행위가 아니라 그분의 약속에 기초하는 언약이다.

하나님은 결혼이 언약이 되도록 계획하셨고 이를 통해 그리스도와 교회의 관계를 상징적으로 드러내셨다. 그러나 불행하게도 사탄은 결혼을 언약이 아닌 계약으로 변질시키는 방식으로 그리스도가 그 교회를 대하시는 예언적 상을 지우는데 성공했다.

많은 부부들이 여전히 결혼식 때 '죽음이 갈라놓을 때까지'라고 맹세하지만, 실제로는 결혼이 조건적 계약인 것처럼 행동한다. 배우자가 잘못을 저지르면 결혼 생활의 영구적 종식(이혼)을 요구하고, 배우자를 다른 사람으로 교체(재혼)하기를 주저하지 않는다. 나는 여러 목회자들에게 이렇게 당부한다.

"여러분이 결혼을 계약이라고 믿는다면, 결혼식에서 '죽음이 갈라놓을 때까지'와 같은 언약적 용어를 사용하지 마십시오. 사람들이 거짓말을 하지 않게 말입니다. 당신이 믿는 대로 서약 내용도 바꾸는 게 좋습니다. 이렇게 말이지요. '당신을 나의 합법적 아내로 받아들이되 불륜, 학대, 유기, 중독 혹은 죽음이 우리를 갈라놓을 때까지만 그렇게 하겠습니다'라고요."

축복의 문화를 조성하는 실천적 행동

인생의 중요한 일곱 시기를 각기 살펴보면서 고대 히브리 문화에서는 오히려 축복을 하지 않는 게 더 불가능하다는 사실을 살펴보았다. 그러나 오늘날은 축복을 받는 게 더 이례적인 일이 되었다. 나는 이런 풍토를 바꿀 수 있다고 믿는다. 우리의 자녀 세대와 손자 세대들은 "나는 축복의 문화 속에서 자랐다. 부모님은 인생의 중요한 여섯 시기를 하나도 빠뜨리지 않으시고 나를 축복해 주셨다. 기독교 가정에서 자란 사람이라면 다 마찬가지이다"라고 말하게 될 것이다.

우리는 어릴 때부터 분명한 목적 의식과 정체성을 지닌 새로운 세대를 일으킬 수 있다. 축복의 문화에서 자란 이 새로운 세대는 모든 사회와 미래 세대를 이롭게 할 가치들을 견고하게 고수해나갈 것이다. 당신은 당신의 자녀들과 손자들이 세상을 변화시킬 주역이 되도록 힘써 보지 않겠는가?

이제 한 가정이 축복의 문화를 조성하고 변화의 주체가 되어 우리 사회의 '가정이라는 산'에서 영향력을 회복하도록 실제적인 방안들을 살펴보고자 한다.

> 1단계 : 친구들과 이웃, 직장 동료들을 축복함으로써 가정과 공동체에 축복의 문화를 조성하기로 결단하라.

2단계 : 부부가 매일 함께 기도하며 서로를 축복하는 습관을 훈련하라.

기도할 때 배우자의 눈을 보면서 하라. 서로 1분씩 회개하고 용서하며 감사하고 축복하는 시간을 가지라.

3단계 : 정체성에 대한 과거의 저주를 치유하는 사역을 받으라.

치유 사역을 통해, 사람들은 과거의 저주에서 치유함을 받고 부모에게 받지 못한 축복을 하늘 아버지께 받는다.

4단계 : 자녀들과 대화하거나 훈육할 때 그들의 정체성과 행동을 분리해서 바라보라.

자녀들을 훈육할 목적으로 결과에 대한 책임을 지게 할 때에라도 자녀의 정체성을 축복하라. 자녀에게 분명한 기대감을 전달하고 미리 훈육 계획을 세우되 부모가 실수하면 곧 회개하고 용서를 구하라.

5단계 : 일주일에 한 번 가족 전체가 모여 함께 식사하라.

3장에 소개한 조언대로 이 시간에 가족 한 사람 한 사람 축복하라.

6단계 : '가족 축복의 밤'에 다른 가족들을 저녁 식사에 초청해 변화의 주역이 되라.

가족들을 축복한 후 손님들 중에 축복을 받고 싶은 사람이 있는지 물어보라. 요청하는 사람이 있으면 그들에게 집에서 매주 축복의 시간을 시행하는 법에 대해 가르쳐 주라. 이렇게 하면 공동체에 축복의 혁명이 시작되도록 도울 수 있다.

7단계 : 인생의 중요한 일곱 시기에서 축복의 위력을 받아들이고 활용하라.

- 자녀가 잉태되었을 때 축복하라
  - 자녀들이 잉태될 때 겪은 저주의 위력을 깨뜨리는 기도를 하라.
  - 자녀들의 임신을 축복하라.
  - 미래의 자녀들이 축복 받을 환경을 미리 준비하라.

- 태중에 있을 때 자녀들을 축복하라
  - 자녀들이 태중에서 겪었을 저주의 위력을 깨뜨리는 기도를 하라.
  - 태중에 있을 때 정체성을 저주했거나 축복해 주지 못한 자녀가 있다면 지금 축복하라.

- 태중에 있는 자녀를 매일 축복하라.

• 출생 순간에 자녀들을 축복하라
  - 과거 자녀들이 태어날 때 겪었을 저주의 위력을 깨 뜨리는 기도를 하라.
  - 태어날 때 정체성을 저주했거나 축복해 주지 못한 자녀가 있다면 지금 축복하라.
  - 태어나서 8일이 지나면 자녀를 축복하는 의식을 하고, 그 시간에 공개적으로 주님께 자녀를 드려라. 자녀의 이름의 의미를 알리고 성정체성과 인생의 목적을 확인시켜 주라. 주님이 자녀에 대해 주신 말씀이 있다면 나누라.

• 영아기와 유아기 자녀를 축복하라
  - 과거 자녀들이 영아기와 유아기에 겪었을 저주의 위력을 깨뜨려 달라고 기도하라.
  - 영아기와 유아기에 정체성을 저주했거나 축복해 주지 못한 자녀가 있다면 지금 축복하라.
  - 영아기와 유아기의 자녀를 꾸준히 축복하라.

• 사춘기 자녀를 축복하고 성인의 정체성을 갖도록 선언하라

- 과거 자녀들이 사춘기에 겪었을 저주의 위력을 깨뜨리는 기도를 하라.
- 바르/바트 바라카 방식의 축복 의식을 계획하여 실행하고 아들/딸이 성인의 정체성을 갖도록 하라. 사춘기에 하는 것이 가장 좋지만 때를 놓쳤다면, 자녀의 나이에 상관없이 지금이라도 그 의식을 계획하라. 세 가지 핵심 요소인 교훈, 의식, 축하를 포함시키는 것을 잊지 마라.

• 결혼하는 자녀들을 축복하라
- 자녀들의 결혼을 축복해 주지 못했다면 그 결혼이 부도덕하지 않는 한, 축복해 주지 못한 잘못을 회개하고, 그 결혼과 자녀의 배우자를 축복하라.
- 자녀들이 사춘기에 이르기 전에 연애와 배우자 선정 과정을 도와줄 가족 계획을 세우라. 전통적인 데이트보다는 부모와 자녀 간에 경건한 파트너십 전략을 택할 것을 제안한다. 사춘기를 앞둔 자녀들에게 이성 교제와 결혼에 대한 가족의 계획을 가르치라.
- 자녀가 결혼할 때, 결혼식에서 그 결혼을 공개적으로 축복하고 자녀가 그 배우자와 온전하게 합하도

록 독립시키라.
- 노년의 부모를 축복하라
  - 노년의 부모를 저주했다면 하나님께 용서를 구하라.
  - 생존한 부모를 공개적인 헌사로 축복하는 시간을 가지라. 자녀들이 함께 참여하도록 하라.
  - 부모가 아직 연로하지 않다면 미리 부모님을 축복할 계획을 세워두라. 자녀들이나 형제, 자매들에게 함께 하자고 부탁해도 좋다.

기독교 문화가 하나님의 축복의 옛적 길에서 얼마나 멀리 표류하고 있는지를 깨닫게 될 때, 처음에는 부담감을 느낄 수도 있다. 그러나 '한 번에 한 입씩'이라는 코끼리를 먹는 전략을 사용하면 도움이 된다. 한 번에 하나씩 새로운 습관을 훈련하라. 위에서 소개한 단계를 차례로 이행하면 좋다. 먼저 우리 가정에 축복의 문화를 세우겠다는 결심에서 출발하라. 만약 당신이 결혼한 사람이라면 배우자와 함께 기도하고 매일 서로를 축복하라. 이것이 일단 습관처럼 정착되면 3단계로 나아갈 수 있다. 다음으로 자녀들을 훈육할 때 축복하는 계획을 세우고 실행하라. 이것이 제대로 잘 시행되면 5단계나 그 이상까지 진행될 수 있다.

나는 당신이 하나님이 인간에게 최초로 주신 "생육하고 번성하여 땅에 충만하라"(창 1:28)는 명령을 따르기를 권한다. 성경에서 여호수아는 개인적인 선언으로 전 민족에게 하나님의 옛적 길로 돌아오라고 도전했다. 그는 본질적으로 이렇게 말했다. "나는 너희들이 원하는 바를 모른다. 주 하나님을 섬길지 열방의 우상을 섬길지 선택하라. 그러나 나와 내 집은 여호와를 섬길 것이다"(수 24:15 참조).

혁명은 주변 사람들을 열정으로 감염시킨 이들로부터 시작되었다. 가정에 축복의 문화를 세웠다면, 다른 가족들도 적극적으로 초청하여 축복의 바이러스를 그들에게 전염시키라.

그렇다면 예수 그리스도를 따르는 제자된 우리가 어떻게 해야 변화의 주체가 되어, 사회에서 '가족의 산'에 영향을 미치는 권리를 되찾을 수 있겠는가? 한 번에 한 가족을 축복하는 가정 혁명을 시작하면 된다. 자녀들을 축복하는 부모들은 축복받은 가정들을 낳는다. 축복받은 가정이 다른 가정을 적극적으로 축복하면 축복의 공동체가 생긴다. 축복의 공동체가 다른 공동체들을 축복하면 축복받은 도시들이 생기고 궁극적으로 축복받은 지역과 나라들이 생긴다. 교회는 가족이라는 산에서 권위와 영향력을 다시 회복할 수 있다. 각 가정이 부모의 축복이 가진 위력을 이해하고 실행하며 다른 이들과 나누기를 바란다.

Notes

들어가는 글
1. 바이블소프트에서 새로 출간한 스트롱 색인 대사전으로, 확장판 헬라-히브리어 사전이 수록되어 있다. Copyright©1994, Biblesoft and International Bible Translators, Inc., s.v. "barak", OT:1288.
2. W.E. 바인, *An Expository Dictionary of Biblical Words*(Nashiville: Thomas Nelson Publishers, 1985), s.v. "*berekah*, to bless", OT:1293.
3. 상동., s.v. "*eulogeo*, to blesss," NT:2127.
4. 상동.

2장
1. 존 트렌트와 게리 스몰리, *The Blessing*(Nashiville: Thomas Nelson, 1993), 30쪽.
2. 노먼 주이슨 감독의 "지붕 위의 바이올린"(1971; Holywood, CA: MSM).

3장
1. 스티븐 실버거, *The Jewish Phenomenon*(lanham, MD: M. Evans, 2009).
2. 상동., 2쪽.
3. 상동., 4쪽.
4. National Park Service, "John Quincy Adams Biography", http://www.nps.gov/adam/jqabio.htm, 2012년 12월 7일 접속)
5. 낸시 스파나우스, "Ben Franklin's Youth Movement: Making the American Revolution", *Executive Intelligence Review*, 2006년. 12월 15일, http://www.larouchepub.com/other/2006/3350bens_youth_mvmt.html(2012년 12월 7일 접속).
6. 노엘과 필 깁슨, *Evicting Demonic Squatters and Breaking Bondages*(Drummoyne, Australia: Freedom in Christ Ministries Trust, 1987).

4장
1. 미 질병 통제 예방 센터, "Unmarried Childbearing", 2012년 9월 14일, http://

www.cdc.gov/nchs/fastats/unmatrried.htm (2012년 12월 7일 접속).
2. 성경의 히브리 문화에 대해 더 자세히 알고 싶다면 이 주제에 관한 알프레드 에디세임의 고전, *Sketches of Jewish Social Life in the Days of Christ*(London: The Religious Tract Society, 1876)을 읽어 보라.
3. 버지니아 미국적 가치 연구소의 결혼과 가정 센터가 공동 주관한 전국 결혼 프로젝트, *The State of Our Unions 2009*, http://stateofourunions.org/2009/SOOU2009.pdf(2012년 12월 7일 접속).

5장

1. 토마스 베르니와 존 켈리 공저, *The Secret Life of the Unborn Child*(New York: Simon and Schuster, Inc., 1981), 12-13쪽. Simon and Schuster, Inc.와 Lowenstein Associates, Inc.의 허락을 받아 게재함.
2. 상동., 15쪽.
3. 상동., 22-23쪽.
4. 상동., 18-19쪽.
5. 상동., 25쪽.
6. 상동., 26-27쪽.
7. 상동., 30-31쪽.
8. 윌리엄 윌슨, *Wilson's Old Testament Word Studies*(McLean, VA: Macdonald Publishing, n.d.), S.v. "rasha".
9. Blue Letter Bible, "Lexicon Results: Strong's H2114-*zuwr*," http://www.blueletterbible.org/lang/lexicon.cfm?Strongs=H2114&t=KJV(2012년 12월 10일 접속).
10. Blue Letter Bible, "Lexicon Results: Strong's H8582-*ta'ah*," http://www.blueletterbible.org/lang/lexicon.cfm?Strongs=H8582&t=KJV(2012년 12월 10일 접속).
11. 인근 지역의 세대 축복 집회에 대한 정보는 www.familyfoundations.com에서 찾을 수 있다.
12. 베르니, *The Secret Life of the Unborn Child*, 65쪽.

7장

1. 킴 나이트, "The consequences of Sensory Deprivation in Early Childhood," 2010년 6월 14일, *The Art of Health*, http://kimknight101.wordpress.

com/2010/07/14/the- consequences-of-sensory-deprivation-in-early-childhood(2012년 12월 10일 접속).

8장

1. 로버트 루이스, *Raising a Modern-Day Knight*(Carol Stream, IL: Tyndale House Publishers, 2007), 103-104쪽.

10장

1. 데니스 레이니, *The Tribute*(Nashiville: Thomas Nelson, 1994).
2. 테리와 멜리사 본, *The Family Blesssing Guidebook*(Burlington: I.D. Ministries, 2012), 188-189쪽. 저자 허락 하에 인용함.

11장

1. 오스 힐먼, *Change Agent*(Lake Mary, FL: Charisma House, 2011), 8쪽.
2. 힐먼, *Change Agent*, 8-9쪽.
3. 미국적 가치 연구소와 버지니아 대학 공동 진행한 전국 결혼 프로젝트, "The State of Our Unions: Marriage in America 2009", 2009년 12월. 힐먼의 *Change Agent*, 117-118쪽에서 인용.
4. 미국적 가치 연구소, *Why Marriage Matters: Twenty-Six Conclusions From the Social Sciences*, 제 2판(New York: Institute for American Values, n.d.). 힐먼 *Change Agent*, 118쪽 인용.
5. 체릴 웨츠스타인, "Majority of Teens Live in 'Rejection' Families", 〈워싱턴 타임즈〉, 2010년 12월 15일자. 오스 힐먼 *Change Agent*, 118쪽에서 인용.

하나님의 언어로 자녀를 축복하라

1판 1쇄	2015년 8월 20일
1판 7쇄	2023년 10월 25일

지은이	크래그 힐
옮긴이	김진선
발행인	조애신
편집	이소연
디자인	임은미
마케팅	전필영, 권희정
경영지원	전두표

발행처	도서출판 토기장이
주소	서울시 마포구 동교로 71-1 신광빌딩 2F
출판등록	1998년 5월 29일 제1998-000070호
전화	02-3143-0400
팩스	0505-300-0646
이메일	tletter77@naver.com
인스타그램	togijangi_books_

ISBN	978-89-7782-333-4

- 이 책은 저작권 법에 따라 보호를 받는 저작물이므로 무단 전재와 무단 복제를 금합니다.
- 이 책의 전부 또는 일부를 이용하려면 반드시 저자와 도서출판 토기장이의 동의를 받아야 합니다.

도서출판 토기장이는 생명 있는 책만 만듭니다.
"우리는 진흙이요 주는 토기장이시니 우리는 다 주의 손으로 지으신 것이니이다" (이사야 64:8)